Ce quatrième volume poursuit le travail commencé dans les trois premiers volumes, consacré à quatre départements (même si certains personnages ont tenu un poste dans une région autre) : Haute-Garonne, Ariège, Tarn, Tarn-et-Garonne. Particularité pour cet ouvrage, la majorité des protagonistes ici étudiés ont fait partie de l'une ou l'autre des branches des forces armées allemandes (LVF, Waffen-SS, etc). 171 profils sont ici étudiés.

J'en profite enfin pour répondre aux questions que certains lecteurs peuvent légitimement se poser.
1 : Combien de volumes cette série comprendra t-elle ?
Tout dépendra de la possibilité de l'auteur (temps, argent, éventuels collaborateurs à travers la France, etc) de pouvoir étudier aussi profondément les autres régions qu'il a pu le faire pour celle de Toulouse.
Dans l'hypothèse où je me bornerais à ne pas entreprendre d'étude approfondie (dépouillage des archives des Cours de justice) des autres régions, la série devrait comprendre néanmoins quatre ou cinq autres volumes pour boucler le reste de la France (ce qui nous ferait un total d'une dizaine de volumes).

2 : Quel sera le délai de parution moyen ?
Environ un volume tous les quatre mois. On peut comprendre que cela fasse un budget conséquent (à raison de 20 euros TTC en moyenne par volume), mais ce projet vaut la peine d'être mené à bout, tellement l'étude des mouvements politiques de l'Ordre Nouveau au niveau départemental et local fut un sujet délaissé (et c'est peu de la dire) par les universitaires et historiens « officiels » depuis des décennies...

Je remercie Vincent pour son soutien, Franck pour son aide toujours précieuse (annexes), et Spad pour la couverture, toujours magnifique[1].

L'auteur reste disponible et prêt à aider d'éventuels chercheurs, amateurs et descendants de volontaires à l'adresse e-mail suivant : *encyclo-collaboration@hotmail.com*
Dans l'immédiat, je suis à la recherche de collaborateurs bénévoles, appliqués et ayant du temps libre, pour m'aider à dépouiller les dossiers Cour de justice dans les villes suivantes : Pau, Agen et Bordeaux.

J'invite également à suivre et consulter régulièrement la page officielle, où une multitude de documents (inédits ou non) ne pouvant être publiés sur format papier sont mis à la disposition des amateurs : *http://www.facebook.com/ordrenouveau*

Parmi la documentation proposée : de la documentation (exposés des faits, interrogatoire) sur le Groupe d'Action pour la Justice Sociale de Haute-Garonne, particulièrement actif et virulent ; des livrets militaires et des carnets de souvenirs (ou plutôt de pensées) d'engagés à la LVF ; de nombreuses fiches matriculaires de cadres de la Légion Française des Combattants de quatre départements (Haute-Garonne, Ariège, Tarn et Tarn-et-Garonne) ; interrogatoire et documentation de plusieurs personnalités de la Collaboration ; des photos déjà parues dans les précédents livres de l'auteur, et disponibles en haute qualité, etc.

Ouvrages du même auteur :
-*Encyclopédie de l'Ordre Nouveau – Histoire du SOL, de la Milice Française & des mouvements de la Collaboration volume 1 »*, juin 2016, Lulu.com
-*Encyclopédie de l'Ordre Nouveau – Histoire du SOL, de la Milice Française & des mouvements de la Collaboration volume 2 »*, septembre 2016, Lulu.com
--*Encyclopédie de l'Ordre Nouveau – Histoire du SOL, de la Milice Française & des mouvements de la Collaboration volume 3 »*, décembre 2016, Lulu.com
-*Waffen-SS Français volume 1 : officiers*, avril 2011, Lulu.com
-*Waffen-SS Français volume 2*, septembre 2011, Lulu.com
-*Légion des Volontaires Français, Bezen Perrot & Brigade Nord-Africaine*, avril 2012, Lulu.com
-*Waffen-SS Wallons volume 1 : officiers*, mai 2013, Lulu.com

---

1 Dont voici le site personnel : *http://spadinfographie.wix.com/spad-infographie*

SOMMAIRE

ADDENDAS

BIOGRAPHIES

→ PARTIE I - DÉPARTEMENTS & RÉGIONS MULTIPLES, SECRÉTARIAT GÉNÉRAL

Pierre ALBERT
Charles BORIES
Pierre BOUYÉ
Camille BROGARD
Paul BURNOUF
Jean CAILHAU
Pierre CALVET
Jean CASSETTE
Charles CATHALA
René CAZES
René CHAUBET
Cyprien DEDIEU
Jean DUFFAU
Paul GASC
Jean GOUGET
André LACOUME
Marcel LOMBARD
Pierre De LASSUS SAINT-GENIÈS
Germain PEZON
René ROCA
Louis SAINT-JEAN
François SOL

→ PARTIE II – HAUTE-GARONNE

Membres du GAJS de Haute-Garonne : Paul ABESCAT ; Gilbert ARNAUD ; Jean BARRÈRE ; Marcel BIAU ; André MAGISTER ; Alphonse MICHEL ; André SALETTE ; Gaston SAVONNET ; Henri SCHOHN
Gustave ALAUX
Léopold ANTONIN
Michel BADIE
Jean BARTHET
Jacques BAZIN
Joseph BERGÉ
Louis BERGÉ
Maurice BEZARD-FALGAS
Jean BLANC
Jean BOUCHE
Léon BRANOVER
Marcel BUZY
Pierre CAZAOULOU
André CHAPUS
Max CHARTROULE
Jean CHAVANETTE
Albert CHENOT
Jacques COLL
Jules CORNUEZ
Félix CROS
François DAT
Raoul DAUMONT

Simon DELANNEL
Francis DELOUSTAL
Yvan DOUTRE
Marcel DULEAU
Émile DUMONT
Pierre DUMONT
René FABARON
Gabriel FAUROUX
Guy FILIOL De RAIMOND
Jean FOUILLAT
Georges GABADOU
Laurent GUILLERMIN
Jean-Marie ITIER
Gabriel JOLY
Alexis JONQUIÈRES
Marcel JUNCA
Guy LACOMBE
Louis LACOMBE
Roger LAFFORGUE
Marcel LAFON
Joseph LAUNAY
Charles LE BLON
Étienne LEMAIRE
Léon LENFANT
Édouard LOISON
François MARCHAL
François MAZÈRES
Marcel MELAN
André MICHEL
Désiré MONTEIL
Gabriel MONTEL
Jean MORDRELLE
Louis MORÈRE
Henri MURAIRE
André NESPOULOUS
Maurice NIVET
Henri PALMADE
Michel PELISSIER
Don PIETRI
Jean PINEL
René PLANQUE
Joseph POURQUIÉ
Pierre PUJOL
Joseph PUPIER
Georges QUARCY
Louis SABLAYROLLES
André SABOURDY
Honoré SAMARA
Gaston SAÜT
Jean SAUVAGE
Claude SCHLATTER
Pierre SIGAUD
Myrtil TELLIER
Jules TILHOL
Joseph TOUGE
Jean TOURNÉ
Pierre De VILLEFORT

➔ **PARTIE III – Ariège**
André AMILHAT
Guy BAJARD
Edmond BALUSSOU
René BONNEMAISON
René BRAUER
Paul CARALP
Georges COMMENGE
Jean DARVOY
Émile FARGEAUDOU
André GERBER
Gustave HAVRE
André ILLAT
Achille LOUBET
Joseph MERTON
Guy MICHAUX
Roger RIVIÈRE
Jean ROUCH
Henri STORCK
Jean VERGÈS
Gabriel VIVÈS

➔ **PARTIE IV – Tarn**
Jean ALBARET
Raymond BODET
Robert CARAGUEL
Auguste CHAYNES
René ESCOUTE
Liévin KINON
René MARRAGOU
Jospeh MESSAOUD
Roger PECHER
Ricardo SUAREZ
Émile VALLA
Joseph VERGÈS

➔ **PARTIE V – Tarn-et-Garonne**
Gérard AZAM
Jacques BAYARD
André BLANQUET
Francis BOUQUILLARD
Georges De CAMBIAIRE
Jean CAMBOT
Louis COSTES
Gaston COURDY
Robert CRINER
Jean-Pierre DECHAMBE
André DELFOUR
Pierre FABRE
Marcel GALAN
Paul HECKENROTH
Auguste ITIÉ
Vartan KUREGIAN
Émile MAUGNIE
Bernard MAURICE
Henri MÉRENS
Jean MEYNIEL

Henri MONTAUT
Hector ROQUES
Jean SALIGNON
Jean SQUILBIN
Guillaume THAU
Hippolyte VIATGÉ
Edmond VIGNALS
Pierre VIGOUROUX
René VIGUIÉ

ANNEXES & DOCUMENTATION
Groupe Collaboration – Nos Principes d'Action – mai-juin 1944
Milice Française – Séries de conférences & Thèmes de formation

ADDENDAS

Volume 1 :

André BOUISSET
-Né le 23 juillet 1915 (et pas le 27 juillet).
-Engagé à la LVF (matricule 5029) le 23 décembre 1941. Contrat résilié le 15 avril 1942 (cardiaque).

Jacques CARTONNET
-Adhèrent du PPF avant la guerre, il refit une demande de carte de membre début 1942, mais le parti (dont Barthet) aurait refuser, en raison de sa mentalité.

Albert CHABBERT
-Titulaire de deux citations en 14-18. Il était également *Chevalier de la Légion d'honneur* à titre militaire.
-Durant l'entre deux-guerres il suivit plusieurs stages de perfectionnement (école d'artillerie de Castres, école de guerre de Toulouse).
-Politiquement, il adhéra de 1919 au 1930 au Parti Démocrate populaire, qu'il quitta en raison du soutien de ce dernier à l'évacuation de la Rhénanie. Adhère à la Fédération Républicaine en 1934.
-Il travaille comme représentant de commerce, agent esclusif des établissements Pernod à Paris jusqu'en août 1940, date où il perd sa situation en raison du décret interdisant la vente des anisés. Il restera sans travail jusqu'en juin 1942, date où Pernod reprend son activité dans d'autres domaines.
-Jugé le 26 juin 1945 par la Chambre civique de Toulouse, et relevé de l'indignité nationale.

Raymond LAVAUD
-Démissionne le 7 novembre 1942.

Julien SAINT-JEAN
-Il fut chef du 4ème Service départemental de la Milice, sans doute à partir de janvier 1944[2].

Gaston SANGLIER
-S'engage dans l'infanterie coloniale, à Bizerte, en 1941. Revenu à Toulouse début 1943.
-Il était également membre des JNP et de la Franc-Garde bénévole[3].

Bernard VERGEZ
-Décoré de la *Croix de guerre T.O.E* et de la *Médaille coloniale* durant son temps de service au Maroc.
-Il détenait en fait le grade de sergent dans la LVF (et non pas simple légionnaire). Et faisait l'instruction des jeunes de sa compagnie.
-Démobilisé le 1er avril 1942[4].

Volume 2 :

Jacques ARNAUD
-Chef du Service d'Ordre de la section PPF de Toulouse.

Guy DEDIEU
-Rejoint la Franc-Garde permanente de l'Ariège dès décembre 1943, et participa aux opérations de Haute-Savoie (trentaine ariégoise, sous les ordres de Caton). Il avait alors rang de chef de dizaine.

Émile GIRAL
-Né le 10 décembre 1906 à Puylaurens (département du Tarn).
-Réquisitionné sur un pétrolier de septembre 1939 à novembre 1940.

---

2   Source : interrogatoire de Pierre Dumont, qui fut muté au 2ème Service au 1er janvier 1944.
3   Il fut convoqué par l'ordre de mobilisation générale du 8 juin 1944, mais on ne sait pas s'il rejoint effectivement son corps.
4   Prétendra avoir été renvoyé dans ses foyers le 29 décembre 1941. C'est probablement faux, selon Eric Lefèvre.

-Démissionne de la Légion Tricolore en novembre 1942, ne s'estimant pas assez payé. Part au travail volontaire en Allemagne en mars 1943. Il travaillera comme manœuvre dans une usine de guerre. Quitte Vienne fin avril 1945, avant l'arrivée des soviétiques, et regagne la France.
-Passe devant la Cour de justice de Toulouse le 14 février 1946, qui l'acquitte mais le condamne à cinq ans de dégradation nationale.
-Décédé le 13 janvier 1967 à Casablanca.

Julien LABEDAN
-Possédait le grade de chef de main dans la Franc-Garde permanente.

Henri PRADEL
-Secrétaire de la section PPF de Cadours[5].

Jean ROUANET
-Secrétaire de la section PPF de Revel[6].

René SENSAT
-Vice-président départemental du COSI de Haute-Garonne de février à août 1944. Sa mission consistant à organiser le déménagement des sinistrés et la direction des équipes de main d'oeuvre.

Volume 3 :

Jean AUTHIER
-Chef du Groupe de commandement de la 2ème centaine de la Franc-Garde bénévole depuis février 1943 au moins (avec rang de chef de dizaine).
-Sa date de promotion au grade de chef de trentaine de la Franc-Garde bénévole est mai 1943.

André BRUN
-Il fut bel et bien chef du 1er Service de la Milice de Haute-Garonne de la mi-mars 1943 à mai 1943.

Georges CARTON
-Fusillé le 28 mai 1946 au stand de tir d'Empalot.

Raoul DANGIBEAUD
-Il était simplement secrétaire corporatif de la section PPF de Toulouse, et non pas de Haute-Garonne.

Jean DERCHEU
-Correction : son nom s'écrit « Dercheu », et non pas « Dercheux ».
-Il fut bel et bien nommé intendant régional-adjoint du Maintien de l'ordre à Toulouse en avril 1944, et non pas en juillet !

Félix DUPIN
-Orphelin, son père est décédé au combat en novembre 1918. Il était décoré de la Croix de guerre avec deux citations (une palme et une étoile de bronze), la dernière à titre posthume[7].
-Attention aux faux témoignages ! Le soi-disant viol commis par Dupin et ses comparses ne s'est jamais passé. Le milicien Mathieu Gauthier avoua sous la torture ce viol. La femme en question avoue également avoir menti (elle avait eu une relation avec Gauthier, alors que son maquis était parti au maquis).

---

5 Cité à ce poste en octobre 1942. On ignore à quelle date il démissionna.
6 Cité à ce poste en octobre 1942.
7 « Citation à l'ordre du régiment numéro 537 le 23 juin 1917, excellent sous officier, extrêmement dévoué à ses devoirs et à ses chefs, a assuré la liaison dans le bataillon aux affaires des 21 avril et 12 mai 1916 à Haudremont (Verdun) dans des conditions difficiles et dangereuses avec habileté et le sang froid dont il a fait preuve en toute circonstances ».
Citation à titre posthume, novembre 1918 ; « Adjudant de bataillon d'une haute conscience et d'une belle valeur morale, a été tué sur le passage de la Piave au moment où il se portait en tête de la liaison du bataillon à l'assaut des positions ennemies, a été pour tous ceux qui l'entouraient un bel exemple de calme et de sang froid. »

-Il est possible qu'il se soit exilé en Tunisie après sa libération (source : correspondance de l'auteur avec un descendant).

Roger ICHÉ

Michel MIGINIAC
-A noter que ses supérieurs miliciens lui mentirent en lui disant (au moment où le convoi milicien quittait Toulouse pour le nord-est de la France) que ses parents l'attendaient à Lyon. Technique largement utilisée afin de cacher à la troupe que la destination finale du convoi était...l'Allemagne.

Paul SARDA
-Chef de la 3ème centaine SOL du Tarn-et-Garonne (arrondissement de Castelsarrasin). Il démissionna début novembre 1942.

Pierre TAVERA
-Il fut secrétaire administratif de la section PPF de Toulouse[8].

---

8 Cité à ce poste en octobre 1942. Il l'a sans doute garder jusqu'en 1944.

Permanences :

1. La permanence du RNP à Toulouse était située au 20 rue Lafayette

2. Un bureau de recrutement pour la Légion Tricolore fut ouvert (de juillet à novembre 1942 au moins) à Saint-Girons, situé 11 rue de la République.

PARTIE I - Départements & Régions multiples, Secrétariat Général

Pierre ALBERT

SS-Frw. Untersturmführer
Chef de trentaine-adjoint de la Franc-Garde permanente (Uriage, Secrétariat Général)
Franc-Garde bénévole (Montpellier - Hérault)

Promotions :
Franc-Garde (Franc-Garde bénévole) : février 1943
Chef de trentaine-adjoint (Franc-Garde permanente)
SS-Frw. Schütze : 30.10.1943
SS-Frw. Sturmmann[9] : mars 1944
SS-Frw. Standarten-Junker : 15.06.1944
SS-Frw. Standarten-OberJunker : 09.09.1944
SS-Frw. Untersturmführer : 09.11.1944

Pierre Raymond Albert[10] est né le 24 juillet 1922 à Claret (département de l'Hérault). Lycéen à Montpellier[11], il était dans une classe préparatoire pour l'école de Saint-Cyr, en 1942. L'école ayant été dissoute, son projet s'envole. Il adhère à la Milice peu après sa création, à Toulouse, sur conseil de Jean Artus[12]. Il est envoyé en avril 1943 à l'école des cadres d'Uriage, où il restera six mois. Il sera nommé chef de trentaine-adjoint de la Franc-Garde permanente.

Il fait partie du contingent de 200 à 300 miliciens qui s'engage à la Waffen-SS en octobre 1943[13]. Signe son contrat le 30 octobre 1943. Passe par l'école de sous-officiers de Posen-Treskau, de janvier à mars 1944. Du 1er mai au 9 septembre 1944, il suit une formation d'officier à la *SS-Panzergrenadierschule* de Kienschlag. Il est promu officier deux mois après sa sortie de l'école, comme tous ses camarades, pour combler le manque de cadres.

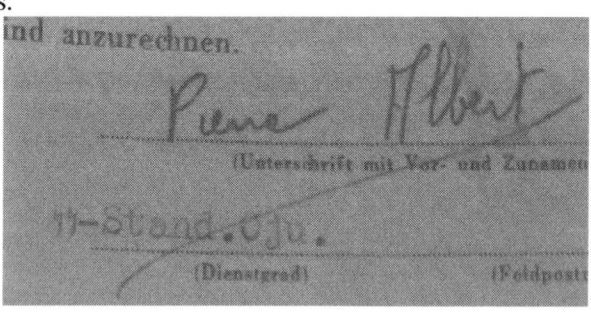

Albert est nommé chef de la 6ème compagnie du *Waffen-Grenadier-Regiment der 57*, avec laquelle il combat en Poméranie. Sa compagnie est sévèrement étrillée après trente-six heures en lignes. Il se perd durant la retraite de Belgard, et erre plusieurs jours avec des camarades. Vers le 11 mai 1945, il se présente

---

9 Ou peut-être Unterscharführer ? Albert précise seulement qu'il a été nommé « chef de groupe » à l'issue du stage.
10 Parfois connu sous le pseudonyme « Albret ».
11 Il fut avant cela collégien à Castres, puis Toulouse (il s'y trouvait en 1940-1941, dans une classe préparatoire à l'école navale, où il fut recalé en raison de daltonisme).
12 Il a connu Artus (chef milicien puis officier de la Waffen-SS) dans le train qui l'amenait à Mazamet (la mère d'Albert y habitait), chaque fin de semaine après le lycée.
A noter que Albert signa son adhésion dans la chambre d'hôtel d'Artus à Toulouse, et qu'il se présenta à la Milice de Montpellier peu après, dont il dépendait.
13 Voyant l'orientation de la Milice, qui se dirigeait vers la répression, il préféra opter pour la solution « militaire », persuadé de faire son devoir. Il explique à son procès :
« Ayant le goût de la carrière militaire, deux possibilités s'offraient à moi : entrer dans l'armée de la france libre, ou entrer dans l'armée allemande. Travaillé par la méthode allemande, ayant toujours repoussé les méthodes bolechevistes et ne croyant pas à un communisme français mais au contraire redoutant un communisme bolcheviste, je me suis franchement tourné du côté du National-socialisme, car c'était pour moi la seule doctrine qui pouvait faire d'un Etat décadent un Etat libre et fort. Je n'ai jamais cru aux méthodes employées par la Gestapo, pensant qu'il s'agissait simplement de contre-propagande, pour nuire au régime nazi. »

au camp de Neubrandebourg. Démasqué par son tatouage sous l'aisselle, et mis aux arrêts[14].

Interné au Bourget, puis à Fresnes. Condamné à vingt ans de travaux forcés et la dégradation nationale à vie par la Cour de justice de Toulouse le 6 mai 1946.

Décédé le 29 novembre 2004.

Charles BORIES

Waffen-Grenadier der SS
Franc-Garde permanent (Groupe Spécial de Sécurité, Vichy ; Haute-Garonne)

Charles Philippe Constant Bories est né le 8 janvier 1924 à Toulouse (département de la Haute-Garonne). Membre de l'Action Française depuis octobre 1940. Après avoir passé son bac, il entre à l'école hôtelière de Toulouse en janvier 1943. S'inscrit à la Franc-Garde bénévole (matricule 10210) le 4 juin 1943. Le 15 octobre 1943 il s'engage au Groupe Spécial de Sécurité, à Vichy[15]. Il était soldé 2300 francs par mois.

Il démissionne du GSS le 22 mai 1944, et rentre à Toulouse. Il répond à l'appel de mobilisation du 8 juin, et il est affecté à l'unité Franc-Garde permanente locale. Affecté au sein de la seconde trentaine. Il fut notamment chargé de se faire passer pour un volontaire désirant gagner le maquis dans les cafés de la ville, en liant conversation avec le patron et en gagnant sa confiance. Début août, il fait partie de la trentaine envoyée temporairement en renfort en Ariège (chefs : Darrigade et Papaix). Ils effectuent des missions de patrouille en montagne, et des contrôles routiers à Foix. La trentaine se replie à Toulouse le 14 août.

Replié en Allemagne, il suit le parcours classique de la Milice[16]. Versé à la Waffen-SS en novembre 1944[17], d'abord affecté à la 2ème compagnie du régiment SS 58, puis rapidement muté à compagnie d'honneur, avec laquelle il combat en Poméranie, comme agent de liaison à cheval. Replié à Greifenberg, puis Wildflecken le 24 mars 1945 (affecté à la compagnie d'état-major, puis celle des réformés), il est capturé avec ses camarades le 2 avril 1945 par les troupes de la 11ème division blindée américaine, à Richtenhausen.

Remis aux autorités françaises à Châlons-sur-Saône en mai, il est ramené à Toulouse le 27 août. Jugé le 14 décembre 1945 par la Cour de justice de Toulouse, il est condamné cinq ans de travaux forcés, 50 000 francs d'amende et la dégradation nationale.

---

14 Il sera interrogé par le lieutenant d'Astier de la Vigerie !
15 Parmi les opérations effectuées par lui avec le Groupe : récupérer un dépôt d'essence appartenant au maquis dans la banlieue de Roanne (décembre 1943) ; bouclage d'un village situé à environ 70 kilomètres de Vichy, où les miliciens du GSS assurent la garde des entrées, pendant que les inspecteurs contrôlent les identités (mars 1944).
16 Lors de la réorganisation de la Milice, vers le 15 septembre 1944, il est affecté à la IIIème Cohorte (chef De Perricot), 2ème centaine (chef Darrigade), 2ème trentaine (chef Barrère), 2ème dizaine (chef Herbaut).
17 D'après Bories, il n'endosse l'uniforme allemand que le 20 ou 21 décembre 1944.

Pierre BOUYÉ

Chef des services administratifs régionaux de la Franc-Garde permanente (Toulouse)
Franc-Garde permanent (Lot-et-Garonne)

Pierre Benoit Bouyé est né le 16 octobre 1920 à Marmande (département du Lot-et-Garonne). Agent d'assurances à Marmande, il adhère au SOL en mai 1942 (décrit comme peu assidu), puis à la Milice. Convoqué au STO en mars 1943, il se manifeste auprès de son supérieur local, dans le but de ne pas partir. Convoqué une seconde fois début juin 1943, il ne répond pas à la convocation, et la gendarmerie vient l'arrêter. Relaché grâce à l'intervention d'un chef milicien, qui l'envoie faire un stage d'un mois à l'école des cadres d'Uriage. Revenu à Marmande, il s'occupe de propagande au niveau local.

S'engage dans la Franc-Garde permanente du château de Ferron, le 13 décembre 1943, et affecté au service comptabilité. Au printemps 1944 au plus tard, il est nommé chef des services administratifs régionaux de la Franc-Garde permanente, officiant d'abord à Tonneins (Lot-et-Garonne), puis à Toulouse[18].

Arrêté à Paris en février 1944. Condamné à cinq ans de dégradation nationale par la Chambre civique de Toulouse le 5 novembre 1945.

---

18 Bouyé déclara avoir été nommé à ce poste début juillet 1944. Mais il signe un document à ce poste à la date du 1er juin 1944.
On peut donc en déduire qu'il exerca cette fonction à Tonneins (un témoin le cite encore présent à Tonneins au 9 juin 1944), puis que son service fut muté à Toulouse début juillet.

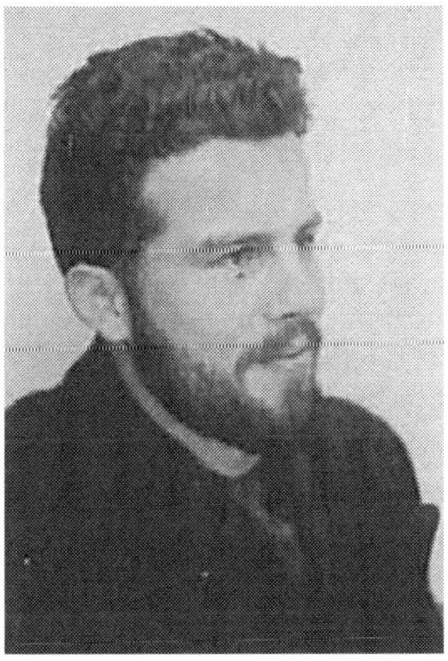

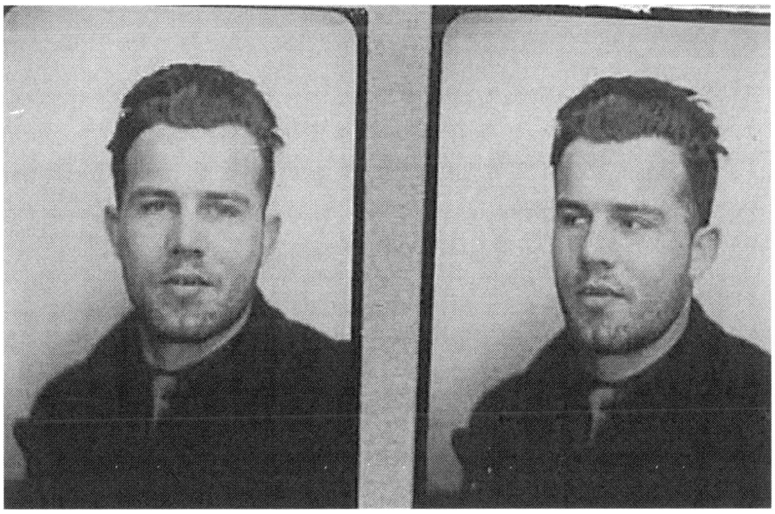

Camille BROGARD

Agent du SD (Haute-Garonne & Ariège)

Camille Adrien Brogard est né le 1er novembre 1888 à Château-Salins (département de la Moselle, alors partie de l'Empire Allemand). Mobilisé dans l'armée allemande le 3 août 1914, il déserte le 1er mars 1915, en compagnie d'un wurtembourgeois. Revenu à Colmar après l'armistice, il travaille comme interprète à la préfecture du Haut-Rhin, puis reprend son ancien métier d'emploé de banque. Il devient directeur de la Banque communale d'Alsace-Lorraine, à Strasbourg. Ayant perdu sa fortune et sa situation (suite à la crise de 1929 ?), il se lance dans le journalisme. Travaille dans la partie publicité et recherche d'abonnés pour le compte de plusieurs journaux (« L'Est Républicain », « Le Journal d'Alsace-Lorraine »).

Evacué en Dordogne dès la déclaration de guerre de septembre 1939, il y reste jusqu'en octobre 1940. Revenu à Strasbourg, et sans activité, il est expulsé par les allemands. Dirigé sur le sud-ouest, à Barbazan, il y reste jusqu'en octobre 1942, et part travailler à Montauban comme employé du Secours National. En janvier 1943 il prend la gérance de la cantine populaire de Montréjeau.

Rejoint le SD de Luchon comme interprète le 21 août 1943[19]. Muté à l'antenne SD de Saint-Girons le 22 octobre suivant. Il continue son travail « d'interprète » jusqu'au 1er mai 1944, date où il est enfermé quinze jours par ses supérieurs à la prison de Saint-Michel, pour avoir fréquenter un peu trop les officiers de police et de gendarmerie de Saint-Girons (jugés peu sûrs). A sa sortie, il rejoint l'antenne de Toulouse, dans la section IV/C, sous les ordres du Sturmscharführer Döhn. Cette section était chargée d'interroger les passeurs et autres personnes arrêtées à la frontière. Brogard touchait 5200 francs par mois.

Quitte Toulouse le 22 août 1944, dans le dernier convoi du SD (20 à 25 voitures et camions), revêtu de la tenue allemande. Le convoi fait route vers Nîmes, puis remonte la vallée du Rhône, non sans accroches avec les partisans. Affecté au SD de Strasbourg, où il reste jusqu'au 22 novembre 1944, date où le personnel est replié dans la Fôret Noire. A partir de janvier 1945 il passe par les antennes de Karlsruhe, Waldshut et enfin Rastatt. Il semblerait que l'activité du SD, en ces mois de désorganisation totale, se soit bornée à des contrôles policiers sur les routes. Son service étant replié à Burghausen, il abandonne son unité le 1er mai 1945, et se rend aux autorités américaines, afin de se faire rapatrier. Revenu en France, il se rend chez sa sœur à Nancy. Arrêté dès le premier jour par la police, et incarcéré à Nancy, puis Toulouse.

Condamné à mort, à la dégradation nationale et la confiscation de ses biens par la Cour de justice de Toulouse le 13 juin 1945.

Brogard et un dénommé Wendel.

---

19 Il dira avoir été requis plus ou moins de force. En réalité, le citoyen français Zinck (voir volume 2) l'avait sans doute recruté !

Paul BURNOUF

Waffen-Grenadier der SS
Légionnaire / Soldat
Franc-Garde permanent (Haute-Garonne ; Ariège)
Franc-Garde bénévole (Toulouse – Haute-Garonne), membre des JEN

Promotions :
Franc-Garde (Franc-Garde bénévole ; Franc-Garde permanente)
Légionnaire / Soldat : 18.08.1944
Waffen-Grenadier der SS : 01.09.1944

Paul Charles François Burnouf est né le 23 juin 1925 à Vincennes (département de la Seine), dans une famille de pharmaciens. Sort du lycée Saint-Joseph de Toulouse en 1943, et devient employé de bureau à la Compagnie fluviale de Toulouse. Adhère aux Jeunes de l'Europe Nouvelle en juin 1942, attiré par le côté européen de la propagande de ce mouvement. Adhère à la Franc-Garde bénévole (matricule 1520) en février 1943. Il sera militant actif, vendant journaux et distribuant tracts.

Mobilisé dans la Franc-Garde permanente de Haute-Garonne le 8 mai 1944, il fait partie de la trentaine envoyée dans le Gers pour effectuer des opérations[20]. Versé à l'unité ariégoise fin mai 1944, avec plusieurs dizaines de ses camarades de Haute-Garonne.

Quitte la Milice fin juin 1944[21]. Engagé à la LVF, incorporé à Versailles le 10 août 1944[22], et envoyé à la caserne de Greifenberg le 18. Il est ensuite versé à la 6ème compagnie du régiment SS 58 le 14 novembre 1944, après avoir pris conseil auprès de Mayol De Lupé. Il semble être resté avec le régiment Hersche (3ème compagnie de marche) jusqu'au 2 avril 1945 (date de leur capture à Richthausen)[23].

Interné au camp de Mailly, puis transféré à Toulouse. Jugé le 8 mai 1946 par la Cour de justice de Toulouse, et condamné à quatre ans de prison, la dégradation nationale à vie et 1000 francs d'amende.

---

20 Burnouf avoua la prise de stocks de munitions et l'arrestations de deux sous-officiers de l'A.S. (Baumann et Girod), qui sont devenus instructeurs pour le compte de la Milice, avant de déserter le 6 juin 1944.
21 Selon le chef Jean Darrigade, il fut renvoyé de la Milice en juillet 1944 pour indiscipline caractérisée.
22 Il dit à sa mère :
    « Je vais partir mais ne te fais pas de mauvais sang tu passeras peut-être de très longs jours sans avoir de mes nouvelles mais quand tout ceci sera terminé je te reviendrais sain et sauf. »
23 Burnouf prétendit avoir failli être renvoyé comme indésirable le 22 décembre 1944, mais que l'avancée soviétique annula sa réforme.
    Il ne semble pas être parti en Poméranie. Mais il déclara être resté à Wildflecken car malade.

Jean CAILHAU

NSKK-Mann
Franc-Garde permanent (Vichy)
Franc-Garde bénévole (Toulouse - Haute-Garonne)

Jean François Henri Cailhau est né le 13 juin 1921 à Pamiers (département de l'Ariège), d'un père administrateur de colonies au Congo. Ayant échoué au baccalauréat à Toulouse, il s'engage dans l'armée en novembre 1940. Il sert au 2ème Régiment de Hussards, à Tarbes. Démobilisé le 29 novembre 1942, il trouve un emploi à la préfecture comme auxiliaire à l'Economat, mais en démissionne dès mars 1943.

S'engage dans la Franc-Garde bénévole de Toulouse en février 1943. Il montera plusieurs fois la garde devant le siège d'Alexandre Fourtanier, et vendra le journal « Combats » dans la rue. Quitte Toulouse pour Vichy le 23 juillet 1943, dans un emploi administratif (Franc-Garde permanent) au château des Brosses. Il n'y reste que peu de temps, car il est envoyé à la mi-août à l'école des cadres d'Uriage (avec une centaine du camp des Calabres)[24]. Il semble avoir démissionné en octobre 1943, soi-disant à cause de la collusion avec les allemands.

Cherchant une situation, il s'engage dans la NSKK à Bordeaux le 13 janvier 1944. Formé à la conduite de camions, et équipé de l'uniforme de la NSKK (avec la mention « Speer Polizei » sur le revers de la veste). Sa formation finie, il assure des contrôles routiers aux environs de Bordeaux et de la base sous-marine. Il assurait également des liaisons entre le siège de la NSKK de Bordeaux (rue Vital Charles) et celui de Paris (avenue des Champs-Elysées), portant des plis et de l'argent.

Quitte Bordeaux dans le convoi allemand, qui gagne Strasbourg, puis Berlin, où l'unité NSKK est stationnée. En février 1945, il convoit des troupes jusqu'à Stettin. Ayant fait savoir à son supérieur qu'il ne désire plus continuer ce genre de missions, il est envoyé dans la Flak à Berlin[25]. Finalement il travaille comme terrassier et aménager des tranchées[26]. En avril 1945, sentant la fin proche, il quitte la capitale pour Lübeck, dans une colonne de réfugiés (il est encore habillé de l'uniforme NSKK). Blessé par un petit éclat durant la retraite, il se fait hospitalisé dès son arrivée à Lübeck. Se faisant passer pour un STO, il est rapatrié par les britanniques à Arras.

Jugé le 3 janvier 1946 par la Cour de justice de Toulouse, il est acquitté, mais subit la dégradation nationale à vie.

---

24 Il dira avoir été instructeur sportif.
25 Instruit par trois instructeurs allemands, il y avait une vingtaine de Français avec Cailhau.
26 Il aurait fait quinze jours de prison en mars 1945 pour s'être rebellé et battu avec un soldat allemand.

Pierre CALVET

Waffen-Unterscharführer der SS
Inspecteur du 2ème Service, Secrétaire administratif départemental de la Milice Française (Haute-Garonne), Chef de centaine-adjoint de la Franc-Garde bénévole (Toulouse – Haute-Garonne)
Chef du 2ème Service de la Milice Française (Ariège)
Chef du 1er Service du SOL & de la Milice Française (Ariège)

Promotions :
Maréchal-des-logis d'artillerie de réserve
Chef de centaine-adjoint (Franc-Garde bénévole)
Chef de dizaine (Franc-Garde permanente) : septembre 1944
Waffen-Unterscharführer der SS : novembre 1944[27]

Pierre Albert Calvet est né le 19 juillet 1917 à Foix (département de l'Ariège). Sous-officier d'artillerie de réserve (classe 1937), et propriétaire agricole à Foix. Ancien condisciple de Pincemin au lycée de Foix, ce dernier le fait entrer à la LFC en août 1942, comme secrétaire (appointé 1200 francs par mois). Il travaillait auparavant dans une entreprise de transports.

Devient fin octobre 1942 chef du 1er Service du SOL de l'Ariège, poste qu'il garde à la Milice[28]. Il est nommé chef du 2ème Service de la Milice de l'Ariège, sans doute en décembre 1943[29]. Suit Pincemin à Toulouse en avril 1944, comme inspecteur du 2ème Service départemental, et secrétaire administratif départemental[30]. Il avait sans doute le rang de chef de centaine-adjoint dans la Franc-Garde bénévole[31].

Replié en Allemagne à la Libération (il avait alors le rang de chef de dizaine)[32]. Il est versé à la brigade « Charlemagne », dans le bataillon d'artillerie. Envoyé à l'école de Josefstadt avec les autres artilleurs, le 15 décembre 1944. Ils rejoignent la division « Charlemagne » en ligne. Il combat dans la poche de Kolberg, et sera évacué par mer jusqu'à Copenhague. Rejoint ensuite la division, stationnée à Carpin.

Finit la guerre au sein du Bataillon de travailleurs, composé des SS ne désirant plus combattre. Capturé le 11 mai 1945 par les américains, à Schwerin. Incarcéré dans un camp à Hambourg, et rapatrié à Lille le 18 juillet 1945.

Condamné à mort par la Cour de justice de Toulouse le 9 novembre 1945, sa peine est commuée en vingt ans de travaux forcés le 10 janvier 1946.

---

27 Non certain. Mais étant donné que Calvet était sous-officier dans l'armée française et chef milicien, on peut présumer qu'il posséda au moins ce grade...
28 Il occupait encore ce poste en juin 1943.
29 Date où Joseph Dupin passe à la Franc-Garde permanente.
30 Il se cite à ce poste dans son interrogatoire, mais se garde bien de dire qu'il officia également au 2ème Service. Il partait souvent armé (mais en civil) la journée ou le soir. Et blessa à une occasion au moins un résistant, place Wilson à Toulouse, qui avait tiré sur Calvet et le manqua.
31 Cité à ce grade (ou à celui de chef de centaine, mais c'est déjà moins probable) par un homme arrêté par Calvet et Péquard, le 1er juin 1944.
32 Source : PV du milicien Raymond Dalliet. On peut penser que Calvet, comme beaucoup de miliciens passés en Allemagne, fut « dégradé » par Darnand.

Jean CASSETTE

Légionnaire / Soldat
Membre de la Jeunesse Franciste (Nord)

Jean Victor Cassette est né le 28 novembre 1924 à Roubaix (département du Nord). Travaille comme rattacheur dans une entreprise de Roubaix. Il s'engage au 1er Régiment de France en septembre 1943, mais est réformé dès son arrivée dans l'unité à cause de son strabisme. Adhère au Francisme (section de Roubaix) en novembre 1942. Militant actif, il vendait les journaux dans la rue et traçait des insignes à la craie.

Il est amené à rencontrer le chef Bucard en personne, lors d'une visite de celui-ci à Roubaix. En avril ou mai 1944, il rend visite à Bucard à Paris (soi-disant pour lui demander un travail). Ce dernier les reçoit au 27 boulevard des Italiens (siège du Francisme), et présente Cassette (et une quinzaine de jeunes francistes) à un dénommé « Charlie », agent allemand (sans doute de l'Abwehr). Bucard leur explique qu'ils vont former une équipe sous leurs ordres.

Gagnent Toulouse le 20 juin 1944. Dix jours après ils sont installés au château du Valès (Montmaur, Aude), et débutent leur instruction (reconnaissance et manipulation des armes, conférences, etc). Ils sont vêtus d'une tenue allemande[33], et touchent 6000 francs par mois de solde. De la mi-juillet à début août 1944, c'est le français Christian Bourges qui assure l'instruction. Quittent le château le 12 août 1944, dans deux camions, direction Albi, Carpentras puis Belfort. Et enfin se fixent près d'Alkirch. « Charlie » charge Cassette et un camarade (Léon Maybon) de s'infiltrer dans les lignes alliées, afin d'y collecter des renseignements. Les deux comparses acceptent, et franchissent les lignes, début septembre, à Blamont. Se rendant compte qu'ils sont entourés de troupes françaises, ils abandonnent et se rendent à Pierrefontaine-les-Varans (où réside la famille de Maybon).

Cassette s'engage dans la 1ère Division Française Libre (sert dans la 2ème Brigade, Bataillon de marche, 3ème compagnie) le 17 septembre 1944. Décoré de la *Croix de guerre* avec citation à l'ordre de la brigade le 30 avril 1945[34], alors qu'il combattait sur le front des Alpes. Il avait le rang de caporal. Il sera arrêté peu après la guerre. Jugé le 18 février 1946 par la Cour de justice de Toulouse (alors que son activité y fut quasi-nulle), et condamné à deux ans de prison et la dégradation nationale à vie.

---

33 Parmi les camarades cités : Léon Maybon, Max Charge, Joseph Zopegni, Christian Bourges, Henri Marotis, Pierre Gervais, Roland Vaysset, Dieppedale, Francis Merle, Aimé Mazzoni, Lucien Magnet.

34 « Cassette Jean, soldat d'une bravoure et d'un beau sang-froid au feu, s'est particulièrement remarqué sur la cime du Bosc, le 10 avril 1945, lors de la violente contre-attaque allemande, par son courage, son allant, et son ardeur à défendre sa position.
Certifié exact : le chef de bataillon Butin, commandant du B.M.A »

Charles CATHALA

Waffen-Unterscharführer der SS
Chef de trentaine-adjoint de la Franc-Garde permanente (Rhône)
Franc-Garde bénévole (Toulouse - Haute-Garonne)

Promotions :
Brigadier-chef
Chef de trentaine-adjoint (Franc-Garde permanente) : juillet 1944
Waffen-Unterscharführer der SS : novembre 1944

Charles Émile Henri Cathala est né le 30 octobre 1918 dans la Vème arrondissement de Paris[35]. Engagé volontaire au 56ème Régiment d'Infanterie[36]. Le 27 mars 1940 il part comme volontaire dans le Corps expéditionnaire français en Norvège. Rapatrié en Ecosse puis en france (sans avoir combattu), il est affecté à l'Armée des Alpes, participant à la défense de Grenoble. Démobilisé en juin 1941, il se re-engage comme brigadier-chef, au 15ème R.A., à Castres. Il est démobilisé le 28 décembre 1942. Il entre ensuite à la Société d'électrification Force et Lumière, à Toulouse. De juin à décembre 1943 il est mobilisé dans une formation de D.C.A d'Issoudun.

Engagé dans la Franc-Garde bénévole de Toulouse, il est envoyé à l'école des cadres d'Uriage le 9 janvier 1944, il en sort chef de trentaine-adjoint, affecté à la IIIème unité de la Franc-Garde permanente de Lyon à compter du 27 juillet (l'école s'y était repliée).

Versé à la Waffen-SS, il est envoyé à l'école d'artillerie de Josefstadt, et est nommé Unterscharführer[37]. Envoyé en Poméranie le 19 février 1945, les artilleurs (environ 450 hommes selon Cathala) rejoignent la division « Charlemagne » sur le front (entre Stettin et Dantzig), mais combattront comme fantassins. Fait prisonnier par les troupes soviétiques durant la retraite, il parvient à s'échapper au bout de cinq jours de captivité. Il trouve refuge chez des paysans polonais, qui lui donnent des vêtements chauds et des vivres, et il parvient à rejoindre la poche de Dantzig, où se trouvent déjà des SS Français. Il sera évacué par mer, direction le Danemark, à la fin des combats. Il est évacué sur Hambourg, puis Lubeck, et s'y trouve encore à la fin de la guerre, car malade (congestion cérébrale et pulmonaire).

Interné au camp de Neuengamme par les forces britanniques, il est remis aux autorités françaises à Lille, le 22 juillet 1945. Jugé le 10 janvier 1946 par la Cour de justice de Toulouse, il est condamné à cinq ans de prison, la dégradation nationale à vie et la confiscation des biens présents et à venir.

---

35 Son père était professeur de chimie à l'université de sciences de Toulouse. Il fut envoyé en mission à Londres en juin 1940. Son épouse le rejoint en septembre 1942.
En décembre 1942, Charles Cathala aurait désirer passer en Espagne, mais démuni de ressources il ne put y parvenir. C'est également vers cette époque qu'il fut arrêté et détenu 24 heures par la police allemande, à Toulouse, qui voulait avoir plus de renseignements sur son père.

36 Cathala est décrit comme intelligent mais paresseux. Durant toute sa scolarité, il fut renvoyé des établissements qu'il fréquentait, au Québec (où la famille vécut de 1927 à 1929) puis à Saintes, et enfin à Toulouse à partir de 1931. Dépité, son père le sortir de l'école, et l'obligea à faire des travaux de ménage dans la maison, ce qui ne déplaisait pas à Cathala !
Cathala est décrit également comme « avait bon cœur, il n'était pas coureur, n'allait pas au café et ne recherchait pas les femmes pour lesquelles il paraissait plutôt avoir de l'aversion. »

37 Il dira avoir subi un entrainement à base de drill prussien dans la neige, où beaucoup (il ne cite aucun chifffre) trouvèrent la mort.

René CAZES

Waffen-Grenadier der SS
Chef de dizaine de la Franc-Garde permanente (Ariège ; Lot-et-Garonne)

René Théodore Joseph Cazes est né le 16 février 1924 à Saleix (département de l'Ariège). Après des études au Petit séminaire de Pamiers, il entre dans les Ponts-et-Chaussées de cette même localité en juillet 1943. Travail qu'il quitte le 1er novembre 1943 pour entrer à la Milice, en qualité de comptable au bureau départemental de Foix[38]. Il devient le mois suivant comptable de la Franc-Garde permanente de l'Ariège, avec rang de chef de dizaine[39]. Quitte l'Ariège pour le Lot-et-Garonne en avril 1944, étant muté à l'unité Franc-Garde du château de Ferron.

Versé à la Waffen-SS comme simple soldat, en novembre 1944[40]. Il participe à la campagne de Poméranie, et est fait prisonnier par les russes le 19 mars 1945. Passe par plusieurs camps de prisonniers, dont celui de Rada. Remis en liberté en septembre 1945, il est rapatrié en France, et arrive à Valenciennes le 4 novembre 1945.

Jugé le 23 mai 1946 par la Cour de justice de Toulouse, il est condamné à cinq ans de travaux forcés, la dégradation nationale à vie et la confiscation de ses biens.

---

38 Sa principale motivation étant d'éviter le STO, comme le confirmera son père.
   A noter également que Cazes avait été expulsé du Petit Séminaire de Pamiers pour avoir entretenu des relations (platoniques semble t-il) avec des jeunes filles.
39 Il fut peut-être rétrogradé en raison de son « incapacité », selon le témoignage d'un Franc-Garde.
   Il est toutefois exact qu'il était simple Franc-Garde en octobre 1944 en Allemagne.
40 Selon lui il fut affecté à la « compagnie technique », et n'aurait pas combattu.

René CHAUBET

Waffen-Grenadier der SS
Franc-Garde permanent (Ariège ; Basses-Pyrénées zno)

René André Germain Chaubet est né le 12 septembre 1925 à Pau (département des Basses-Pyrénées). Etudie au lycée Louis Barthou, à Pau, jusqu'en 1940. Il est embauché comme apprenti dessinateur chez un architecte de la ville. Adhère à la section jeunesse de la LFC début 1943 et à la Milice (avec son frère Jean) à plus tard dans l'année[41]. Il se contenta d'assister à des réunions et de vendre le journal de la Milice.

Sur sa demande, il est muté à la Franc-Garde permanente de l'Ariège, le 3 janvier 1944. Dirigé sur Foix, il suit une formation d'une vingtaine de jours, puis est envoyé à Uriage. Envoyé en Haute-Savoie (dans la trentaine ariégoise sous les ordres de Caton), il aura l'occasion de faire le coup de feu, à Forges notamment. Revient en Ariège en avril, et bénéficie d'une permission. Fin mai, on le charge de ramener les affaires du chef Luscan (tué contre le maquis) à Pau. C'est là que le trouve le débarquement du 6 juin, et il fait la demande d'être affecté à l'unité locale, afin de rester près de sa famille.

Suit le repli de la Milice, à Bordeaux, Dijon, Belfort et enfin l'Alsace. Versé à la Waffen-SS en novembre 1944[42], il contracte une pneumonie début février 1945, et est hospitalisé. Réformé en mars, il est envoyé au camp d'Heuberg, rejoignant ainsi les inaptes de la Milice. Le bataillon se replie à Munich, puis dans le Tyrol autrichien. Les allemands désarment le bataillon à Mittenwald. Craignant l'encerclement, le bataillon regagne la Bavière. Fin avril 1945, sentant que la fin est proche, le lieutenant milicien Bosch demande à un général allemand des certificats de travailleurs pour les hommes (ils sont alors 300 dans les rangs).

Chaubet gagne la France sans encombres avec deux camarades, jusqu'au centre de triage d'Annemasse. Arrêté en gare de Toulouse le 29 mai 1945 (une connaissance de Pau l'avait aperçu par hasard et avait appelé la police !). Jugé le 13 octobre 1945 par la Cour de justice de Toulouse[43], il est condamné à la peine de mort. Il se pourvoit en cassation, mais il est rejeté le 18 octobre suivant. Sa peine fut probablement commuée en une simple peine de prison, étant donné le peu de gravité de son cas.

---

41 Il déclarait s'être engagé par idéal et n'avoir pas peur de mourir à vingt ans.
42 Tout comme à la Franc-Garde il semble qu'il n'avait aucun grade.
43 Il écrira une lettre au tribunal militaire permanent de Toulouse :
« Mon capitaine,
J'ai reçu samedi la visite de mon avocat Maître Grimaldi de Pau, il m'a dit que mon dossier avait été transmis pour examen à la Cour de justice.
Cette nouvelle me fait beaucoup de peine car je crois que la Cour de justice est avant tout un tribunal politique, alors que je suis un soldat et que je voudrais être jugé par des militaires.
Je suis persuadé que seuls des soldats pourront me comprendre et rester généreux envers moi, en me permettant de réparer mes fautes et de me donner l'occasion de me dévouer pour mon Pays que je voudrais servir dignement et avec honneur, alors que j'ai pu lui nuire parce que j'avais été trompé. [...] »

Cyprien DEDIEU

Secrétaire de section du PPF (Dresde – Allemagne)
Chef de trentaine-adjoint du SOL & de la Franc-Garde bénévole (Toulouse – Haute-Garonne)

Cyprien Joseph Dedieu est né le 22 février 1913 à Toulouse (département de la Haute-Garonne). Employé à la Compagnie Française de Tissus à Toulouse, puis comme comptable au bureau de la 2ème Région Aérienne (Toulouse).

Adhère au SOL en octobre 1941, dès sa formation à Toulouse. Chef de trentaine-adjoint du SOL puis de la Franc-Garde bénévole[44] à Toulouse[45]. Parti en Allemagne comme travailleur volontaire (il était sans emploi depuis la dissolution de l'armée d'armistice) le 12 janvier 1943, il est affecté à Desde, comme tourneur dans une usine. Il continue une certaine activitié politique, qui lui vaut d'être nommé secrétaire de section du PPF à Dresde (réunissant les militants français dans cette ville), en mai 1944[46]. Démissionne du PPF le 3 février 1945[47], après des conflits de personnes avec le chef PPF Lesueur (responsable du PPF en Allemagne) il regagne la France en avril, via la Suisse, et est arrêté par les autorités à Annecy, début mai 1945.

Jugé le 25 septembre 1945 par la Chambre civique de Toulouse, il est condamné à la dégradation nationale à vie.

---

[44] Dedieu étant parti pour l'Allemagne courant janvier 1943, on ne sait pas s'il fut porté dans les cadres de la Milice avec son grade.
[45] Il prétendra avoir démissioné vers le 25 décembre 1942, mais c'est faux, car il était en correspondance avec le chef départemental de la Milice, jusqu'en novembre 1943 au moins.
[46] Il adhéra au PPF en avril 1943.
[47] Le chef Doriot n'accepta que sa démission de secrétaire de section, et pas celle de membre du parti. Dedieu renouvella donc sa démission après la mort de Doriot, et elle fut totalement acceptée.

Jean DUFFAU

SS-Frw. Oberscharführer
Franc-Garde permanent (Vichy)
SOL / Franc-Garde bénévole (Beaumont-de-Lomagne - Tarn-et-Garonne)

Promotions :
Franc-Garde (Franc-Garde bénévole / Franc-Garde permanente) : juin 1943
SS-Frw. Schütze
SS-Frw. Sturmmann[48]
SS-Frw. Unterscharführer : 01.08.1944
SS-Frw. Oberscharführer : 01.09.1944

Jean Jacques Duffau est né le 14 avril 1920 à Beaumont-de-Lomage (département du Tarn-et-Garonne). Désire s'engager dans l'armée en 1939, mais son père refuse de donner sa permission. Il travaille alors comme imprimeur à l'âtelier familial. Passe huit dans les Chantiers de Jeunesse en 1941.

Membre du SOL depuis 1942 (recruté par le chef Laurence), passe à la Franc-Garde bénévole[49]. Il s'engage dans la Franc-Garde permanente en juin 1943, et est affecté à Vichy[50]. Engagé dans la Waffen-SS le 29 octobre 1943 à Paris, il passe trois mois d'instruction au camp de Sennheim (bénéficia de la permission de décembre 1943 – janvier 1944). Suti fort probablement les cours de l'école de sous-officiers SS de Posen-Treskau, en janvier et février 1944. Il est fort probable que Duffau ait combattu (et fut blessé) en Galicie[51].

Il sert un temps à la compagnie des transmissions de la brigade « Charlemagne »[52], avant d'être affecté au régiment de réserve, à Greifenberg, sans doute en raison de ses blessures antérieures. Démobilisé le 27 février 1945, et placé comme ouvrier dans une ferme des environs de Stettin[53].

Se dirige vers l'Italie du nord le 7 mars 1945, puis la France, où il est arrêté à Nice le 28 mai 1945 par la police française[54], et écroué à Marseille. Condamné à vingt ans de travaux forcés et la dégradation nationale par la Cour de justice de Toulouse, le 13 novembre 1945.

---

48 On peut présumer qu'il reçut cette promotion à la sortie de l'école des sous-officiers de Posen-Treskau.
49 Selon plusieurs témoignages de locaux, il avait un rang de chef. Mais ils confondent sans doute avec son père, Louis Duffau, chef de centaine du SOL puis de la Milice de Beaumont-de-Lomagne.
50 Duffau clama n'avoir adhéré au SOL en 1942 que pour éviter le départ en Allemagne (anachronique !). Il dira également avoir reçu une convocation au STO en juin 1943, et que c'est pour cette raison qu'il partit à Vichy. Arrivé dans la ville, il dira avoir refuser d'être incoporé, et avoir vécu entre Vichy et Limoges.
Du grand n'importe quoi !
51 Il prétendit avoir fait exprès de se blesser et être resté hospitalisé jusqu'en septembre 1944 ! Dans ce cas, en quel honneur fut-il nommé Unterscharführer juste avant la campagne, et Oberscharführer juste après ?
52 Cité à ce poste le 25 décembre 1944.
Il suivit les cours de l'école de radio SS dans le Tyrol, en novembre-décembre 1944 (confirmé par le SS Robert Caraguel). Selon ce dernier il fut démobilisé à la suite d'un vol de grilles de chiffrage, où Duffau fut inquiété. Mais selon Caraguel, l'affaire n'eut pas de suites (grâce à la mansuétude d'un capitaine SS).
Là encore, qu'en penser, sachant qu'une accusation aussi grave aurait du avoir des répercussions plus lourdes qu'une simple démobilisation (en général réservées aux inaptes) !
Selon un autre témoignage (Duffau se contredit de l'un à l'autre !), il fut simplement renvoyé de la Waffen-SS car il avait accordé son aide à des prisonniers anglais et français...
53 Il dira avoir connu le bombardement de Stettin avant de passer en Italie.
Toutefois, cette information n'est pas certaine. Il est possible que Duffau soit passé dans une autre unité (Jagdverbande?), mais ce n'est qu'une hypothèse.
54 Il dira être passé en Italie du nord et avoir tout fait pour déserter, ayant finalement réussi et avoir rejoint un groupe de partisans italiens, avec qui il fit le coup de feu !

Paul GASC

Franc-Garde permanent (Tarn-et-Garonne)
Chef de centaine du SOL & de la Franc-Garde bénévole (Pamiers – Ariège)

Paul Louis Joseph Gabriel Gasc est né le 1er septembre 1888 à Lafrançaise (département du Tarn-et-Garonne). Mobilisé durant la guerre 14-18, au 11ème régiment d'infanterie. Blessé et pensionné à 10%. Résidant à Pamiers depuis 1932, il exerce le métier de percepteur. Sympathisant de l'Action Française, père de neuf enfants, dont les deux fils aînés, qui furent membres de la Milice.

Simple membre de la LFC puis du SOL (il adhère aussi aux Amis de la LVF, en mai 1942), il est nommé, en janvier 1943, chef de centaine[55] du SOL (puis de la Franc-Garde bénévole) de l'arrondissement de Pamiers, après le départ de Marty, son prédécesseur. Le chef Pincemin lui confie alors les directives suivantes : n'accepter qu'avec parcimonie les membres des autres partis (le PPF en tête), déceler les menées anti-nationales et les activités de marché noir. Les membres se réunissaient dans un local loué par la Milice, le café Laborde, situé rue Major[56]. Il parvient à obtenir une poignée d'armes de poing (cinq seulement) en décembre 1943, fatigué d'entendre les récriminations de ses hommes. Malade (amnésie cérébrale) de fin décembre 1943 au 14 mars 1944, il n'a durant cette période aucune activité[57].

Il répond à l'ordre de mobilisation de la Milice, le 13 juin 1944, et se rend à Foix. Versé sur sa demande à la Franc-Garde permanente de Montauban (sa femme, malade, s'y trouvait depuis deux mois), comme simple Franc-Garde semble t-il. Il participa à plusieurs opérations et descentes de police[58]. Il était payé 3000 francs par mois. Il se casse une jambe par accident le 9 août 1944, et rentre chez lui en convalescence à Lafrançaise. Arrêté par les FFI dans cette localité, le 15 août 1944.

---

55 Il dira avoir été nommé chef de trentaine à son procès. Mais les listes de port d'armes retrouvées aux archives ainsi que sa carte de milicien (avril 1943) confirment son grade de chef de centaine.
  Un témoin dira même l'avoir vu porter trois galons (chef de Cohorte ? Peu probable).
56 Aujourd'hui rue Gabriel Péri.
57 Le 17 janvier 1944, Pincemin écrit au chef régional de la Milice afin de nommer Gasc sous-préfet de Pamiers. Cette demande n'eut aucune suite.
58 Prétendait avoir été affecté à la garde des prisonniers, et au ravitaillement seulement.

Incarcéré à Foix. Condamné à mort par la Cour de justice de Toulouse[59], le 19 juillet 1945. La peine sera commuée en vingt ans de travaux forcés. Il échappa à la condamnation à mort, ses deux fils miliciens avaient été fusillés par des résistants[60].

Décédé à Montech le 17 avril 1973.

Jean GOUGET

Waffen-Grenadier der SS
Franc-Garde permanent (Tarn-et-Garonne ; Hérault)

Jean Charles Marie Gouget est né le 8 septembre 1924 à Blamont (département de la Meurthe-et-Moselle). Réfugié dans le Tarn-et-Garonne en juin 1940, il trouve divers emplois d'ouvrier agricole dans le département. Il contracte un engagement de quatre ans dans l'armée, début novembre 1942, au 21ème Régiment d'Infanterie Coloniale. Démobilisé un mois après.

Adhère à la Franc-Garde bénévole en août 1943, recruté par le chef Renard. Il est immédiatement affecté comme planton rémunéré à la permanence de Montauban. Il était chargé de garder l'immeuble, de porter des plis et d'introduire les visiteurs. Il suit le chef départemental Pissard, nommé chef régional à Béziers en avril 1944, afin d'assurer le poste de planton au siège régional de la région de Montpellier.

Versé à la brigade « Charlemagne » en novembre 1944, il ne part pas au front fin février 1945, et reste avec les deux compagnies composées d'inaptes et d'hommes en instance de réforme, à Wildflecken. Il rejoint ensuite la Milice, et est affecté au Bataillon Carus, qui combat les partisans italiens en Italie, fin avril 1945.

Transféré en France le 5 septembre 1945, et interné au camp de Sorgues. Jugé le 23 mars 1946 par la Cour de justice, et condamné à cinq ans de prison et la dégradation nationale à vie.

---

59 Accusé d'avoir donner des noms du suspects (dont plusieurs furent arrêtés et fusillés) à l'agent du SD Marcel Lacombe et au PPF Jean Loubet.
60 L'un fut tué à Lafrançaise, l'autre à Pamiers.

André LACOUME

Agent du SD (Ariège & Haute-Garonne)
Franc-Garde bénévole (Gard ; Haute-Garonne)

André Victorin Lacoume est né le 25 janvier 1913 à Toulouse (département de la Haute-Garonne). Il effectua des études de musique (violoncelle) au Conservatoire de Toulouse. Travaille comme musicien de 1933 à 1935, puis devient voyageur de commerce. Il redevient musicien en 1937. Mobilisé en septembre 1939 (il avait été réformé du service militaire), il combat au sein du 2ème Hussards en mai 1940. Fait prisonnier par les allemands. Il finit par s'évader du Stalag de Seine-et-Oise où il était détenu, en janvier 1941.

Propriétaire d'un cabinet d'affaires à Nîmes depuis juillet 1941, il adhère à la Milice en avril 1943. Quitte cette ville pour Toulouse[61] au mois de juin 1943. Il achète, avec deux autres personnes, une entreprise du bâtiment (qu'il quitte en février 1944 pour devenir peintre-décorateur). Devient un membre permanent et appointé du SD en juillet 1943, en se présentant à l'antenne de Foix (il avait autorité sur l'Ariège et la Haute-Garonne). On ignore à peu près tout de son activité, mais il était en relations avec la Milice locale, dont il fut sans doute membre. Arrêté fin mai 1944, pour avoir monter une affaire au faux policier, perquisitionnant chez une dame à Toulouse, où il dérobe près de cinquante louis d'or. Emprisonné à Saint-Michel. Ayant sollicité l'intervention du SD, il ne fut pas couvert par celui-ci. Il est libéré le 13 août 1944, avec tous les autres détenus, par l'intervention du maquis.

Arrêté le 3 septembre 1944 au Rouget (Cantal), où il était parti retrouver sa famille. Il fut dénoncé par sa belle-soeur. Jugé le 6 février 1946 par la Cour de justice de Toulouse, il est condamné à vingt ans de travaux forcés, la dégradation nationale à vie et la confiscation de ses biens.

Marcel LOMBARD

Chef de dizaine de la Franc-Garde permanente (Haute-Garonne ; Ariège)
Franc-Garde bénévole (Toulouse - Haute-Garonne)

Promotions :
Franc-Garde (Franc-Garde bénévole)
Chef de dizaine (Franc-Garde permanente) : mai 1944

Marcel Georges Lombard est né le 25 juillet 1898 à Pau (département des Basses-Pyrénées). Mobilisé du 27 mars 1917 au 23 octobre 1919. Décoré de la *Croix de guerre* avec une étoile de bronze.

Garçon coiffeur à Toulouse, il adhère à la Milice en mars 1943 (matricule 387)[62]. Le 20 décembre 1943 il est témoin du meurtre de l'abbé Sorel à Toulouse, et tenta en vain de rattraper le tueur. Mobilisé à la Franc-Garde permanente en mai 1944, comme chef de dizaine. Il passe à l'unité ariégoise à la fin du mois, et on lui confie la seconde dizaine de la première trentaine. Il participa à la plupart des opérations (sauf celle de Roquefixade, il était alors de garde).

Fuit dans le convoi milicien en retraite en août 1944. Son groupe ayant été dispersé dans la vallée du Rhône (sans doute suite à des bombardements), il quitte le convoi vers Montélimar (rendant sa carte de milicien au chef Dublaix), et gagne Lyon le 1er septembre. Arrêté dans cette ville deux jours après, par des jeunes FFI. Transféré à la prison Saint-Michel de Toulouse le 18 juin 1945. Jugé le 21 septembre 1945 par la Cour de justice de Toulouse, et condamné à quinze ans de travaux forcés, la dégradation nationale et la confiscation de ses biens.

---

61 Il y avait vécu quelques mois de février à juillet 1941, après son évasion d'un camp de prisonniers.
62 Il est tout à fait possible que Lombard ait détenu un grade dans la Franc-Garde bénévole. Mais son dossier n'en fait pas mention.
Son fils Roger (aussi milicien) s'engagea dans la LVF (ou la Waffen-SS) en 1943. Il fut vu en permission en uniforme allemand, en compagnie de sa famille.

Pierre De LASSUS SAINT-GENIÈS

Chef régional de la LFC (Toulouse-Pyrénées), membre du SOL
Président provincial de la LFC (Syrie-Liban)

Promotions :
Sous-lieutenant
Lieutenant
Capitaine
Chef de bataillon : 1919

     Pierre Marie Louis De Lassus Saint-Geniès est né le 6 juin 1886 à Etiolles (département de la Seine-et-Oise), d'une famille de la noblesse du piémont pyrénéen (avec titre de Baron)[63]. Nommé sous-lieutenant après la fin de son service militaire légal. Mobilisé en 1914 comme sous-lieutenant, au 366ème régiment d'infanterie. Il fait campagne jusqu'en 1918, combattant dans une vingtaine de secteurs différents, dont Verdun[64]. Il fut blessé le 29 février 1916 au Ravin de la mort aux Eparges (éclats de torpille dans l'épaule

---

63 Il avait trois fils :
   -le premier, polytechnicien, affecté à une unité mixte de marine franco-britannique, en 1945.
   -le second, candidat à Saint-Cyr, fut lieutenant dans la brigade FFI Armagnac, combattant devant la poche allemande de La Rochelle.
   -le troisième fit partie des Corps francs Pommiès, puis dans la 1ère Armée. Rappelé pour entrer à l'école navale.
   Il avait un frère aîné, lieutenant-colonel d'artillerie, qui fut tué dans la Somme en juin 1940). Ses deux fils furent FFI actifs (De Lassus les hébergea à plusieurs reprises pour les cacher) puis mobilisés dans l'Armée d'Alsace.
   Enfin, il avait une sœur, dont les deux fils furent également mobilisés dans l'Armée d'Alsace.
   Le fils de son second frère fut fait prisonnier par le SD et déporté en Allemagne. La famille était sans nouvelles de lui en janvier 1945.
   Un autre de ses neveux fut chef des FFI de Maurienne, sous le pseudonyme de « colonel Legrand ».
   Un de ses cousins était le général De Bazelaire (père du milicien puis Waffen-SS Christian De Bazelaire), général de l'armée d'Afrique et commandant la cavalerie d'une région militaire.
   Enfin, son dernier frère, colonel au 2ème Bureau de l'armée, fut fait prisonnier en juin 1940, et y resta jusqu'en 1945.
64 Dans l'ordre chronologique, citons : Etain, Haumont, Cuisy, Hennemont, Trésauvaux-Eparges, Woëvre, Calonne,

droite). Titulaire de la *Croix de guerre* avec cinq citations (dont trois à l'ordre de l'armée) et nommé *Chevalier de la Légion d'honneur* sur le champ de bataille de la Somme par le général Gouraud. Proposé pour le grade de chef de bataillon en 1919 par le général Weygand et le maréchal Foch.

De 1919 à 1930 il est représentant-adjoint puis premier représentant de la France au Service Interallié des réparations en nature à la Commission des réparations, à Paris. Il est nommé *Officier de la Légion d'honneur* pour services rendus, en 1931. En 1931 il part à Beyrouth, comme administrateur délégué de la Compagnie française du port de Beyrouth et de la Société des chemins de fer syriens. Il participe ainsi au développement du port de Beyrouth et l'agrandissement du réseau ferré syrien. Décoré de la *Médaille d'Or du Mérite libanais* en 1938.

Mobilisé dans le corps expéditionnaire du général Weygand, en Syrie, de 1939 à juin 1940, avec le rang de chef de bataillon. Démobilisé, il reprend son métier civil, et est nommé président provincial de la LFC de Syrie et du Liban, en décembre 1940 (reçoit sa nomination par télégramme signé Xavier Vallat). Il est à nouveau mobilisé en juin-juillet 1941, lors de l'invasion anglo-saxonne. Arrêté par les nouvelles autorités franco-britanniques, en juillet 1941, et relâché au bout de quelques jours. Rapatrié en France le mois suivant, il s'installe à Pechbonnieu, comme exploitant agricole. François Valentin le nomme président régional de la LFC à Toulouse en janvier 1942. De Lassus fut également membre d'honneur du SOL.

Démissionne le 1er décembre 1942 (après l'invasion de la zone libre), dans une lettre au Maréchal Pétain. Il reste toutefois président cantonal de la LFC de Pechbonnieu. Décoré de la Francisque début 1943, malgré sa démission. Arrêté le 22 septembre 1944, il restera interné de longs mois (à la caserne Compans, puis au camp de Noé), malgré les témoignages unanimes déclarant qu'on ne pouvait rien lui reprocher. Jugé par la Chambre Civique de la Haute-Garonne le 12 avril 1945, il est acquitté.

Décédé le 20 mars 1986 dans le VIIIème arrondissement de Paris.

Eparges, Chevaliers-Salouze, Vermandovillers, Quesnoy et Rouvroy-en-Santerre, côte 304 à Verdun, Mont Cornillet, Perthois et Têton, secteur de Forestière, état-major du 30ème corps d'armée, secteur de l'Ailette, offensive de l'armée des Flandres.

Citations et décorations 1914-1918

Citation à l'ordre de la 264ème Brigade (5 mars 1915, ordre n°3)
(manquant)

Citation à l'ordre de la 232ème Division (10 mars 1916)
« Depuis cinq mois, en plus de son commandement de compagnie de mitrailleuses de brigade, a été chargé de régler l'ensemble des questions complexes de position et des régiments ; s'est acquitté de ces doubles fonctions avec le plus grand cœur et un tact parfait, ce qui a permis d'obtenir un rendement maximum pour l'utilisation des mitrailleuses.
Jour et nuit sur la brêche, s'est exposer sans compter, pour remplir les nombreuses missions qui lui ont été confiées.
A été blessé, le 29 janvier 1916, au cours d'une de ses reconnaissances.
Signé : Renaud »

Citation à l'ordre de l'Armée (2 octobre 1916)
« Officier de haute valeur, énergique et ardent, s'est constamment distingué depuis le début de la campagne, par les plus brillantes qualités de commandement et se calme attitude sous le feu. Pendant le combat du 8 septembre 1916, a pénétré, avec une partie de sa compagnie de mitrailleuses d'abord dans les tranchées avancées de l'ennemi, puis au centre d'un village formidablement organisé. Y a secouru et délivré des troupes isolées aux prises en ce point depuis deux jours avec l'ennemi. A ensuite aidé à l'organisation et à la défense de la position qui a été rendue inexpugnable et conservée.
Signé : Micheler (Xème Armée) »

Citation à l'ordre de l'Armée (9 juillet 1917)
« Admirable officier, d'une grande élévation de sentiments et possédant les plus belles qualités militaires. Dans un secteur constamment bombardé a, du 25 mai au 23 juin 1917 (au Mont Cornillet), sans un moment de repos, été un aide remarquable au commandement.
A exécuté, à maintes reprises et sous les plus violents bombardements, des liaisons délicates pour assurer les liaisons entre les bataillons, coordonner les efforts et renseigner le commandement. A contribué puissamment à l'organisation d'un secteur difficile.
Signé : Gouraud (IVème Armée) »

Citation à l'ordre de l'Armée, portant attribution du rang de Chevalier de la Légion d'honneur (29 décembre 1917)
« Officier de grande valeur, ayant la plus haute conception de son devoir. N'a cessé, depuis le début de sa campagne, de donner des preuves de sa bravoure au feu et de son sang-froid devant le danger. S'est particulièrement distingué sur la Somme et en Champagne. Une blessure, quatre citations antérieures, Croix de guerre.
Le président du Conseil, ministre de la guerre. Signé : Clémenceau »

Proposition pour la *Military Cross* (14 janvier 1918)
« Officier de la plus haute valeur militaire et morale. Modèle de devoir et de dévouement. A les plus brillants états de service. S'est particulièrement distingué dans les circonstances les plus critiques, signalé par son énergie, son sang-froid et par les dispositions judicieuses qu'il a su constamment provoquer. On ne saurait trop insister sur les mérites exceptionnels de cet officier, modèle en tout point. Une blessure, cinq citations dont trois à l'ordre de l'Armée.
Signé : Dresch (366ème R.I.) »

Mémoire de proposition concernant sa promotion au grade de chef de bataillon

Avis du sous-chef d'état-major (17 février 1919)
« Excellent officier de troupe, de superbe tenue au feu à la tête de ses hommes. Beaux états de service qui le recommandent tout spécialement à l'attention de ses chefs. Doit aussi bien réussir dans l'état-major qu'il a été brillant dans la troupe.
Signé : Sisteron »

Avis du chef d'état-major (19 mai 1919)
« A rendu pendant le deuxième trimestre de 1919 les services les plus distingués à l'état-major de la D.G.C.R.A, notamment dans la solution de questions délicates et complexes intéressant l'armistice. S'est montré aussi bon officier d'état-major que brillant officier de troupe.
Signé : Lescanne »

Avis du directeur général aux Communications et ravitaillement aux Armées
« Officier de tout premier ordre, très appuyé.
Signé : Payot »

Avis du Major Général
« Appuyé.
Signé : Weygand »

Le Maréchal Commandant en Chef les Armées Alliées
« manquant »

Lettre de démission au Maréchal Pétain, 1er décembre 1942

« Monsieur le Maréchal Pétain,

Nommé par vous président de la Légion de Syrie et du Liban, puis chef régional de la Légion de Toulouse-Pyrénées, j'ai eu le bonheur dans ces deux postes de vous servir et de contribuer à la propagation de vos doctrines.

Dans chacune de ses fonctions, j'ai acquis la certitude que ces doctrines inséparables du salut de la France, sont assurées d'un succès immédiat et total dès qu'elles seront appliquées avec fermeté et continuité.

Malheureusement les circonstances ne m'ont pas permis de faire passer de faire réellement passer la Révolution Nationale du domaine des principes dans celui des faits. Et nos troupes Légionnaires se découragent de n'avoir pu obtenir jusqu'ici de plus importants résultats civiques.

Sous peine de les trahir et de compromettre à jamais leur confiance et leur ardeur, j'estime, ainsi que de très nombreux chefs légionnaires que nous ne pouvons rester plus longtemps à nos postes en les laissant plus longtemps dans l'attente. Or, étant donné les circonstances présentes – étant donné l'administration actuelle – et l'occupation totale de la France, il est aujourd'hui impossible de songer à réaliser intégralement et rapidement la Révolution Nationale dont vous avez jeter les bases et qui nous a donné tant d'espoir.

Ayant ainsi la conviction que notre rôle essentiel ne peut être en ce moment rempli, je vous demande respectueusement, monsieur le Maréchal, de vouloir bien m'autoriser à quitter les fonctions que vous avez bien voulu me confier de délégué régional de la Légion, instrument de la Révolution Nationale.

Il y a là, au regard de ma conscience, un irrévocable devoir.

J'avais cru qu'il vous paraîtrait peut-être utile et possible de suspendre officiellement l'action civique de la Légion et de limiter provisoirement son activité à des œuvres sociales, pour maintenir dans ce domaine l'unité de notre mouvement. Mais les récentes déclarations de notre direction montrent que cette solution n'est pas envisagée.

Plus que jamais, vous restez pour nous, Monsieur le Maréchal, notre suprême espoir.

Plus que jamais nous demandons à n'appartenir qu'à la France, derrière vous. Je vous prie de vouloir bien agréer, la très respectueuse expression de l'inaltérable attachement d'un de vos anciens soldats de Verdun.

    Le Délégué régional : Pierre De Lassus »

Germain PEZON

Agent du SD (Haute-Garonne)
Franc-Garde permanent (Groupe Spécial de Sécurité - Vichy)

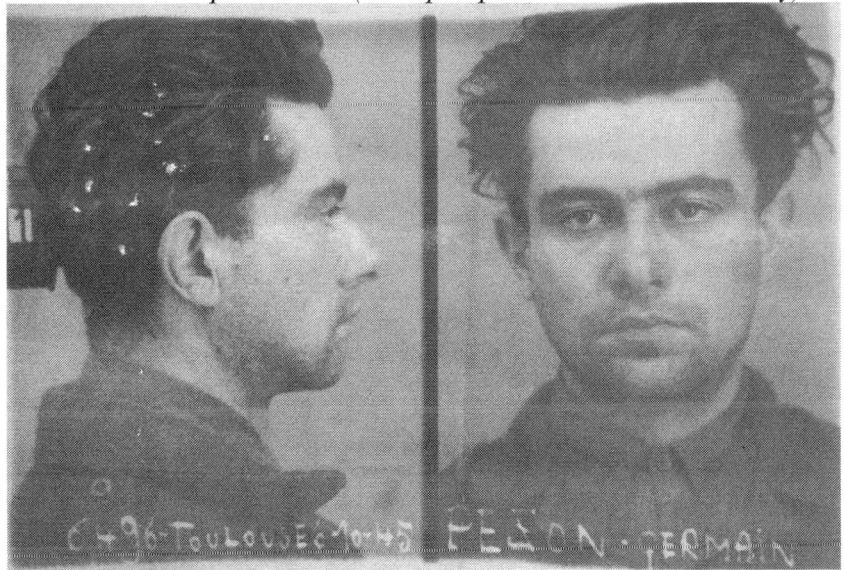

Germain Augustin Pezon est né le 8 août 1921 à Ruines (département du Cantal). Jusqu'en mai 1941 il travaille comme cultivateur dans la ferme parentale, à Trélus (Cantal). A cette date il contracte un engagement de trois ans au Ier Bataillon du Génie, à Bergerac. Démobilisé suite à la dissolution de l'armée d'armistice, il retourne travailler chez ses parents jusqu'en mai 1943. Il travaille ensuite comme terrassier, au Vigan (Gard).

Licencié fin novembre 1943, et après plusieurs mois sans trouver de travail, il s'engage dans le Groupe Spécial de Sécurité (GSS) de la Milice de Vichy, en février 1944. Son travail consistant en des gardes devant le Petit Casino et de la mécanique. Ayant fait la connaissance du chef gestapiste Raux, ce dernier lui propose de l'accompagner à Toulouse, où il doit être muté assez vite. Il débarque avec Raux dans la ville, à la mi-avril 1944. Il était payé 3200 francs par mois, et participait aux opérations en uniforme allemand[65].

Fuit en Allemagne dans le convoi regroupant les membres du SD allemands et français. Ayant refusé de servir dans la Waffen-SS, il est envoyé comme travailleur dans une usine de Karlsruhe. A l'arrivée des troupes alliées, en avril 1945, il s'engage dans la 1ère Armée, sous son vrai nom. Arrêté à Fribourg le 11 septembre 1945. Jugé le 6 mars 1946 par la Cour de justice de Toulouse, il est condamné à mort.

---

65 Les actions auxquelles il a participé :
-surveillance des véhicules dans les grandes artères de Toulouse.
-surveillance de suspects dans leurs appartements, suivies d'arrestations et pillages.
-recherche d'un dépôt dans les Landes
-fusillade de résistants dans la foret de Bouconne
-fusillade de six résistants sur la route de Muret.
-fusillade de deux résistants sur la route d'Albi.
-expédition contre le château du comte d'Orgeix, qui sera abattu.

René ROCA

Chef de dizaine de la Franc-Garde permanente (Vichy)
SOL / Franc-Garde bénévole (Toulouse - Haute-Garonne)

René Jean Joseph Roca est né le 8 novembre 1922 à Galargues (département de l'Hérault). Arrête l'école à quinze ans, et travaille comme ouvrier plombier zingueur avec son père, puis comme apprenti patissier, à Toulouse. Travaille aux usines Dewoitine de septembre 1939 à juin 1940, puis est requis dans les Compagnons de France.

S'engage le 2 janvier 1941 au 3ème Régiment de Zouaves, à Constantine, en 1941. Venu en permission en métropole le 2 novembre 1942, il ne peut regagner son corps suite au débarquement allié en Afrique du nord. Rejoint donc le 23ème R.I., à Toulouse, où il ne reste que quelques jours avant d'être démobilisé.

S'inscrit au SOL en janvier 1943, puis à la Franc-Garde bénévole. Il travaille alors aux usines Dewoitine, comme employé de bureau. S'engage dans la Franc-Garde permanente, fin mai 1943, et est envoyé au camp des Calabres, à Vichy, avec le rang de chef de dizaine. Il fait l'instruction des recrues. Quitte la Milice pour le 1er Régiment de France fin août 1943.

Le 28 janvier 1944, il répond à l'appel du président Laval, demandant aux anciens miliciens du Régiment de revenir à la Milice pour lutter contre le terrorisme. Il rejoint l'unité du camp de l'hippodrome, à Vichy. Il participe aux opérations en Haute-Savoie (il est encore chef de dizaine). Se rendant compte que les buts de la Milice ne lui correspondent plus, il démissionne (lors d'une permission chez sa mère malade, à Auterive) et s'engage dans la Garde Mobile, à Foix, au 6ème Régiment (incorporé le 6 juin). Il sera détaché au quatrième escadron du régiment, détaché auprès de l'intendance du Maintien de l'ordre, à Toulouse, début juillet. Le 20 août 1944, se replie en voiture, en compagnie notamment du lieutenant Roger. Blessé par balle en cours de route, lors d'une attaque des FFI. Soigné à Dijon, puis à hôpital allemand de Belfort, puis à Mulhouse, et enfin en Allemagne, à Holzhauzen[66].

Guéri, il sort de l'hopital le 8 février 1945, et sollicité pour entrer dans la Waffen-SS, il refuse. Après avoir transité à Berlin, il trouve un emploi à de contrôleur à la gare de Sigmaringen (chargé de contrôler les réfugiés français), où on lui propose de suivre des cours de sabotage en vue d'être parachuté en France. Hospitalisé jusque début avril pour jaunisse, après seulement quinze jours de travail. Se rend à Innsbruck le 10 avril 1945, et passe en Suisse clandestinement. Revenu en France, il est arrêté à la frontière par la commision de criblage.

Jugé le 26 octobre 1945 par la Cour de justice de Toulouse, il est condamné à vingt ans de travaux forcés et la dégradation nationale. Réhabilité par la Chambre d'accusation le 30 novembre 1950[67].

---

66 Durant son séjour à l'hôpital, il fit la connaissance d'un Waffen-SS français d'origine irlandaise (probablement Jean Hayes, blessé aux jambes en Galicie).
67 En quel honneur, mystère ! Etant donné la vocation particulièrement militaire de Roca, il n'est pas impossible qu'il ait rempiler dans l'armée, et soit tué en Indochine. Mais ce n'est qu'une supposition.

Louis SAINT-JEAN

Waffen-Grenadier der SS
Franc-Garde permanent (Groupe Spécial de Sécurité - Vichy)
Franc-Garde bénévole (Toulouse - Haute-Garonne)

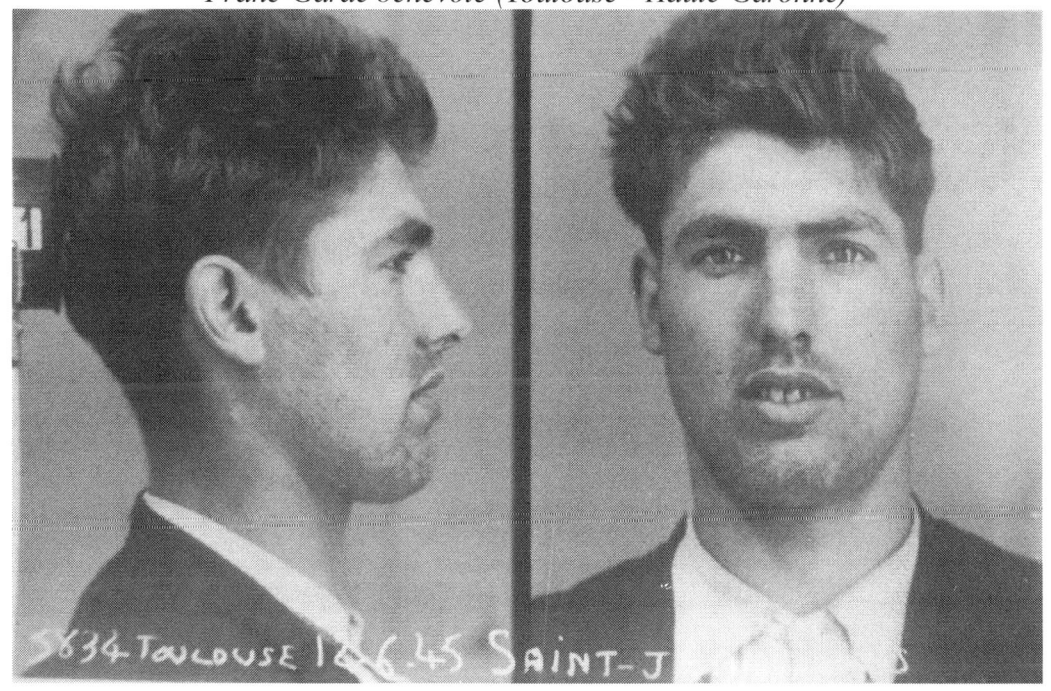

Louis Victor Sixte est né le 10 juillet 1924 à Toulouse (département de la Haute-Garonne)[68]. Quite l'école à l'âge de onze ans pour aider sa mère à élever ses frères et sœurs. Entre deux ans plus tard comme ouvrier polisseur chez un fabricant de chaussures (rue Pont des Demoiselles). Sans arrêt en conflit avec son père, il quitte le domicile familial à l'âge de quatorze ans pour travailler dans une ferme de Montrabé. Il ne revient à Toulouse qu'après l'armistice de juin 1940, et entre comme cuisinier au camp de Récébédou (cantine de la Poudrerie).

Adhère à la Franc-Garde bénévole de Toulouse en février 1943 (sur influence de son père). Engagé au Groupe Spécial de Sécurité dès sa création (en octobre 1943 au plus tôt)[69], à Vichy. Il fut souvent le témoin d'interrogatoires musclés Il participa notamment aux opérations du GSS contre le maquis de Murat (Cantal), le 3 mai 1944, où de nombreux maquisards furent arrêtés ou faits prisonniers (au lieu-dit le Puy Mary ». Puis, en juillet 1944, il était également de la partie lorsque le GSS se trouve en Dordogne, à Terrasson[70].

Le GSS fuit en Allemagne à la Libération, et est dissous. Saint-Jean est versé à la brigade « Charlemagne », au bataillon d'artillerie[71]. Il suit deux mois de formation militaire. Ayant contracter la syphilis à Vichy, il est muté au régiment de réserve (Hersche), avec lequel il connaît le repli à travers le sud de l'Allemagne.

Démobilisé le 2 mai 1945. Rapatrié en France dans un convoi de rapatriés STO, il arrive chez sa mère, à Labarthe, le 6 juin 1945, et se présente de son propre gré aux gendarmes de Muret. Jugé le 13 août 1945 par la Cour de justice, il est condamné à mort, la dégradation nationale et la confiscation de ses biens.

---

68 Fils de Julien Saint-Jean, chef de centaine de la Franc-Garde bénévole, abattu par des résistants à Toulouse le 20 avril 1944, alors qu'il circulait à vélo.

69 Saint-Jean dira avoir rejoint le GSS dès février 1943. De un, cette unité n'existait alors pas, de deux, il est absent de la liste des membres du GSS, datée du 25 septembre 1943.

70 Lors d'une patrouille, le GSS tomba sur un camion chargé de maquisards. L'affrontement eut lieu, et quatre d'entre eux furent tués, ainsi que deux miliciens.

71 Il affirme avoir été démobilisé « après Stettin », et sert sans doute au sein du Bataillon de travailleurs, constitué des éléments non motivés pour continuer la lutte.
Saint-Jean ment donc probablement quand il prétend avoir été démobilisé puis affecté à Munich, où il participe à la destruction de ponts...

François SOL

Inspecteur du Service Financier de la Franc-Garde permanente (Secrétariat Général de la Milice Française), Chef de centaine-adjoint de la Franc-Garde permanente
Chef de trentaine de la Franc-Garde permanente (Comptable de la Franc-Garde permanente de Vichy)
Franc-Garde bénévole (Bressols – Tarn-et-Garonne)

Promotions :
Sergent : 1928
Sergent-chef : 1936
Adjudant : 1938
Chef de trentaine-adjoint (Franc-Garde permanente) : juin 1943
Chef de trentaine (Franc-Garde permanente) : septembre 1943
Chef de centaine-adjoint (Franc-Garde permanente) : janvier 1944

François Eugène Sol est né le 22 février 1902 à Bressols (département du Tarn-et-Garonne). Prend sa retraite militaire en 1941[72], au grade d'adjudant de l'infanterie coloniale, après dix-sept ans de service. Il part s'installer à Bressols, sa région d'origine. Il trouve un emploi d'inspecteur auxiliaire de la Sûreté, à Montauban. N'étant pas régulariser à cause « de sa mauvaise vie » (comme il le dira), il entre comme comptable à l'hôpital de la ville.

Il fut membre de la LFC, du SOL puis de la Milice (sans aucun grade semble t-il). Il quitte son emploi le 31 mai 1943, et part à Vichy, car appelé comme comptable de la Franc-Garde permanente, avec le rang de chef de trentaine-adjoint. Il était appointé 4200 francs par mois (plus 33 francs par jours d'indemnités de vivres). Promu chef de trentaine en août ou septembre 1943 (gagnant désormais 150 francs de plus). Son bureau était situé aux baraques du champ de Course (puis à la pastillerie Lardy à partir de juin 1944).

Le 1er janvier 1944 il est nommé inspecteur du Service financier de la Franc-Garde permanente (avec le rang de chef de centaine-adjoint)[73]. Il est chargé de la comptabilité de toutes les unités au niveau national. Il était rémunéré 5732 francs par mois[74]. Il était souvent vu au restaurant en compagnie des chefs Gombert et

---

72 Il se trouvait alors au Maroc, au sein du 6ème régiment de tirailleurs sénégalais, où il servait depuis 1936.
   Il sert en Indochine de 1926 à 1929, en Algérie en 1929-1930, et à Madagascar de 1930 à 1934. Décoré de la Médaille militaire et de la Médaille coloniale.
73 A partir de ce moment là, il est dispensé de porter l'uniforme milicien.
74 Il aurait penser démissionner à cette date là, mais fut menacé par ses supérieurs d'être envoyé au STO en

Tomasi. A partir de juin 1944, les rapports des unités Francs-Gardes départementales n'arrivant plus régulièrement au siège de Vichy, il n'a plus que la charge de la comptabilité des unités basées à Vichy.

Il prend la fuite dans le convoi milicien à la Libération. Il quitte ce dernier à Dijon, et il part se réfugier à Epinal, en compagnie de deux autres miliciens. Il sera arrêté dans cette dernière ville, porteur de faux papiers, au nom de « François Serra »[75].

Condamné à cinq ans de travaux forcés et l'indignité nationale à vie par la Cour de justice du Tarn-et-Garonne le 29 mai 1945.

Exilé à Madagascar, il y mourra le 26 août 1969, à Joffreville.

Allemagne.
75 Ses papiers lui furent délivrés par Vichy le 22 août 1944. Pourquoi avoir choisi ce nom, alors qu'il s'agit du nom d'un chef milicien déjà existant (François Serra, délégué national aux questions ouvrières de la Milice) ?!

PARTIE II – HAUTE-GARONNE

Membres du Groupe d'Action pour la Justice Sociale de Haute-Garonne[76]

Paul ABESCAT

Membre du GAJS du PPF (Tarn ; Haute-Garonne)

Paul Abescat est né le 3 mai 1908 à Toulouse (département de la Haute-Garonne). Apprenti typographe de 1922 à 1924, puis coupeur de chaussures. Ne trouvant plus d'emploi dans cette branche sinistrée, il devient vendeur livreur chez Debray, à Toulouse, en 1927. Incorporé en octobre 1928, mais réformé n°2 après trois mois de service. Devient marchand forain (bonnetterie et mercerie) à Auterive d'octobre 1929 à 1933. Il s'installe à à Toulouse en 1933, puis à Castres durant l'été 1940, après quelques mois de mobilisation au dépôt du 17ème régiment du Train.

Membre du PPF depuis 1936. Entre au Groupe d'Action du Tarn fin avril 1944 et suit le stage de quinze jours à Paris. Muté au GA de Toulouse début juillet 1944. Il se refuse à avouer tout crime durant son procès, mais il est prouvé qu'il participa à près de onze exécutions dans les locaux du GA, à la villa des Palmiers.

Il préfère ne pas suivre les troupes allemandes durant la retraite, et gagne Montpellier par ses propres moyens, avec sa femme. Fin septembre il se rend à Marseille et s'engage au 15ème régiment du Train des équipages. Il est arrêté par la police quelques heures seulement avant son embarquement pour la Syrie.

---

76 A noter que Gaston Savonnet figure parmi les co-inculpés alors qu'il ne fit partie que du SD. Mais il faut dire que de fin juin à août 1944 le GA opéra main dans la main avec le SD (et notamment ses agents français, la *Stosstrupp*) et la Selbschutzpolizei (corps de protection du SD), qui forma une véritable hydre à trois têtes de la répression.

Gilbert ARNAUD

Membre du GAJS du PPF (Tarn ; Haute-Garonne)

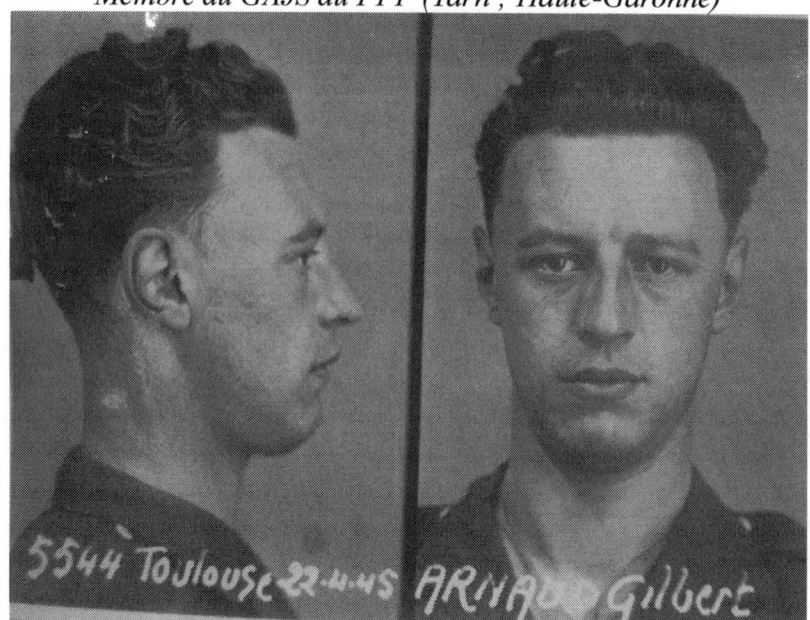

Gilbert Arnaud est né le 4 décembre 1920 à Castres (département du Tarn). Manoeuvre (il travailla de 1937 à 1939 comme apprenti ajusteur puis apprenti rattacheur chez un marchand de cycles) à Castres, il s'engage dans l'armée de l'air en mars 1939. Sert dans des bataillons de l'Air à Istres, Châteauroux puis Avord. En juillet 1940 il est versé au 151ème R.I. Promu caporal le 1er mars 1941, et cassé de son grade le 1er juin suivant. Condamné à un an de prison pour désertion le 13 août 1941 par le tribunal militaire de Marseille. Il avait en effet quitter sans autorisation son unité en mai 1940, suite au décès à l'annonce du décès de sa mère. L'affaire n'avait alors pas eu de suite immédiate. Il est libéré le 1er juin 1942, et affecté à la base aérienne de Francazal.

Démobilsié le 20 octobre 1942, il travaille comme jardinier chez un horticulteur. D'août à décembre 1943 il est manœuvre à la Société des produits chimiques de la Montagne noire. De janvier au 15 mai 1944 il travaille à la filature Lasbordes de Castres.

Entre au GAJS du Tarn le 15 mai 1944, appointé 3000 francs par mois. Suit un stage d'une dizaine de jours début juin 1944. Il participa à plusieurs vérifications d'identités de supposés réfractaires, et à la garde de batiments. Vers le 10 juillet 1944 il est affecté au GA de Toulouse. Participa à la plupart des actions du groupe.

Prenant la fuite dans les convois allemands à la Libération, il les quitte en cours de route, à Bagnols. S'engage dans les FFI comme sergent, puis dans le 2ème Régiment de Spahis algériens, comme brigadier-chef. Blessé dans la campagne des Vosges, le 15 décembre 1944, sa jeep ayant sauter sur une mine, il rentre à Castres, où il est arrêté.

Condamné à la peine de mort par la Cour de justice de Toulouse le 30 septembre 1945, sa peine est commuée en travaux forcés.

Jean BARRÈRE

Membre du GAJS du PPF (Haute-Garonne)
Franc-Garde permanent (Vichy, Secrétariat Général)

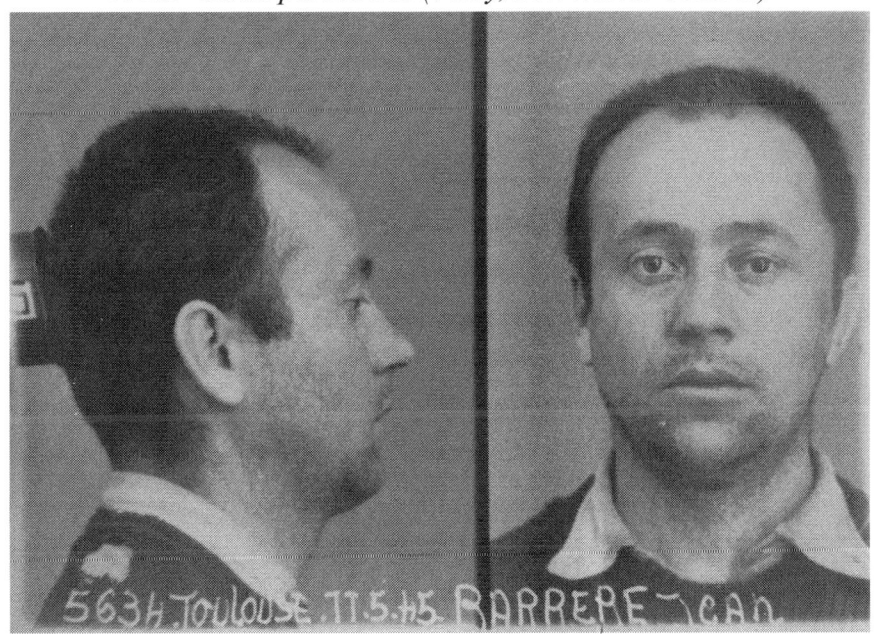

Jean Barrère est né le 15 mars 1915 à Sainte-Foy-de-Peyrelières (département de la Haute-Garonne). S'engage dans la Marine durant l'été 1935, servant comme infirmer à l'hôpital maritime Sainte-Anne de Toulon. Rendu à la vie civile, il reprend son métier de courtier en librairie. Mobilisé de septembre 1939 à juin 1940 comme infirmier dans un navire hôpital. Il travaille ensuite comme ouvrier serrurier, puis égoutier pour la mairie de Toulouse.

Séparé de sa femme courant 1942, celle-ci le dénonce sous de fausses accusations aux allemands, qu'elle fréquentait, et Barrère est arrêté en avril 1943. Détenu et maltraité durant deux mois. Franc-Garde permanent (matricule 1344) à Vichy du 27 août au 15 octobre 1943, comme planton devant l'hôtel Moderne (chargé de pointer les employés de la Milice, de porter les plis, etc). Appointé 4049 francs par mois. Limogé (ou démissionnaire) pour avoir dénigrer le mouvement milicien.

Déjà membre du PPF, il entre au GA le 15 juin 1944, et sert dans la première section, dépendant de l'OPA, dont il assurait la garde de nuit, mais il participa à plusieurs opérations contre les maquis, et montait des gardes devant le siège du SD. Se propose pour rejoindre les FFI à la caserne Caffarelli, le 20 août 1944. Arrêté par les FFI le 26 août 1944. Condamné le 9 décembre 1944 à dix ans de travaux forcés par la Cour de justice de Toulouse.

Marcel BIAU

Membre du GAJS du PPF (Haute-Garonne)

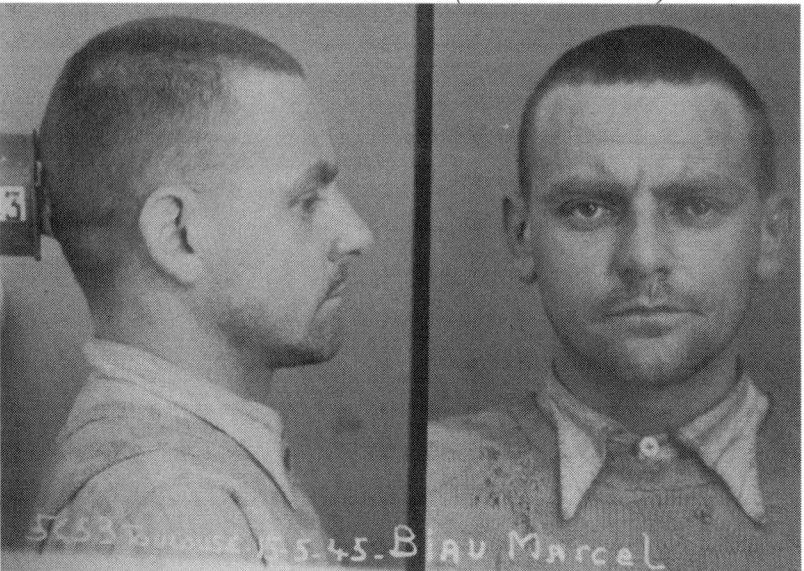

Marcel Emile François Biau est né le 3 décembre 1920 à Albi (département du Tarn). Viticulteur pépiniériste dans la propriété de son beau-père, il se retrouve sans emploi après mai 1942, car les allemands réquisitionnent la propriété. Membre du PPF depuis avril 1937, il était un militant sérieux, distribuant tracts et vendant les journaux.

Fait partie du GAJS de Toulouse à partir du 10 mai 1944[77], détaché à la garde de l'OPA et à la recherche des réfractaires du STO. Il est assigné à la section attachée au SD à partir du 20 juin 1944. Inquiet pour l'avenir, il écrit sa démission au chef de l'OPA, faisant valoir la naissance d'un futur troisième enfant. On lui donne satisfaction le 15 août 1944.

---

77 L'inspecteur régional PPF leur avait expliqué que n'ayant pas donner satisfaction, les GA de l'OPA avaient le choix entre s'engager à la SS ou la LVF, ou bien rejoindre cette nouvelle unité.
A noter que sa femme était responsable féminine fédéral du PPF depuis 1943, s'occupant d'oeuvres sociales ayant trait à l'enfance (quêtes, arbre de Noël, etc).

André MAGISTER

Chef / Chef-adjoint du GAJS (Haute-Garonne)
Franc-Garde bénévole (Toulouse - Haute-Garonne), membre du Service de renseignements du PPF

André Aimé Magister est né le 6 août 1910 à Rosendhal (département du Nord). Après avoir vécu une vie désordonnée[78], il adhère au PPF en 1937, en partie pour compléter ses revenus par la vente des journaux. Brièvement mobilisé en avril-mai 1940, au 163ème R.I. Il travaille ensuite comme scieur de bois chez des particuliers.

Adhère à la Franc-Garde bénévole dès ses débuts. Il en est radié le 15 octobre 1943 par Darnand lui-même, en raison de son passé judiciaire. Depuis avril 1943 il est membre du Service de renseignements du PPF, sous les ordres du capitaine Paris, appointé 500 francs par mois. Il infiltra le café Frascati, lieu de rendez-vous d'officiers de l'Armée Secrète, et sur ces indications, une descente fut effectuée le 27 juin 1943.

Magister est embauché dans la foulée par l'Abwehr (son chef direct étant le dénommé Gaëtan Losfeld), effectuant des filatures pour le compte de celle-ci. Il la quitte pour le GA fin avril 1944. Il effectue un stage de quinze jours à Paris. Dès son retour il est affecté à la garde de l'OPA de Toulouse. Il était appointé 3600 francs par mois. Fin mai 1944, après l'enlèvement de Villebrun, il devient le chef du GA de Haute-Garonne. Le 31 mai 1944, il escorte un convoi de prisonniers (futurs déportés) en train de Toulouse à Paris. Le convoi étant attaqué en gare d'Alassac par des maquisards, Magister est brièvement fait prisonnier, mais parvient à s'échapper.

Vers le 20 juin 1944, suite à la ré-organisation du GA en deux sections, Magister devient le chef-adjoint du GAJS (seconde section, placée sous la direction du SD), sous les ordres du capitaine Rousse. Magister participa donc à la plupart des opérations du Groupe, et fut accusé d'avoir tué lui-même le comte d'Orgeix, lors de l'attaque de son château. Il était également accusé de nombreuses exécutions, dans les locaux du GA (la villa des Palmiers), mais aussi et surtout à la caserne Saint-Michel, où au moins une douzaine de condamnés à mort furent fusillés par un peloton d'exécution dirigé par Magister.

En fuite en Allemagne, après un périple mouvementé, il lui fut proposé d'entrer dans les écoles d'espionnage du PPF, ce qu'il refuse. Il se fait embaucher comme cuisinier à Kassel. Il n'y reste qu'un mois, et parvient à s'engager dans la division Brandebourg, et est dirigé près de Wiesbaden. Il semble avoir été réformé deux semaines après, à cause de son statut de borgne (il avait perdu un œil durant son enfance).

Il se rend alors à Sigmarigen, où on lui trouve une place de cuisinier dans une ville allemande. Exerce cette occupation de fin novembre 1944 à début avril 1945, dans deux différentes entreprises. Revenu à Sigmarigen, se fait embaucher comme courrier français entre la ville et Baden-Baden. Il franchit illégalement la frontière à Strasbourg le 8 mai 1945, et se rend à Montauban, puis Marseille, dans le but de passer en Espagne.

Arrêté le 14 juin 1945 à Narbonne (il revenait de Perpignan, où il n'avait pu trouver le moyen de passer la frontière), muni d'un certificat de rapatrié sous un faux nom. Il tente de se suicider à la prison militaire dans la nuit du 6 au 7 juillet 1945. Il niera un maximum les faits reprochés, afin de s'en tirer au mieux. Condamné à mort par la Cour de justice de Toulouse le 30 septembre 1945.

---

78 Il fut mousse sur un pétrolier à partir de 1924, puis fit divers petits boulots à Paris en 1927, date où il est arrêté pour vagabondage, et placé chez des agriculteurs en Corrèze. En 1931 il se fait embaucher comme marin dans la Compagnie fluviale du Midi à Toulouse, puis manœuvre chez un négociant (entre-temps il fut réformé au bout de trois semaines de service militaire) de Treignac, puis revient à Toulouse dans son précédent emploi, qu'il quitte à la mi-1934 pour devenir jardinier dans la clinique du docteur Roy.
En août 1936 il décide de partir quelques mois sur la Côte d'Azur afin de faire une tournée de chanteur à la terrasse des cafés, en compagnie d'un ami joueur de banjo. Après quelques mois il revient à Toulouse et travaille comme démonstrateur public jusqu'au printemps 1940.

Alphonse MICHEL

Membre du GAJS du PPF (Haute-Garonne)
Légionnaire / Soldat

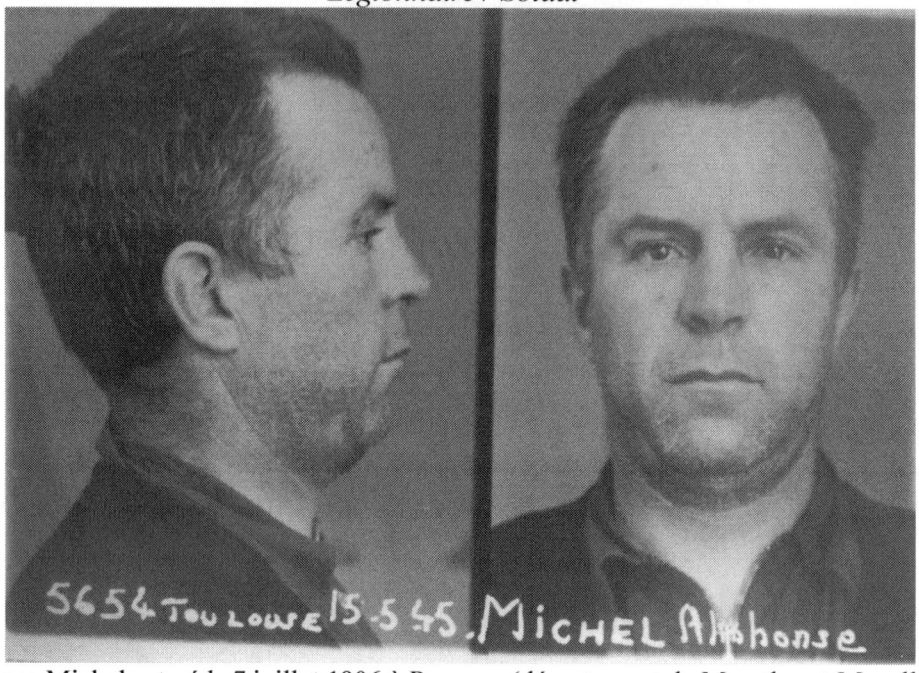

Alphonse Michel est né le 7 juillet 1906 à Pompay (département de Meurthe-et-Moselle). Mobilisé le 22 août 1939 au 211ème R.I. Prisonnier de guerre en juin 1940, il parvient à s'évader du camp de Vesoul le 22 juillet suivant. Il travaille ensuite comme monteur téléphoniste à la Société Thompson-Houston, à Toulouse.

Afin de faire libérer son frère, lui aussi prisonnier, il s'engage dans la LVF en novembre 1941. Il est réformé en juin 1942, soi-disant pour maladie de coeur. Il fut inscrit automatiquement au PPF lors de son engagement.

Il trouve un emploi de garçon de bureau (nettoyage des locaux, acceuil des femmes de travailleurs, et transport du courrier) à l'OPA de Toulouse en janvier 1943. Il touchait 2850 francs par mois. Compromis avec une secrétaire française dans une histoire de délivrance de certificats de complaisance envers des jeunes gens appelés au STO, il se cache avec elle, à Paris puis à l'Isle-en-Dodon, de fin décembre 1943 au 3 février 1944, date où il se rend de lui-même à l'OPA. Il explique à son chef avoir quitter le bureau sans prévenir suite à une dispute avec sa femme. Quinze jours après, il est rappelé à l'OPA, comme planton, sans doute sur intervention du chef PPF Barthet.

Fin avril il s'engage dans le GAJS naissant. Il fera partie de l'équipe chargée de la garde des locaux allemands divers (OPA principalement, puis les locaux du SD à partir du 1er août, afin de remplacer les Selbschutz en opération). Il démissionne du GA le 13 août 1944, et reste avec sa famille.

Arrêté à son domicile le 9 septembre 1944. Jugé le 5 décembre 1944 par la Cour de justice de Toulouse, et condamné à vingt ans de travaux forcés, la dégradation nationale à vie et la confiscation de ses biens.

André SALETTE

Membre du GAJS du PPF (Haute-Garonne)
Membre des JPF (Haute-Garonne)

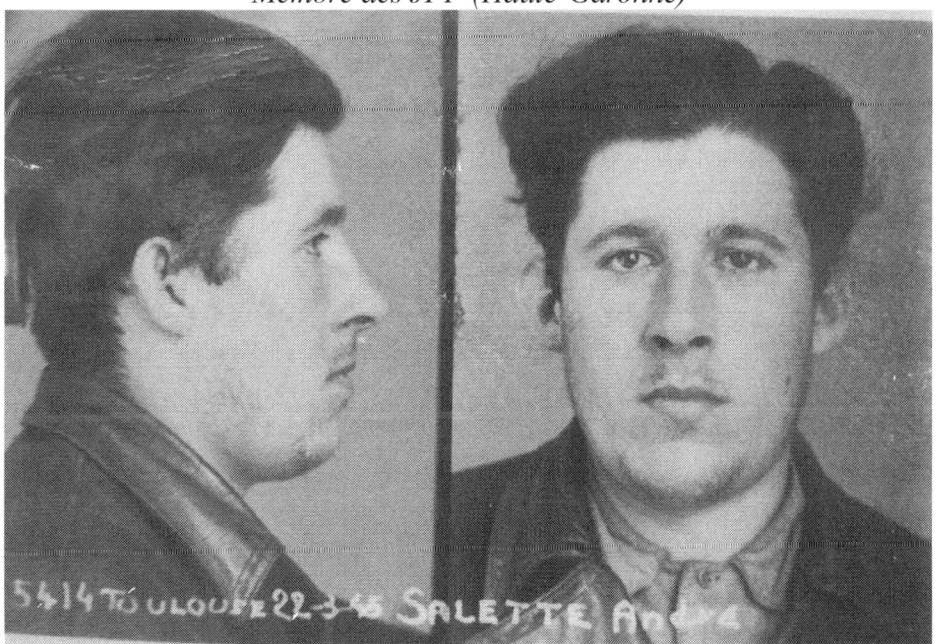

André Jean Léandre Salette est né le 23 juin 1923 à Lespignan (département de l'Hérault). Ayant quitter l'école à treize ans, il s'exerce à divers métiers : garçon de courses, aide-cuisinier, apprenti zingueur, apprenti menuisier, manœuvre à l'ONIA. S'engage dans l'armée en mai 1942, et est affecté au 405ème DCA à Marseille.

Démobilisé en novembre 1942, il entre comme garde-voie permanent (chef de poste, puis rétrogradé simple garde en novembre 1943, suite à un vol de vélo) à la mairie de Toulouse en juin 1943. Membre des JPF depuis la mi-1943, il était chargé de distribuer des tracts. Entré au GA le 9 avril 1944, et affecté à la garde l'OPA. Fait prisonnier par le maquis (en compagnie de ses camarades, Boulet et Garcia) dans la région de Saint-Gaudens (alors qu'il participait à une diffusion de tracts pour le compte des allemands), il parvient à s'enfuir quinze jours après, fin juin 1944 (ou bien il fut libéré, ce n'est pas très clair), suite à une attaque allemande. Repart à Toulouse faire son rapport aux chefs du PPF.

Prend la fuite dans les fourgons allemands à la Libération, qu'il quitte aux environs de Bagnols, durant une attaque aérienne. Il aurait tuer à la grenade le milicien Jalbert (qui parlait à Radio-Vérité, et qui fut sans doute membre du GA ou du SD) dans sa fuite, alors qu'il était poursuivi par ce dernier. Il parvient à s'engager dans les Forces Républicaines de Sécurité, après avoir été un temps mis aux arrêts par les FFI de Nîmes. Arrêté le 30 novembre 1944.

Gaston SAVONNET

Agent du SD (Haute-Garonne)
Franc-Garde permanent (Haute-Garonne)

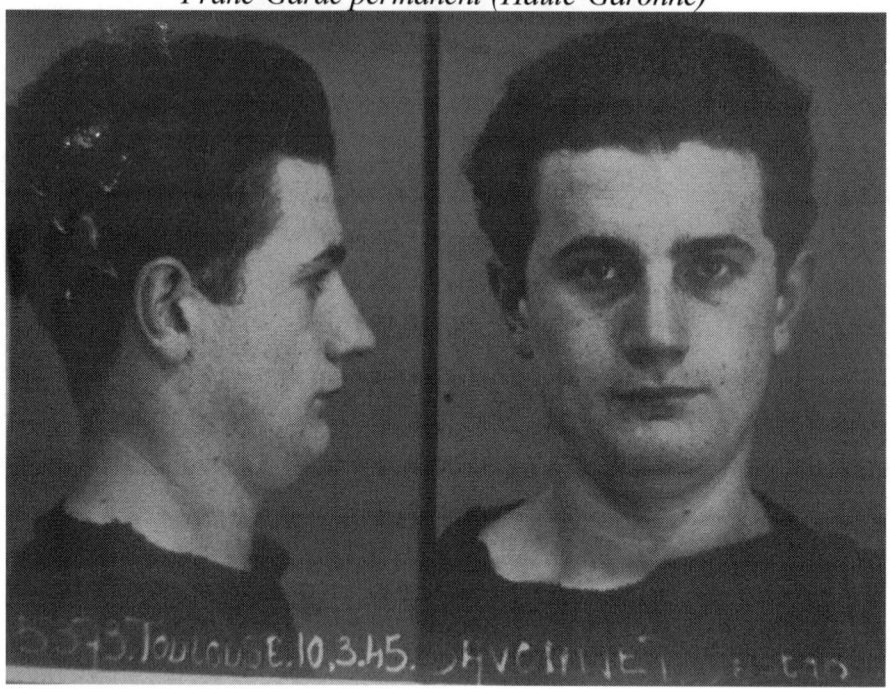

Gaston Albert Louis Savonnet est né le 30 juillet 1924 à Conliège (département du Jura). Il interrompt ses études en mai 1940, et travaille dans diverses entreprises de Saint-Claude, dans le Jura. Envoyé aux Chantiers de jeunesse de novembre 1940 à juin 1941. Il reprend un emploi de tourneur-décolleteur à l'usine à Saint-Claude. Il s'engage dans l'armée en septembre 1942, mais la dissolution de l'armée fait qu'il ne rejoint pas son unité.

Le 14 mars 1943 il aurait participé à une manifestation d'hostilité contre la Milice, qui tenait alors sa première réunion constitutive à Saint-Claude, avec plusieurs jeunes gens, houspillant les miliciens sortant de la réunion. Se sachant identifié, il se cache un mois à la campagne. Il quitte la région le 11 juillet 1943, car embauché dans l'entreprise foraine « Chenille Américaine », un manège ambulant.

Lors d'un passage à Toulouse, il est pris dans une rafle, le 15 mai 1944, et envoyé dans un convoi. Il parvient à s'évader à Paris et revient à Toulouse, dans l'espoir de passer en Espagne. Arrêté par la Milice le 29 mai, on lui laisse le choix entre la Franc-Garde et le départ en Allemagne. Il choisit la première solution.

Radié de la Milice le 23 juin, il entre SD[79]. Le 27 juin 1944 il se rend à Villemur-le-Born, se faisant passer pour entrer dans le maquis. Grâce à ses indications, le maquis local est attaqué le 3 juillet suivant, par les troupes allemandes. Il participa à quantité d'oparations, qui se soldèrent par la mort de nombreuses personnes, que ce soit en rase campagne ou dans les locaux du SD.

---

79 Attention, il est possible que Savonnet minimise son rôle et s'invente un passé de milicien « malgré lui » pris dans la tourmente du destin...

Henri SCHOHN

Membre du GAJS du PPF (Haute-Garonne)
SOL / Franc-Garde bénévole, membre des JPF et des JEN (Haute-Garonne)

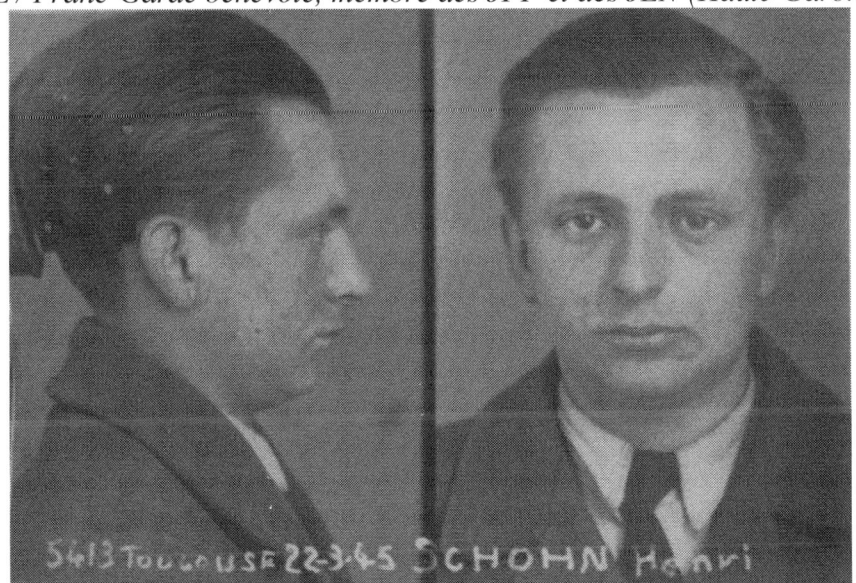

Henri Gatien Alfred Marcel Schohn est né le 5 juin 1924 à Toulouse (département de la Haute-Garonne). Apprenti monteur électricien à Toulouse, il adhère au SOL en mai 1942, puis à la Milice[80], puis aux JPF en juin 1943, où il fit pas mal de propagande. Il était aussi membre de la JEN.

Entre en mars 1944 à la H.K.P 664 comme électricien (il prétextera avoir voulu éviter d'aller aux Chantiers de jeunesse...). En mai 1944 il quitte le H.K.P 664 pour rentrer au GAJS, avec le salaire de 3000 francs par mois, porté ensuite à 3600 francs.

---

80 Son frère aîné Georges fut également SOL et Franc-Garde bénévole. Il fut sergent dans le détachement malgache de Le Portet, et démissionna fin septembre 1943. Arrêté le 19 août 1944 au soir, il est assassiné par les FFI dans la nuit, au café « La Renaissance ». On retrouva son corps rue Alfred Dumeril.

Gustave ALAUX

Waffen-Unterscharführer der SS
Secrétaire administratif régional de la Milice Française (Toulouse)

Promotions :
Caporal-chef : août 1940
Waffen-Unterscharführer der SS : novembre 1944

Gustave Alaux est né le 21 octobre 1918 à Montauban (département du Tarn-et-Garonne)[81]. Obtient son baccalauréat en 1937, après avoir suivi ses études à l'école libre Saint-Théodart, à Montauban. Il fait ensuite deux années de droit à la faculté de Toulouse.

Mobilisé en septembre 1939, il rejoint un peloton préparatoire d'officiers de réserve à Bordeaux. Réformé dès le 25 septembre suivant, et renvoyé dans ses foyers. Reprend son droit à Toulouse, mais se ré-engage dans l'armée en mars 1940. Après un mois passé dans un camp militaire près de la forêt de Bouconne, il rejoint un peloton du G.S.E.A.R, à Montauban. Il n'est démobilisé que le 30 septembre 1941.

Ayant fini son droit à la faculté, il se fait embaucher comme clerc de notaire à Montauban. Déclaré inapte pour le STO en mars 1943, suite à une visite médicale. Le 20 mars 1944, il est à nouveau convoqué, et est cette fois déclaré apte ! Il se tourne alors vers la Milice, qui l'accepte dans ses rangs peu après[82]. Nommé secrétaire administratif régional de la Milice à Toulouse le 20 avril 1944. Il s'occupe de dactylo, de questions administratives et sociales (réquisitions, laissez-passer, articles de journaux, etc). Il touche environ 4000 francs mensuels.

Fuit dans le convoi milicien toulousain, le 19 août 1944, et connait le parcours classique des exilés. Intégré dans la Waffen-SS en novembre 1944, il semble avoir été versé à la compagnie d'état-major, chargé d'organiser des conférences de propagande durant les soirées. Courant février 1945, il est muté au Bureau III (justice militaire) comme secrétaire de l'Hstuf. Jautard. Il suit ce dernier en Poméranie (le perd de vue dès le 27 février). Alaux connait ensuite la retraite, et participe à la percée de Dievenow, le 18 mars 1945.

A Carpin, il fait partie d'un maigre groupe sanitaire d'une dizaine de rescapés, et est rattaché à la colonne de ravitaillement, formée par les reliquats des deux anciennes colonnes, et des compagnies techniques et vétérinaires. Ne désirant pas continuer le combat, il est affecté au Bataillon de travailleurs. Se met en civil, vers le 25 avril 1945, et se rend aux troupes américaines, à Schwerin, le 4 mai 1945. Après quatre anciens prisonniers de guerre, il récupère une auto abandonnée, et se dirige à Gadebusch. Arrêtés par un convoi américain, ils continuent leur route et joignent un convoi de rapatriés militaires, traversant Lunebourg, Sulingen, Rheine et enfin Kallevaere (frontière hollandaise), où il est arrêté et interné.

Condamné à dix ans de travaux forcés, la dégradation nationale et la confiscation de ses biens par la Cour de justice de Toulouse le 5 octobre 1945. La peine est commuée en cinq ans de prison et 100 000 francs d'amende le 16 novembre suivant.

---

81 Son frère est Pierre Alaux, chef départemental-adjoint de la Milice du Tarn-et-Garonne (d'avril à août 1944), puis versé à la division « Charlemagne » comme officier (compagnie médicale).
82 Selon une autre source, Alaux n'était pas politisé avant cela, et subit l'influence de son frère. Il déclare également qu'Alaux était au courant de ses activités clandestines, et qu'il ne l'a jamais dénoncé.

Léopold ANTONIN

Chef de trentaine du SOL & de la Franc-Garde bénévole (Nailloux - Haute-Garonne)

Léopold Joseph Bernard Antonin est né le 17 janvier 1908 à Toulouse (département de la Haute-Garonne). Propriétaire-cultivateur à Auragne. Chef cantonal du SOL (à partir de septembre 1942) puis de la Franc-Garde bénévole de Nailloux, avec le rang de chef de trentaine. Démissionne en septembre 1943 avec bon nombre de miliciens de la centaine d'Auterive.

Arrêté par les FFI le 28 août 1944. Jugé le 6 juin 1945 par la Chambre civique de Toulouse, il est condamné à cinq ans de dégradation nationale.

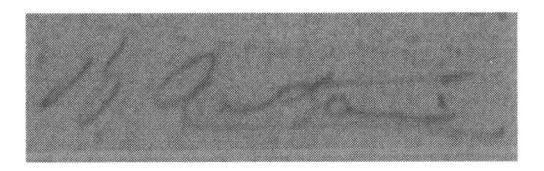

Michel BADIE

Chef régional de la Jeune Légion (Toulouse), membre du SOL
Chef départemental de la Jeune Légion (Haute-Garonne)

Michel Pierre Badie est né le 19 novembre 1916 à Toulouse (département de la Haute-Garonne). Etudiant en médecine à la faculté de Reims, il est mobilisé en septembre 1939 dans les services de santé. Envoyé à Limoges en octobre, suivre un peloton d'élève-officier. A partir de janvier 1940 il est affecté à l'hôpital d'évacuation secondaire (nommé médecin auxiliaire le 15 mars 1940). Son unité se replie vers le sud, jusqu'à Castelnaudary, où il reste affecté trois mois à l'hôpital local. Il rejoint Toulouse en octobre (hôpital Larey).

Adhère à la LFC en décembre 1940. En avril 1941 il est nommé chef de baillage (une centaine d'hommes) des Compagnons de France. Son rôle consistant à faire des conférences sur des thèmes variés (scoutisme, secourisme, famille, etc) et à organiser des sorties en plein air. Dans le courant de l'année, il est nommé chef de groupe de la Jeune Légion, à Toulouse. Promu chef départemental de la Jeune Légion de Haute-Garonne début 1942. Il est sollicité par Souverain pour faire fusionner les jeunes de la LFC avec le SOL[83]. Badie s'y opposa, mais n'avait rien contre fait de la double appartenance. En octobre ou novembre 1942 il est promu chef régional de la Jeune Légion. Suite à des conflits de personne, il donne sa démission fin février 1943. Il est possible qu'il ait adhéré au SOL puis à la Milice, de manière formelle, jusqu'au 1er mai 1943 (cité avec le matricule n° 97)[84].

Il exerce son métier de médecin, comme remplaçant, à Tarascon, à partir d'avril 1944. Il n'hésitera pas à aider la résistance locale, et se montre un médecin dévoué et adoré de la population. Arrêté à la Libération, il sera interné au camp de Noé. Il sera requis par le médecin chef du camp, afin de l'aider dans sa tache.

Jugé le 15 septembre 1945 par la Chambre civique de Toulouse, il est condamné à cinq ans de dégradation nationale.

---

83 Badie avait son bureau dans les mêmes locaux que le SOL, au 11 rue Alexandre Fourtanier.

84 Non certain. Badie s'en défendit à son procès, expliquant avoir même refuser d'assister à l'Assemblée constitutive du 28 février 1943.

Mais quand on sait qu'il avait ses bureaux au 11 rue Alexandre Fourtanier, on peut en douter. Il fut sans doute membre du SOL, puis fut porté automatiquement sur les listes de la Milice.

Jean BARTHET

Secrétaire fédéral du PPF (Haute-Garonne)

Jean Albert Barthet est né le 26 mai 1894 à Toulouse (département de la Haute-Garonne). Vétéran de la guerre 14-18, décoré de la *Croix de guerre* avec quatre citations, *Médaille militaire, Croix du combattant volontaire* et *Chevalier de la Légion d'honneur*. Il effectua ses études de médecine à la faculté de Toulouse (débutées en 1911). D'abord assistant d'un chirurgien, il s'installe à son compte en juillet 1930, au 42 place des Carmes[85]. Il fut membre du Faisceau de 1925 à 1927, puis de son successeur, le Parti Républicain Syndicaliste, qu'il quittera quand il s'installera à son compte.

Adhère au PPF en juillet 1941, sur les instances de la veuve Berthelon. En septembre il reçoit la visite de l'inspecteur PPF Louis Beaux, qui le questionne sur son passé politique et sur ses idées. Barthet est officiellement nommé secrétaire fédéral du PPF de Haute-Garonne en octobre 1941. Il entre en contact avec les autorités civiles locales (maire, préfecture, intendant de police, etc), et reçoit également, à partir de décembre 1942, des visites régulières des chefs du SD, venus s'enquérir de l'activité du parti. En janvier 1943, Barthet mène une expédition contre un restaurant de la place des Carmes, pratiquant le marché noir. Les vivres seront distribuées aux hôpitaux et familles des prisonniers. Vers cette période, il reçoit également l'ordre de faire une demande officielle de demande de port d'arme pour les militants PPF, auprès du général commandant la place. Cette demande restera lettre morte. Devient également rédacteur en chef du journal « Le Réveil », quand celui-ci est « délocalisé » à Toulouse en juin 1943. Son fils Pierre s'engage à la Waffen-SS en octobre 1943. Peu après le débarquement des Alliés, il reçoit l'offre du chef milicien Péribère de verser les PPF à la Milice, Barthet refuse.

Ayant peur pour sa vie, il quitte la ville le 20 août 1944[86], et se cache chez un ami à Rabastens jusque fin septembre. Il reste ensuite une dizaine de jours au monastère d'Encalquat (Dordogne), puis est transporté au Petit séminaire Saint-Louis-de-Pratlong, reçu par l'abbé Cugnasse[87], qui l'héberge sans lui demander de précisions. Il finit par lui avouer sa position d'ex-chef du PPF, et l'abbé accepte de l'héberger par charité, jusqu'à fin novembre, où son nom et visage apparaissent dans les journaux. L'abbé lui demande de trouver un autre endroit. Barthet tente de se cacher dans une ferme abandonnée, mais sans ressources, il revient au séminaire. L'abbé le reçoit, mais le tient en semi-captivité dans une pièce. Il y est arrêté le 23 décembre. Il apprend peu de temps après, par une lettre de sa femme, que son fils aîné (il en avait cinq), René, s'étant engagé dans la 2ème DB et y avait trouvé la mort.

Condamné à mort le 25 septembre 1945 par la Cour de justice de Toulouse. La peine sera commuée en travaux forcés.

---

85 Il y officia jusqu'en août 1944. Réputé très bon praticien, il proportionnait les honoraires selon la fortune de ses clients, et même parfois ne leur demandait rien.
86 Barthet déclara avoir quitter la direction du parti fin juin 1944 (mais être rester en contact avec ses camarades). Pourtant, on retrouve de la correspondance signée de son nom au 5 juillet 1944...
87 Durant l'occupation, l'abbé receuillit de nombreux réfugiés, juifs ou résistants. (source : ajpn.org).

Jacques BAZIN

Chef de dizaine de la Franc-Garde permanente (Haute-Garonne)
SOL / Franc-Garde bénévole (Toulouse – Haute-Garonne)

Jacques Ambroise Joseph Marie Bazin est né le 29 août 1906 à Savennières (département du Maine-et-Loire). Il se fait embaucher en 1935 à la Société Pyrénéenne d'Energie Electrique, comme secrétaire au siège social. Brièvement mobilisé en septembre-octobre 1939, mais renvoyé dans ses foyers à cause de sa situation de famille (quatre enfants). Il s'installe à Toulouse (replié avec la société qui l'employait) après l'armistice de juin 1940. Il était alors membre du PSF.

Adhère au SOL en juillet 1942, puis à la Franc-Garde bénévole. Mobilisé le 8 juin 1944 dans la Franc-Garde permanente, comme chef de dizaine. Il dirige une petite équipe, chargée principalement de gardes devant les sièges miliciens.

Replié en Allemagne, il suit le parcours classique. Etant donné sa situation de famille (quatre enfants à charge), il n'a pas l'obligation de servir dans la Waffen-SS. Se trouve au camp d'Heuberg (regroupant les inaptes) de novembre 1944 au 10 mars 1945. Il finit la guerre au sein du bataillon « Carus », en Italie du nord.

Jugé le 13 mai 1946 par la Cour de justice de Toulouse, il est condamné à cinq ans de prisons, 1000 francs d'amende et la dégradation nationale à vie.

Joseph BERGÉ

Légionnaire / Soldat
Membre du PPF (Haute-Garonne)

Joseph Raoul Bergé est né le 24 novembre 1907 au Mas d'Azil (département de l'Ariège). Membre du PPF depuis 1937, il travailla quelques années comme valet de ferme dans l'Ariège et comme garçon-livreur, puis, de octobre 1931 à mars 1941 à l'Office Industriel de l'Azote, à Toulouse. Mobilisé de septembre 1939 à février 1940 au 171ème régiment d'infanterie.

Engagé dans la LVF le 28 octobre 1941. Quitte Versailles pour Deba dans le convoi du 1er décembre 1941. Intégré à la 11ème compagnie, sous les ordres de Demessine. Revenu à Versailles le 16 avril 1942, il est démobilisé[88]. Revenu à Toulouse, il reprend son travail de receveur à la Compagnie des tramways (où il était employé depuis juillet 1941).

Il part comme travailleur volontaire en Allemagne le 16 octobre 1942 (après avoir été licencié de son travail pour vol). Il travailla à Laufenburg, dans une usine Hugo Wittig, fabriquant des pièces pour l'aviation. Il n'y reste que six mois et demande sa mutation. On l'envoit dans le Brandebourg, dans une usine de matériel d'artillerie. Il y reste jusqu'en avril 1945, date où il « déserte » de l'usine.

Rapatrié par train en France par les américains, en tant que requis du STO, il arrive à Toulouse le 13 mai 1945. Arrêté par deux policiers le matin du 5 juin 1945, au marché du Capitole. Jugé le 27 août 1945 par la Cour de justice de Toulouse, il est condamné à vingt ans de travaux forcés, la dégradation nationale et la confiscation de ses biens. Son pourvoi en cassation est rejeté le 6 septembre.

---

88 Parmi les hommes renvoyés avec Bergé, une trentaine de nord-africains de la LVF.

Louis BERGÉ

Chef de trentaine du SOL & de la Franc-Garde bénévole (Toulouse - Haute-Garonne)

Louis Jean Bergé est ne le juin 1909 à Narbonne (département de l'Aude). Effectue ses études à l'école de commerce de Toulouse. Mobilisé de septembre 1939 à juillet 1940, comme adjudant du 17ème Régiment du Train. Décoré de la *Croix de guerre* avec une citation à l'ordre du régiment.

Adhère au SOL en juin 1942, il en est nommé chef de trentaine (à Toulouse) en octobre de la même année. Passe à la Franc-Garde bénévole avec le même grade (matricule 230), au sein de la seconde puis de la première centaine[89]. Démissionne par le lettre le 1er septembre 1943[90]. Il donna asile à une famille juive à partir de mars 1944, qui lui sera reconnaissante à son procès.

Réfugié à Lavaur à la Libération (il servira quelques semaines dans le 12ème Bataillon FFI), il se constitue prisonnier aux FFI de Toulouse le 2 septembre 1944. Jugé le 30 mai 1945 par la Chambre civique de Haute-Garonne, il est condamné à la dégradation nationale à vie.

---

[89] Bergé dira servir dans la seconde centaine vers février 1943. Ce qui est sûr, c'est que fin avril 1943 il était dans la première centaine.

[90] Depuis avril 1943 au moins il était en conflit avec son chef de centaine. Bergé rechignait à exécuter les ordres et n'était guère assidu.

Maurice BEZARD-FALGAS

Chef cantonal de la LFC (Toulouse – Haute-Garonne)
Chef communal de la LFC (Dremil-Lafage – Haute-Garonne), membre du SOL

Maurice Jules Pierre François Bezard-Falgas est né le 10 mai 1896 à Toulouse (département de la Haute-Garonne). Participe à la guerre 14-18, comme engagé volontaire (finit lieutenant de cavalerie). Décoré de la *Croix de guerre* avec deux citations et de la *Médaille de Verdun*. Exploitant agricole à Dremil-Lafage depuis son retour de la guerre. Intégré à une unité combattante début mai 1940, sur sa demande, et est fait prisonnier le 21 juin en Moselle. Il fut décoré de la *Croix de guerre 39-40* et nommé *Chevalier de la Légion d'honneur*. Rapatrié d'Allemagne le 18 août 1941 comme ancien combattant et père de cinq enfants. Mis à la retraite avec son grade de capitaine de cavalerie.

Il dirige la section communale LFC de sa commune dès son retour. Il adhèra au SOL, puis fut versé automatiquement sur les listes de la Milice (matricule 362)[91]. En 1943 il est nommé par Lannefranque chef cantonal de la LFC à Toulouse. Dès juin 1943 il fait partie d'un réseau local de l'Armée Secrète.

Arrêté le 24 août 1944. Jugé le 15 mai 1945 par la Chambre civique de Haute-Garonne, il acquitté.

Décédé le 22 novembre 1964 à Pescay.

---

91 Il dira avoir démissionné en octobre 1942, quand il refusa de prêter le serment, contraire à sa qualité d'officier français. Mais il est possible qu'il démissionna en fait aux tous débuts de la Milice.

Jean BLANC

Président départemental du Comité Ouvrier de Secours Immédiat (Haute-Garonne)

Jean Etienne Louis Blanc est né le 30 mars 1909 à Toulouse (département de la Haute-Garonne). Quitte l'école à l'âge de quinze ans pour travailler dans une maison de tissus en gros (« Rieux et Fabre », à Toulouse). Mobilisé de septembre 1939 à juillet 1940 au 33ème R.I.C.

Démobilisé après l'armistice de juin 1940, il travaille dans une imprimerie toulousaine, comme secrétaire comptable, jusqu'en décembre 1942. C'est à cette date qu'il est appelé par d'anciens camarades syndicalistes pour occuper la fonction de secrétaire administratif de la commission départementale de l'office des comités sociaux. Sa principale tâche étant de recenser les comités d'entreprise et de veiller à ce que les anciens syndicalistes n'en soient pas exclus.

Nommé président départemental du COSI de Haute-Garonne[92], formé en novembre 1943. Il n'était pas rétribué pour ce poste, et garde donc son emploi. Début 1944 il devient chargé de mission à la direction de l'organisation sociale, pour le compte du ministère du Travail. Son travail consistant à s'occuper de l'organisation des comités professionnels. Il fit partie d'une délégation officielle (avec le maire Haon et quelques personnalités) pour visiter les travailleurs en Allemagne.

Jugé le 2 mai 1945 par la Chambre civique de Haute-Garonne, et condamné à la dégradation nationale à vie. Blanc avait éviter à certains jeunes gens de partir pour le STO.

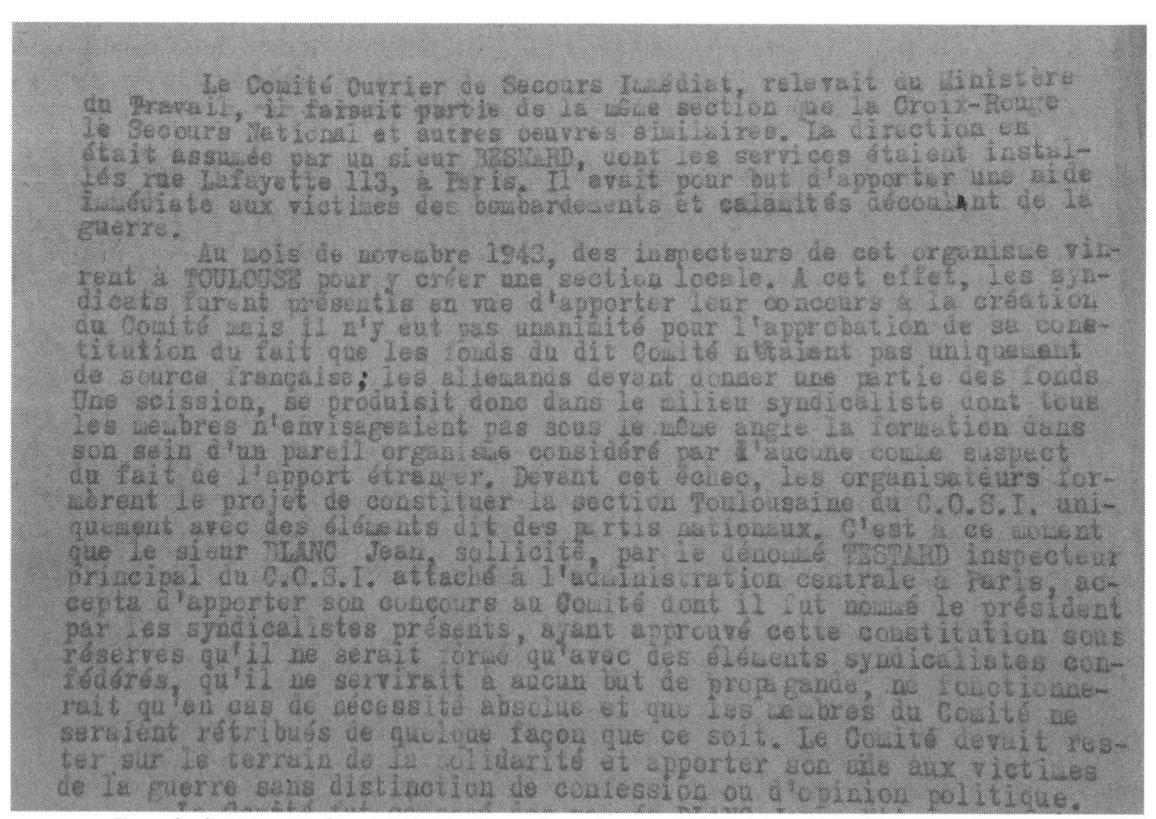

Extrait d'une note de renseignements de police, expliquant la formation du COSI.

---

92 Les locaux, d'abord situés cours Billon à Toulouse, déménagèrent assez vite au 34 rue Saint-Rome.

Jean BOUCHE

Chef de trentaine-adjoint du SOL & de la Franc-Garde bénévole (Toulouse - Haute-Garonne)

Jean Arnaud Bouche est né le 7 avril 1894 à Muret (département de la Haute-Garonne). Menuisier de métier, chef de trentaine-adjoint du SOL puis de la Franc-Garde bénévole à Toulouse. Démissionnaire en mai ou juin 1944[93].

Arrêté le 23 août 1944. Jugé le 13 juin 1945 par la Chambre civique de Toulouse, il est condamné à la dégradation nationale à vie.

---

93 Il semble qu'il servait alors comme Franc-Garde permanent. Du moins il avait été requis courant avril 1944 (sans aucun grade semble t-il) pour effectuer des rondes de surveillance à Saint-Martin-du-Touch.

Léon BRANOVER

Chef de Groupe Franc Motorisé du SOL & de la Franc-Garde bénévole (Toulouse - Haute-Garonne)

Léon Branover est né le 3 octobre 1903 à Orhei, située dans l'actuelle Moldavie[94]. Entre en France en novembre 1924, afin de suivre des études à l'Institut électromécanique de Nancy. Il en sort diplômé en 1928. Après trois années de professorat bénévole, il monta sa propre société. Il quitte tout en septembre 1939 pour s'engager dans l'armée française, considérant qu'il a une dette envers le pays. En attendant la mobilisation effective, il travaille comme ingénieur d'entretien aux Constructions Mécaniques du Midi. Il se déclare apatride afin de pouvoir être incorporé plus rapidement, et est intégré au 23ème R.M.V.E, en qualité de caporal (faisant fonction de sergent) chef de pièce anti-chars. Décoré de la *Croix de guerre*.

Adhère au SOL dès les débuts, comme chef de Groupe Franc Motorisé[95], fonction qu'il garde à la Milice (matricule 493). Il démissionne le 6 septembre 1943, car ne désirant pas rester dans un mouvement méprisé par la majorité de la population, et hostile à une directive récente qui donnait ordre aux miliciens de s'opposer à la police si nécessaire.

Se rend de lui-même à la caserne Compans-Cafarelli le 19 août 1944, afin de se porter volontaire pour les FFI, et de donner les armes qu'il détenait cachées depuis novembre 1942. Il est mis aux arrêts quand on apprend sa qualité d'ancien milicien. Jugé le 16 mai 1945 par la Chambre civique de Haute-Garonne, il est relevé de l'indignité nationale.

Lettre de démission de Branover à Frossard, 6 septembre 1943

« Monsieur,
Lorsque le 1er septembre 1939, j'ai signé mon engagement pour la durée de la guerre, en offrant ma vie au service de la France, sacrifiant ma clientèle, mes chantiers et le reste pour partir à la Légion, ce n'était pas pour combattre tel ou tel ennemi, mais simplement pour ne pas passer pour un salaud en restant à l'arrière et gagner de l'argent pendant que les Français risquaient leur peau en se faisant casser la g....

J'estimais que tout homme, habitant un pays qui lui permet d'y vivre, d'y gagner sa vie et de profiter de tous les agréments au même titre que les originaires, devait suivre la destinée de ce pays et de ses habitants dans tous les risques au moins par reconnaissance du ventre, sans chercher à savoir si les dirigeants et le peuple du pays qu'il habite, ont tort ou raison.

Je ne suis pas une star de cinéma ou roi de … cirage américain qui déclaraient en débarquant en France au micro ou aux journalistes qu'il n'y venaient que par amour de ce beau pays, mais songeant plutôt à la bombe carabinée qu'ils pourront se payer à peu de frais grâce au change favorable (sans lequel ils n'auraient jamais pensé à visiter le pays de leurs rêves...) et pourtant je suis parti combattre pour la France parce que je l'aimais et la raison de cet amour, c'est que c'était le pays de ma femme et de mes deux enfants que j'allais défendre.

Je vous prie de croire que je n'étais pas peu fier de faire partie de cette fameuse Armée Française, couverte de gloire en 14-18.

Pour tout l'or du monde je n'aurais pas céder ma place ni mon matricule.

Quand après l'enfer de combats à 1 contre 50, sur l'Aisne, à Sconnin-Breuil, Villers-Cotterets, Missy-au-Bois, Pont-sur-Yonne, Gien, etc..., que nous avons vécu sans dormir, bouffant quand on avait le temps, abasourdis par les obus, balles, mitrailleuses, mitraillettes, crécelles, torpilles, sifflantes et autres engins de ce divertissement spécial qu'est la guerre nous avons appris la signature de l'armistice, un immense cafard, un découragement et une telle honte m'ont envahi que je m'étais mis à chialer... Je n'étais pas le seul d'ailleurs.

Je préférais tout recommencer au risque d'y rester (les miracles ne se répètent pas et on ne défie pas la mort impunément) que revenir dans mon patelin « Toulouse » battu à plate couture, toutes les excuses plus ou moins valables telles que le manque d'aviation (y compris la RAF, je ne l'ai jamais vue), manque d'armement, manque de munitions, que je pouvais présenter à la décharge n'y changeraient rien, car en guerre comme au sport seul le résultat compte et le résultat était tellement piteux... Et pourtant il fallait recommencer la vie civile... En avalant la honte du combat perdu.

---

94 Le patronyme « Branover » semble être d'origine juive.
95 Equivalent au chef de trentaine.

Ce sont ce cafard, ce découragement et cette honte qui m'ont poussé dès sa formation à la Légion Française des Combattants.

Je m'y suis inscrit en espérant je ne sais trop quoi, avec comme chef le Héros de 14/18 n'était-il pas permis d'espérer ?

On annonçait des chiffres d'adhérents 800 000... 1 100 000, 1 600 000 Légionnaires.

De nouveau j'étais fier de faire partie de ce groupement dont les ¾ étaient ceux de 14-18... les vainqueurs. Un secret espoir d'un miracle, d'une nouvelle chance de risquer ma peau toujours vivante...

Cet espoir et ce désir de risquer ma vie pour ce pays (mon pays puisque j'étais naturalisé) m'ont encore poussé dès sa formation dans les SOL (Service d'Ordre Légionnaire) qui devait, en principe réunir ceux des anciens combattants qui étaient encore physiquement capables de combattre.

Le SOL dissous, je suis passé automatiquement à la Milice qui devait unir ou servir les Français.

Mais je rend compte que de plus en plus la Milice est abhorée des Français, la police elle-même (ce n'est un secret pour personne puisque vous nous l'avez dit vous-même) ne peut nous sentir et pourtant nous devions l'aider. La Légion même en majorité est contre nous.

Et ce qui est le comble c'est qu'à l'intérieur même de la Milice il y a des divergences(affaire Du Vair).

Je ne parle même pas de dissentiments entre la Milice et le Gouvernement qui est flagrante, vous l'avez dit vous-même.

Tout compte fait étant milicien, j'ai contre moi 99% des Français y compris la Police, la Légion et l'administration.

On a reproché aux gouvernants de la 3è République de s'être servis des étrangers naturalisés pour appuyer leur politique.

Que fais-je moi un ex-étranger dans cette querelle entre Français. Je peux me comparer à un individu se mêlant dans une scène de ménage, et ce qui est plus grave est que je risque d'être appelé un jour à combattre les Français. Je veux bien combattre n'importe qui mais pas les Français.

On peut me croire un dégonflé ce serait une erreur car de toute façon même n'étant pas milicien ma peau n'en vaut pas plus cher que cela mais je ne m'octroie pas le droit de critiquer ou juger le gouvernement ou les institutions nationales.

Comme ex-milicien on me descendra peut-être, mais je préfère crever que d'avoir du sang Français sur les mains.

C'est pourquoi, je préfère vous rendre mon permis de port d'arme après avoir rendu l'arme au commissariat du 3ème arrondissement, en vous présentant, Chef, ma démission.

Je vous prie d'agréer, Monsieur, l'assurance de ma considération distinguée.

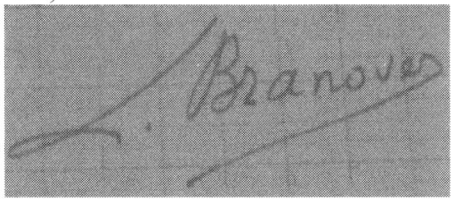

Marcel BUZY

Légionnaire / Soldat

Marcel Buzy est né le 25 septembre 1909 à Pau (département des Basses-Pyrénées). Ajusteur dans les usines Dewoitine. S'engage à la LVF à Toulouse le 15 novembre 1941, dans l'espoir de faire libérer son frère prisonnier de guerre. Envoyé au camp de Deba trois semaines après, et affecté au IIIème Bataillon, il est libéré en février 1942, pour varices à la jambe gauche, et sans doute car il n'avait pas pu obtenir la libération de son parent.

Arrêté le 23 août 1944 par le Groupe Vira à Toulouse. Jugé le 29 mai 1945 par la Chambre civique de Haute-Garonne, il est condamné à dix ans de dégradation nationale.

Pierre CAZAOULOU

Chef de centaine-adjoint de la Franc-Garde bénévole (Toulouse - Haute-Garonne)
Chef de trentaine du SOL & de la Franc-Garde bénévole (Toulouse – Haute-Garonne)

Promotions :
Chef de trentaine (SOL . Franc-Garde bénévole)
Chef de centaine-adjoint (Franc-Garde bénévole) : juin 1943

Pierre Louis Marie Cazaoulou est né le 5 mai 1922 à Toulouse (département de la Haute-Garonne). Chef de trentaine du SOL puis de la Franc-Garde bénévole (matricule 245) à Toulouse[96], au sein de la 1ère centaine[97].

Il participa au cinquième stage organisé à l'école des cadres d'Uriage, du 14 au 26 juin 1943. Il est promu chef de centaine-adjoint. Il part pour le STO en Allemagne le 27 juillet 1943. Il est envoyé dans un camp usine de travailleurs STO, à Ettlingen. Il travaille dans une usine de papiers, puis une usine de métaux. Il en est renvoyé fin janvier 1945 pour sabotage. Il continue d'assurer une certaine propagande sur place, notamment en incitant ses compatriotes du STO à s'engager dans la Waffen-SS[98].

Rentré d'Allemagne dans un convoi de rapatriés du STO, le 3 avril 1945, et arrêté. Jugé le 18 septembre 1945 par la Chambre civique de Toulouse, il est condamné à vingt ans de dégradation nationale.

---

[96] Il sera pressenti pour devenir chef milicien à Saint-Sulpice-sur-Lèze, effectuant de nombreuses visites aux personnalités locales.
[97] Il commandan brièvement la centaine au printemps 1943.
[98] Cazaoulou prétendit avoir démissionné de la Milice en janvier 1944, après qu'il ait reçu de la propagande pour la Waffen-SS.

André CHAPUS

Légionnaire / Soldat

André Léon Georges Chapus est né le 13 octobre 1920 dans la XVIème arrondissement de Paris. Sert dans un bataillon de chars des troupes coloniales de septembre 1939 à juin 1940, servant sur le front d'Italie. Il est ensuite affecté au 21ème R.I.C, à Toulon. Renvoyé de l'armée pour absence illégale, en août 1941.

Il travaille dans une entreprise de coupe de bois, à Saint-Raphaël[99], quand il s'engage à la LVF le 27 mars 1942[100], comme simple soldat[101]. Affecté à la compagnie de commandement, à Radom, le 15 avril suivant, et monte en ligne le 16 juillet. Son contrat est résilié avec honneur le 18 mars 1943. Il fut décoré de la *Croix de fer IIème classe*[102].

Il se retire ensuite à Toulouse, où il est arrêté par la police, pour le vol commis avant son engagement. Il est condamné à un mois de prison à Draguignan, en mai 1943. Il souscrit alors un engagement de travailleur volontaire en Allemagne, le 9 juillet suivant. Il est envoyé au sein d'une entreprise de transports, à Tilsitt. Il était chargé de conduire et entretenir des véhicules[103]. Accidenté le 5 avril 1944, il est hospitalisé jusqu'au 28 septembre 1944. Il revient à Tilsit, et participera à l'évacuation de la population et des administrations de la ville, en janvier 1945.

Il se rend ensuite à Dantzig, puis Gotenhafen. Début mars 1945. Durant le siège de la ville, Chapus y brille par son courage, en se portant volontaire pour une équipe sanitaire, portant secours aux blessés (il escorta un blessé à 175 kilomètres de la ville, et ne l'abandonna pas, malgré les dangers) et en ravitaillant le camp où se trouvait les réfugiés, sous un bombardement intensif et continu. Les requis et déportés sont dispersés par l'Armée Rouge dans des châteaux alentours, et il est démasqué par ses camarades (dont un ancien de la LVF semble t-il, qui l'a dénoncé), et mis en état d'arrestation.

Rapatrié en France, et détenu à la caserne Vandamme, à Lille, à compter du 9 juillet 1945. Jugé le 18 décembre 1945 par la Cour de justice de Toulouse, il est condamné à trois ans de prison, 10 000 francs d'amende et la dégradation nationale.

---

99 Avant cela, il semble avoir beaucoup changer de domicile : à Moissac, chez ses parents, de novembre 1937 à octobre 1938. Date où il s'engage dans l'armée (au Centre de Mobilisation des Troupes Coloniales, à Fréjus). Il ne revoit ses parents qu'en avril (permission) et septembre 1940 (démobilisation) et part s'installer à Béziers. Il ne donnera aucune nouvelle à sa famille par la suite.

100 Recherché pour vol de lapins, il prit la fuite jusqu'à Dijon, et s'engagea dans cette ville.

101 Son carnet de service ne mentionne aucune promotion, mais s'il fut vraiment décoré de la Croix de fer, il est possible qu'il soit passé Caporal.

102 Lorsqu'il fut démasqué par ses anciens camarades requis STO, alors qu'il étaient en voie d'être rapatriés, on le fouilla et trouva une Croix de fer sur lui.

103 Selon plusieurs témoignages, il aurait commis des sabotages sur les véhicules passés entre ces mains.
Mais selon un autre témoin, c'est seulement que Chapus était fainéant et ne prenait pas soin du matériel !

Max CHARTROULE

Directeur régional de l'Administration pénitentiaire (Toulouse)

Max Marie Gilbert Chartroule est né le 7 juin 1895 à Milhac-d'Auberoche (département de la Dordogne). Il entre dans l'administration pénitentiaire en 1920, tout d'abord comme instituteur, exerçant dans les prisons de Lamothe-Bevron puis Bordeaux. Détaché à l'administration centrale, à Paris, comme rédacteur, en 1927. Econome à la maison d'arrêt de Saint-Hilaire à partir de 1930, puis à celle de Lamothe-Bevron en 1932. Promu sous-directeur de la Maison centrale de Melun, en 1937. Passe directeur d'une maison d'éducation surveillée dans l'Hérault en 1937, puis directeur de la maison centrale de Nîmes fin 1939. A noter qu'il fut membre de la loge maçonnique « l'Humanité future » de Juvisy-sur-Auch à partir de 1929, atteignant le grade de Maître. Il était adhérent de la SFIO.

Fin 1941 il est nommé directeur régional de l'Administration pénitentiaire, à Toulouse. Il fut un haut fonctionnaire modéré[104], sans doute relativement mal vu par sa hiérarchie, notamment après l'arrivée de Darnand.

Jugé le 18 septembre 1945 par la Chambre civique de Toulouse, il est acquitté.

---

[104] Chartroule dira avoir préférer rester à son poste toute la durée de la guerre, pensant qu'il serait plus utile dans un poste clef que dans l'anonymat.
Il fut un directeur de prison humain, autorisant largement la circulation des paquets et colis aux détenus, et facilitant dans la mesure du possible les transferts.
De fin décembre 1943 à fin janvier 1944 il assura par intérim la direction de la maison centrale d'Eysses, jusqu'à ce que le milicien Schivo soit nommé à ce poste, au déplaisir de Chartroule.
Les bureaux de la direction régionale pénitentiaire étaient situés au 115 Grand Rue Saint-Michel, à Toulouse.

Jules CHAVANETTE

Légionnaire / Soldat

Jules Chavanette est né le 20 juin 1922 à Puydaniel (département de la Haute-Garonne). Travaille aux Etablissements de l'Epargne, à Toulouse, de novembre 1937 à avril 1940. Le travail étant trop dur, il entre comme moniteur à la SNCF. S'engage au 6ème B.C.A, à Grenoble, en avril 1941, mais il est réformé après quelques semaines de service, les exercices en montagne étant trop durs.

Ne voulant pas reprendre son travail, il s'engage à la LVF le 12 novembre 1941. Arrive à Deba le 5 décembre, et monte au front avec le IIIème Bataillon, en mai 1942. Il semble servir alors à la 10ème compagnie. Evacué pour maladie dès le 6 juin 1942.

Passe par les hôpitaux de Breslau, Dresde, puis Leipzig. Revenu au camp de Kruszyna le 10 août 1942, puis à Versailles, où il est réformé le 19 août. Revenu à Toulouse, il n'y reste que peu de temps, et s'engage pour le travail volontaire en Allemagne, le 3 octobre 1942. Affecté à une usine de fabrication de pièces détachées pour chars, à Sommerda. Il y reste jusqu'en mai 1945, date où il rentre en France par Annemasse (comme requis du STO), puis à Toulouse.

Condamné à deux ans de prison et la dégradation nationale à vie par la Cour de justice de Toulouse le 30 octobre 1945[105].

Albert CHENOT

Légionnaire / Soldat

Albert Hydulphe Joseph Alfred Chenot est né le 10 mars 1917 à Remalard (département de l'Orne). D'origine belge, il opte pour la nationalité française à l'âge de dix-huit ans, et s'engage au 42ème R.A.D en avril 1935. Renvoyé dans ses foyers en 1938, il travaille pour l'administration pénitentiaire. Mobilisé en septembre 1939, il fait la campagne de mai-juin 1940 dans sa précédente unité. Démobilisé en octobre 1940, avec la *Croix de guerre* en poche. Il se fait embaucher à l'hôpital de Purpan, à Toulouse.

S'engage dans la LVF en septembre 1941. Réformé en février ou mars 1942[106]. Interné de juillet 1942 à mars 1943 à l'hôpital psychiatrique de Font d'Aurelle, à Montpellier[107]. En juillet 1943 il s'engage au 404ème D.C.A, à Mende. Il fait une tentative de suicide (en se tailladant les veines)[108], et est hospitalisé à Montpellier. Sa mère vient le chercher pour le ramener en Belgique.

Arrêté par les allemands à Lille fin septembre 1943. Déporté dans un camp de Wernigerode. Délivré par les américains en mai 1945, et rapatrié en Belgique. Il gagne la France au mois d'août, et travaille comme intendant à la maison de repos des prisonniers et déportés au château de La Motte, à Puy-Guillaume.

Jugé le 13 mai 1946 par la Cour de justice de Toulouse le 13 mai 1946, il est acquitté, car reconnu irresponsable.

---

105 Il bénéficia de plusieurs témoignages, dont celui de son ancien professeur d'école :
« J'ai gardé le souvenir très net d'un enfant foncièrement bon, exempt de toute brutalité. Son intelligence peu développée, son absence de sens-critique le rendaient particulièrement influençables aux bonnes comme aux mauvaises propagandes. J'ai la conviction absolue qu'il mérite toute l'indulgence du jury. »

106 Il prétendra avoir refuser de porter l'uniforme allemand en se faisant porter malade, peu après son arrivée à Deba, et avoir été ensuite emprisonné... Peu probable !

107 Pour raison de dissociation mentale avec sensation de dépersonnalisation, idées de culpabilité, hallucinations auditives, tentatives de suicide.

108 Il dira avoir eu une conversation avec son officier sur son engagement antérieur à la LVF, et ce dernier lui fit de vifs reproches.

Jacques COLL

Chef de secteur du PPF (Toulouse-sud & Toulouse-est - Haute-Garonne), membre de la Milice Française

Jacques Alphonse Marie Joseph Gaëtan Coll est né le 2 août 1892 à Roquedur (département du Tarn). Il se rend en 1917 en Argentine, afin de travailler dans l'élevage. Revient en France en 1913, pour effectuer son service militaire. Il fit la guerre 14-18 comme cannonier au 57ème R.A., puis aviateur dans diverses escadrilles (Salmon 122 puis B.R 220). Blessé deux fois, titulaire de la *Médaille militaire*[109] et de la *Croix de guerre* avec quatre citations.

Démobilisé, il travaille comme rédacteur dans un service du Ministère des régions libérées, jusqu'en 1924. Il part exploiter la propriété familiale de Mirepoix. Coll fut militant de l'Action Française de 1917 à 1942. Mobilisé à la Cartoucherie de Toulouse de septembre 1939 au 10 mai 1940.

Chef des secteurs Toulouse-sud et Toulouse-est du PPF de septembre 1942 à l'été 1944. Il fut employé au commissariat aux questions juives à Toulouse (sur « piston » de Charles Maurras semble t-il !) d'octobre 1941 à novembre 1943, et est chargé de rechercher les immeubles appartenant aux israélites. En difficulté avec ses supérieurs à Vichy[110], il demande à entrer au Ministère de l'Information, comme délégué adjoint[111]. Il dirige une délégation française en Allemagne du 26 mars au 8 avril 1944, chargée de s'enquérir de la situation des travailleurs français. Il était aussi membre actif de la Milice depuis ses débuts (sur instigation de Lécussan). Il participa à au moins un interrogatoire, en mai 1944.

Arrêté par les FFI le 22 août 1944. Jugé le 6 novembre 1945 par la Cour de justice de Toulouse, il est acquitté par arrêt du 20 mars 1946, mais subit la dégradation nationale à vie et la confiscation des biens (présents et à venir).

Citations de Jacques Coll

Citation à l'ordre du Corps d'armée du 31 juillet 1915
« Bombardier, s'est distingué du 3 au 10 mai dans le secteur de la 34ème division d'infanterie, comme agent de liaison, porteur des ordres aux pièces sous le feu de l'artillerie ennemie, comme observateur et comme chef de pièce.
        Le Général J.B. Dumas. Commandant le 17ème C.A. »

Citation à l'ordre de la division du 13 février 1916
« Le général commandant la 24ème division cite à l'ordre de la division : le Brigadier Coll Jacques Alphonse Marie Joseph, n° matricule 2677, de la 103ème batterie de 58 du 52ème régiment d'artillerie, très courageux et de grand sang-froid sous le feu, toujours volontaire pour des reconnaissances dangereuses, a été grièvement blessé au moment où il surveillait le tir de sa pièce sous un bombardement extrêmement violent et précis. »

Citation à l'ordre du Corps d'armée du 25 septembre 1916
« Le général commandant le 12ème Corps d'armée cite à l'ordre du Corps d'armée : le Maréchal-des-logis Coll Jacques Alphonse Marie Joseph, n° matricule 6091, maréchal des logis, commandant une section de canons de 58 soumis à un violent bombardement de plus de deux heures qui ensevelit une pièce, n'a cesser d'encourager ses hommes par son exemple, continuant le feu sans arrêt avec la pièce restante et réussissant à remettre en état la pièce ensevelie. Faisant preuve d'une activité exceptionnelle et d'un véritable mépris du danger, s'est porté maintes fois pendant l'action au point du secteur les plus exposés pour rapporter des renseignements précis et les transmettre au commandant alors que toutes les communications téléphoniques hormis celles de sa section étaient coupées. »

---

109 Proposé le 31 mai 1919 par le chef de bataillon Precardin.
110 Coll était dégouté que de simples boutiquiers juifs soient harcelés par l'Etat, pendant que des grosses fortunes n'avaient aucun souci avec la loi anti-juive en vigueur...
    Il expliqua aussi s'être opposé à l'application stricte de la loi quand il s'agissait de juifs anciens combattants.
111 Le délégué régional était, en 1944, Raoul Berenguier, ancien chef milicien dans le Lot.

Citation à l'ordre de l'Armée du 20 octobre 1918
« Le général Gérard commandant la 8ème Armée cite à l'ordre de l'Armée : le Maréchal-des-logis Coll Jacques Alphonse Marie Joseph, n° matricule 6091, du 52ème Régiment d'artillerie, pilote aviateur, le 26 septembre 1918, a soutenu un combat extrêmement dur contre trois avions de chasse ennemi, ayant eu son observateur tué, s'est dégagé en combattant et a réussi grâce à son énergie et à une rare adresse, à ramener en terre française son avion criblé de balles. »

Jules CORNUEZ

Chef de trentaine de la Franc-Garde permanente (Haute-Garonne)

Jules Maurice Georges Cornuez est né le 23 avril 1881 à Velleminfroy (département de la Haute-Saône). Militaire de carrière, il sert au Maroc de 1910 à 1914 (une citation), puis combat de 1914 à 1918 (blessé deux fois, trois citations, nommé *Chevalier de la Légion d'honneur* le 27 décembre 1916), fait ensuite l'occupation en Allemagne jusqu'en 1921, puis participe à la campagne de Syrie jusqu'en 1923. Titulaire de la *Croix de guerre* avec plusieurs citations.

Mobilisé en 1939-1940, comme commandant du 427ème Régiment de pionners (il avait alors rang de chef de bataillon). Il reçoit une nouvelle citation. Fait prisonnier par les allemands, il est rapatrié le 15 août 1941, comme ancien de la guerre 14-18. Il avait rang d'*Officier de la Légion d'honneur*. Adhère à la LFC comme simple membre, puis à la Milice début 1944 (sans doute comme simple membre).

Quitte Saint-Gaudens (il y résidait depuis sa libération, et il se sentait menacé, à raison[112]) pour rejoindre la Franc-Garde permanente à Toulouse début juillet 1944, comme comptable de l'unité à l'école Sainte-Barbe. Vu son rang d'ancien officier, il fut sans doute au moins chef de trentaine[113]. Suit la Milice en repli à la Libération.

A Ulm, il fut secrétaire de la compagnie de passage durant deux mois. Jugé le 18 février 1946 par la Cour de justice de Toulouse, il est condamné à trois ans de prison et la dégradation nationale à vie.

---

112 Son fils Robert (né le 22 août 1925 dans le XVIème arrondissement de Paris) s'était engagé dans la LVF en 1943 (poussé par son père). Il finit dans la division « Charlemagne ».
113 Ce grade était de plus souvent détenu par le chef comptable d'une unité Franc-Garde permanente...

Félix CROS

Franc-Garde permanent (Haute-Garonne)
Légionnaire / Soldat

Félix Victor Antoine Louis Cros est né le 17 janvier 1901 à Castres (département du Tarn). Employé à l'usine à Gaz de Castres, il s'engage à la LVF (matricule 4826) le 6 décembre 1941. Dirigé au camp de Deba quelques jours après, il sera réformé le 2 mars 1942[114], et renvoyé à Versailles, où son contrat est résilié le 12 mars.

Il reprend son travail précédent à l'usine. Part travailleur volontaire en Allemagne le 14 juillet 1942. Revenu le 26 octobre suivant, il signe un nouveau contrat le 12 mars 1943. Revenu le 15 juin 1944 à Castres, il tente de revenir à l'usine de Gaz, mais est éconduit au bout de deux jours. Il rentre alors dans la Franc-Garde permanente, à Toulouse[115]. Il y remplit le rôle de garçon à la buvette de la caserne Sainte-Barbe.

Replié en Allemagne à la Libération, il finit la guerre en Italie du nord, dans le bataillon milicien. Jugé le 23 mai 1946 par la Cour de justice de Toulouse, il est condamné à cinq ans de prison et la dégradation nationale à vie.

Décédé le 31 juillet 1951 à Castres.

---

114 Soi-disant pour une blessure reçue alors qu'il était mobilisé.
115 Il fut peut-être brièvement affecté à l'unité de Castres.
   Cros est décrit par son patron de l'usine à Gaz de Castres comme un homme immoral, ivrogne et uniquement attiré par l'argent.

François DAT

Chef de secteur de section du PPF (Toulouse-ouest & Toulouse-centre – Haute-Garonne)

François Dat est né le 22 août 1900 à Toulouse (département de la Haute-Garonne). Représentant à la maison Phoscao, à Toulouse, Mobilisé en 1939, au dépôt de cavalerie de Montauban. Il se retrouve sans travail après sa démobilisation.

A la recherche d'une situation, il s'adresse à médecin traitant, le docteur Barthe (secrétaire fédéral du PPF), en juillet 1942, qui accepte de l'aider, en échange de devenir chef de secteur pour Toulouse-ouest et Toulouse-centre au sein de la section PPF de Toulouse. Dat prétendra avoir démissionné du parti fin 1943 (il figure encore sur les listes du parti en 1944, comme chef de secteur)...

Arrêté par les FFI le 30 novembre 1944. Jugé le 14 avril 1945 par la Chambre civique de Haute-Garonne, et condamné à cinq ans de dégradation nationale.

Raoul DAUMONT

SS-Frw. Schütze (SS-Werber)
Inspecteur social de l'Organisation Todt
Sergent-chef / Unterfeldwebel

Promotions :
Sergent-chef / Unterfeldwebel
SS-Frw. Schütze[116]

Raoul Albert Daumont est né le 22 mai 1911 à Corbeil (département de Seine-et-Oise). Il sert un temps dans la marine, à partir de 1928. Dessinateur industriel de métier, s'engage à la LVF (matricule 9252) le 22 septembre 1941, comme sergent-chef[117]. Affecté à la 8ème compagnie à Deba. Son carnet de service semble indiquer qu'il fut diriger sur Smolensk, puis Moscou, preuve qu'il a sans doute été engagé. Replié à Smolensk le 15 janvier 1942, puis à Breslau, il débarque à Versailles le 25 janvier. Son contrat est résilié le 30 janvier 1942. Il se retire ensuite à Nice.

Il semble ensuite avoir été travailleur volontaire en Allemagne, employé comme ouvrier raboteur dans une usine à Berlin. Le 30 septembre 1942 il se présente à nouveau à Versailles, afin de se re-engager, mais est refusé à la visite médicale. Il se présente une troisième fois le 14 décembre 1942, sans plus de succès. Il s'engage dans l'Organisation Todt, et devient inspecteur social du service sanitaire des camps ouvriers[118], officiant à Toulouse[119]. Il quitte ce mouvement en juin 1943[120].

Engagé dans la Waffen-SS en juillet 1943, il devient recruteur (*SS-Werber*) pour cette organisation, tentant de recruter des ouvriers (français ou non) en Allemagne. Pour une obscure raison, il est condamné à dix-huit mois de prison à Prague, le 22 mai 1944[121]. Quoiqu'il en soit, il n'effectue pas sa peine en totalité, et rejoint le camp de Greifenberg, où est formée la « Charlemagne » (sans doute en septembre 1944 donc). Ne désirant pas combattre, il se fait porter inapte et démobilisé.

Devant être affecté à une usine, il se rend plutôt à Strasbourg, en novembre 1944. Arrêté par le SD et jeté en prison, car ses papiers ne sont pas en règle. Libéré par les autorités françaises le 31 janvier 1945 (centre de séjour surveillé de Schirmeck), il s'engage à la Légion étrangère (compagnie d'instruction de Lépanges), où il reste jusqu'au 28 mars 1945 (raisons de santé). Arrêté trois jours plus tard dans la rue à Lanmeur[122], par des gendarmes le trouvant suspect (Daumont était pourtant en tenue « américaine »).

Jugé le 7 août 1945 par la Cour de justice de Toulouse, il est condamné aux travaux forcés à perpétuité, la dégradation nationale et la confiscation de ses biens.

---

116 Il n'avait à priori aucun grade dans la Waffen-SS, mais ce n'est pas certain...
117 Il déclara s'être engagé pour échapper à une éventuelle arrestation, car il était communiste et hostile à la politique du gouvernement.
118 Son uniforme est décrit comme tel par des témoins : uniforme bleu marine, béret, revolver au ceinturon, et avec un écusson tricolore surmonté de l'inscription « Finlande – 1939-1940 », et un V argenté en dessous.
 Il est possible que Daumont ait été volontaire pour combattre aux côtés de la Finlande en 1940...
119 Le 28 mai 1943, alors qu'il se baladait (sans doute passablement ivre) et effectuait des contrôles d'identité, jardin du Capitole à Toulouse, il fut (sans doute) apostrophé par un policier en civil. Daumont s'énerva et lui dit « La police française je l'emmerde. Je ne connais que la police allemande. ». Puis il y eut une empoignade, et Daumont prit le dessus, le frappant aux côtes et au visage, avant de l'amener sans ménagement à la Feldgendarmerie.
120 Semble t-il renvoyé par les allemands, pour avoir camoufler des ouvriers (douteux).
121 Ses explications sont floues. En janvier 1944 il prétendit qu'on avait voulu le placer dans une unité combattante, à Posen (à cet endroit se trouvait l'école de sous-officiers SS!), et qu'il aurait eu une attitude d'insubordination.
 Il déclare ensuite s'être évadé de prison (peu probable!).
122 Il avait connu un dénommé Botros à la Légion étrangère, qui avait été volontaire de la Waffen-SS. Cet homme lui avait demander de rendre visite à ses parents pour lui.

Simon DELANNEL

Waffen-Unterscharführer der SS
Maat (KriegsmarineWerftpolizei)

Promotions :
Adjudant-chef
Maat (*KriegsmarineWerftpolizei*)[123]
Waffen-Unterscharführer der SS : 12.11.1944

Simon Jules Marius Delannel est né le 13 avril 1903 à Recques-sur-Hem (département du Pas-de-Calais). Adjudant-chef de carrière, il sert en 1940 au 28ème R.I.F. Démobilisé en 1941 (il sert alors à Agen, au 150ème R.I.) par la loi de dégagement des cadres. Il entre comme chef de secteur à la police nationale de Toulouse. Le 25 janvier 1944 il est nommé brigadier des Gardes-voies-et-communisations, à Gaillac. Ayant une inculpation d'attentat à la pudeur sur le dos[124], son supérieur le limoge peu après.

Ne pouvant rester sans emploi vu ses trois enfants à charge, il contracte un engagement comme chauffeur auxiliaire à la *Werftpolizei*, à Paris, le 17 février 1944. Il convoit du matériel de Nantes au Pirée (Grèce) en avril 1944. Vers le 15 juillet 1944, il bénéficie de quelques jours de repos, puis doit effectuer un nouveau trajet, de Nantes à Guebwiller. Le 26 août 1944 il se replie vers Karlsruhe, puis Wilhelshaven, où il touche un uniforme de la Heer. Avec une trentaine de camarades il est alors chargé de la garde de prisonniers civils polonais et russes.

Versé à la Waffen-SS à compter du 12 novembre 1944 (date de la visite médicale et de l'incorporation, à Greifenberg), les hommes sont rassemblés par le lieutenant Guénin et envoyés à Wildflecken le 19 novembre. Il reçoit le grade d'Unterscharführer, en raison de son passé militaire. Combat en Poméranie, peut-être au sein de la compagnie d'état-major[125], à Neustettin, et connait la retraite vers Belgard.

Fait prisonnier par les américains à Bad Kleinen, le 3 mai 1945, avec le reste de la division. Interné à Roubaix le 10 juillet, puis à la prison de Loos le 27 juillet. Jugé le 8 novembre 1945 par la Cour de justice de Toulouse, il est condamné à la peine de mort. Son pourvoi en cassation est rejeté en décembre. Néanmoins, la peine fut commuée en travaux forcés.

Décédé le 2 novembre 1977 à Carpentras.

---

123 Supposition. Ce grade correspondant à celui d'Unterscharführer dans la Kriegsmarine.
124 L'auteur ignore totalement la nature de cette inculpation, mais il en fut relaxé.
125 Dans un PV, il déclare avoir servit à la compagnie de brigade, puis dans un autre à la compagnie technique (comme dépanneur)...
Décidément, à croire que tous les membres de la division « Charlemagne » furent des non-combattants !

Francis DELOUSTAL

Secrétaire de section du PPF (Toulouse - Haute-Garonne)
Trésorier fédéral du PPF (Haute-Garonne), Délégué à la propagande de section PPF (Toulouse - Haute-Garonne)

Francis Pierre Jules Deloustal est né le 4 mars 1900 à Toulouse (département de la Haute-Garonne). Voyageur de commerce (représentant en peintures). Il adhère au PPF en 1937. Trésorier fédéral du PPF de Haute-Garonne[126], délégué à la propagande de la section PPF de Toulouse[127]. Nommé, vers septembre 1943, secrétaire de la section PPF de Toulouse.

Arrêté à son domicile le 28 août 1944. Jugé le 17 avril 1945 par la Chambre civique de Toulouse, il est condamné à la dégradation nationale à vie et la confiscation de ses biens à hauteur de 50 000 francs.

---

126 Cité à ce poste les 29 juillet et 6 décembre 1940. Il l'a quitté au plus tard à l'été 1942.
127 Cité à ce poste en octobre 1942.

Yvan DOUTRE

SS-Frw. Schütze
Franc-Garde bénévole (Toulouse - Haute-Garonne)

Yvan Maurice Daniel Doutre est né le 19 août 1926 à Monbrun (département du Gers). Il travaille dès son jeune âge dans les fermes familiales, dans le Gers. Parti à Toulouse en novembre 1943, il est intégré aux Compagnons de France, et fut sans doute inscrit à la Franc-Garde bénévole. En février 1944, il quitte Toulouse pour Lyon, où il est affecté aux Compagnons de Villeurbanne[128].

Il s'engage dans la Waffen-SS au bureau de recrutement de Lyon, le 18 mars 1944[129]. Il semble avoir suivit un parcours classique (camp de Sennheim), et fut intégré dans les rangs de la 5ème compagnie du régiment SS 58, au sein de la « Charlemgne »[130]. Selon toute probabilité, il combattit dans le couloir de Dantzig.

La fin de la guerre le voit hospitalisé quelque part en Allemagne. Il regagne clandestinement la France le 18 mai 1945, dans un convoi de rapatriés, et part vivre chez ses parents, à l'Isle-Jourdain. Arrêté sur dénonciation le 28 mai suivant. Jugé le 9 août 1945 par la Cour de justice de Toulouse, il est acquitté comme ayant agit sans discernement.

Il fera ensuite carrière dans les troupes de marine, combattant en Indochine et en Algérie, décoré de nombreuses fois (*Médaille militaire, Croix de guerre T.O.E, Chevalier de l'ordre national du mérite*). Il prend sa retraite militaire au grade de capitaine, et était *Commandeur de la Légion d'honneur*[131]. Décédé des suites d'une longue maladie en janvier 2014, à Corneilla-del-Vercol.

Le capitaine Doutre en 2013[132].

---

128 A moins qu'il n'ait été affecté à une unité Franc-Garde permanente ? Cette option est à envisager.
129 Il affirma avoir signer son engagement car arrêté par les miliciens (pour avoir voulu rejoindre le maquis de Haute-Savoie) et menacé par ces derniers. Il se rétracte face aux questions multiples des enquêteurs.
Un membre de sa famille déclara que Doutre ne désirait pas combattre des Français et préférait donc partir en Allemagne.
130 A priori comme simple soldat, mais ce n'est pas certain.
131 Nommé Officier le 25 juin 2002, et Commandeur le 3 mai 2013.
132 Source : lepetitjournal.net.

Marcel DULEAU

Légionnaire / Soldat

Marcel Duleau est né le 15 août 1918 à Toulouse (département de la Haute-Garonne). Ajusteur en métaux, il s'engage à la LVF (matricule 3689) à Toulouse le 27 octobre 1941. Affecté à la 12ème compagnie à Deba, il est réformé pour blennoragie le 22 décembre suivant, alors qu'il se trouve en traitement à l'hôpital. Son contrat est résilié le 30 février 1942. Il fut ensuite travailleur volontaire en Allemagne[133].

Revenu en France en octobre 1943, il travailla comme nettoyeur de caveau dans un hôpital puis chez Dewoitine. Arrêté à la Libération.

Jugé le 16 mai 1945 par la Chambre civique de Haute-Garonne, il est condamné à cinq ans de dégradation nationale.

Émile DUMONT

Commissaire de police à l'Intendance régionale du Maintien de l'ordre (Toulouse)
Secrétaire départemental de la LFC (Haute-Garonne)

Émile Paul Joseph Dumont est né le 29 mars 1887 à Salies-du-Salat (département de la Haute-Garonne). Entre dans la police sur concours en 1914, comme commissaire de police. Attaché à la direction de la sûreté générale à Alger jusqu'en 1919. Il demande sa mise en disponibilité pour raisons familiales, ne ré-intégrant la police qu'en 1926, où il est nommé chef de la Sûreté nationale du vilayet d'Alep, en Syrie. Nommé commissaire spécial du port de Beyrouth fin 1927, poste qu'il garde jusqu'en 1939, où il est promu conseiller du gouvernement libanais pour la police. Nommé *Chevalier de la Légion d'honneur* en 1937, sur proposition du haut-commissaire du Levant. Début novembre 1939 il est nommé conseiller administratif du Liban-sud. Rapatrié en métropole en septembre 1941, après l'invasion anglaise en Syrie.

Mis à la retraite en raison de son âge, ne pouvant trouver un nouveau poste. Devient secrétaire départemental de la LFC[134] de Haute-Garonne en novembre 1942, sur recommandation de son frère Pierre[135]. Licencié de la Légion le 31 mai 1944, en raison de la circulaire réservant les emplois en priorité aux anciens combattants. Entre à l'Intendance de police le 16 juin 1944, sous les ordres de Marty[136]. Il était notamment chargé d'établir un rapport quotidien concernant la situation dans les départements de la région (et notamment l'état d'esprit de la police)[137]. Proposé comme directeur de cabinet de l'Intendance régionale (afin de soulager la charge de travail de l'intendant-adjoint Dercheux) par Marty, le 16 août 1944.

Arrêté le 20 août 1944. Jugé le 16 août 1945 par la Chambre civique de Toulouse, il est acquitté.

---

133 Il écopa de cinq mois de prison car accusé d'avoir voler des cartes d'alimentation. Il effectua sa peine en totalité, et sort en mars 1943.

134 A noter que Frossard le proposa pour le poste de secrétaire départemental de la Milice le 22 mars 1943, mais il ne fut pas retenu.

135 Pierre Dumont, qui fut successivement chef de la propagande de la LFC, chef du 4ème Service puis secrétaire départemental de la Milice de la Haute-Garonne.

136 Il était semble t-il « agent contractuel », avec rang de « commissaire divisionnaire » (Marty cite que le dénommé « Lesire » occupait le poste de commissaire divisionnaire pour la Sécurité publique).
  Il était appointé 4000 francs par mois.

137 Pour cela il appelait par téléphone tous les jours la préfecture (ou faisait envoyer un agent sur place une fois par semaine en cas d'impossibilité).

Pierre DUMONT

Secrétaire départemental de la Milice Française (Haute-Garonne)
Chef du 2ème Service de la Milice Française (Haute-Garonne)
Chef du 4ème Service de la Milice Française (Haute-Garonne)
Commissaire départemental à la propagande de la LFC (Haute-Garonne)

Pierre Marie François Dumont est né le 27 février 1892 à Salies-du-Salat (département de la Haute-Garonne). Entré à la Milice comme chef du 4ème Service en Haute-Garonne le 15 mars 1943[138] (il avait occupé le poste de commissaire départemental à la LFC depuis mai 1941), et est envoyé suivre le premier stage à l'école des cadres d'Uriage dans la foulée. Il était rétribué 4500 francs par mois.

Après un bref passage comme chef du 2ème Service (1er au 31 janvier 1944), il devient secrétaire départemental de la Haute-Garonne, succédant à Jacques Goujon, le 1er février 1944[139]. Une bombe explosa à son domicile, le 22 février 1944, ne faisant que des dégâts matériels. Il est mis à pied pour deux mois, vers le 15 avril 1944, pour avoir fait preuve d'insubordination envers le chef régional. Il ne semble plus s'être occupé de rien par la suite.

Arrêté par les FTP à Bordeaux le 20 octobre 1944, malgré sa fausse identité. Jugé le 26 juin 1945 par la Chambre civique de Toulouse, il est relevé de l'indignité nationale.

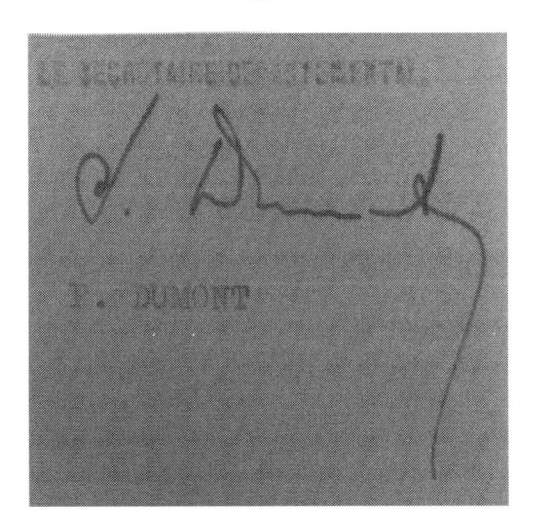

---

[138] Cité à ce poste dans des documents datant des 16 mai et 3 septembre 1943.
[139] Avant cette date il assurait parfois le poste par intérim, en l'absence de Goujon.

René FABARON

Waffen-Grenadier der SS
Matrose

Promotions :
Matrose : 20.01.1944
Waffen-Grenadier der SS : septembre 1944

René Charles Fabaron est né le 13 janvier 1926 à Toulouse (département de la Haute-Garonne). S'engage dans la Marine nationale le 22 octobre 1942, et est envoyé à l'école des mousses à Toulon. Le sabordage de la marine fait qu'il est démobilisé et rentre à Toulouse. Il rentre comme employé de bureau (garçon de courses) au journal « La Garonne » en janvier 1943.

Regrettant de n'avoir pu faire une carrière de marin, il s'engage dans la Kriegsmarine le 20 janvier 1944 à Montpellier, sur conseil du capitaine Duval, alors *SS-Werber*. Passe la visite médicale d'incorporation à Caen, puis est envoyé à Bruxelles, et enfin Anvers, et enfin le camp de Sennheim, où sont instruits les volontaires de la Kriegsmarine. Il y passe deux mois, puis est envoyé parfaire son instruction à Varel (y reste un mois) puis à Mannheim (deux mois). Les volontaires de la Kriegsmarine sont envoyés à Cuxhaven, et finissent leur instruction.

Versé à la Waffen-SS en septembre 1944, affecté à la « Charlemagne », avec laquelle il combat en Poméranie (pourvoyeur de mitrailleuse)[140], puis dans la poche de Dantzig. Blessé aux deux pieds (et/ou furonculose ?), il passe trois semaines à l'hôpital de Friedland. Il rejoint la division « Charlemagne » le 11 avril 1945, à Carpin. Ne désirant pas continuer le combat, il est versé au bataillon de travailleurs.

Capturé par les américains le 4 mai 1945[141], et ramené en France (Lille, puis Roubaix). Jugé le 5 novembre 1945 par la Cour de justice de Toulouse, et condamné à cinq ans de prison et la dégradation nationale à vie.

---

140 Dans la section de l'adjudant Faleur. L'auteur n'a pas pu déterminer de quelle compagnie il s'agit !
141 Selon Fabaron, il quitta son bataillon (avec autorisation semble t-il) et gagna les lignes alliées, vers l'ouest, dans un train sanitaire.

Gabriel FAUROUX

Chef de trentaine de la Franc-Garde bénévole (Toulouse – Haute-Garonne)
Chef de trentaine-adjoint du SOL (Toulouse – Haute-Garonne)
Légionnaire / Soldat
Membre du PPF (Haute-Garonne)

Promotions :
Légionnaire / Soldat : 17.11.1941
Chef de trentaine-adjoint (SOL)
Chef de trentaine (Franc-Garde bénévole) : février 1943

Gabriel Pierre Fauroux est né le 24 avril 1904 à Montesquieux[142] (département de la Haute-Garonne). Peintre à Toulouse, membre du PPF, s'engage à la LVF (matricule 4188) le 17 novembre 1941, comme simple soldat. Incorporé à la 9ème compagnie à Deba. Il est dirigé sur Breslau le 18 février 1942, et réformé. Son contrat est résilié le 30 mars suivant à Versailles.

Chef de trentaine-adjoint du SOL à Toulouse, il passe chef de la seconde trentaine de la 2ème centaine de la Franc-Garde bénévole[143]. Démissionnaire avant juillet 1943, date où son permis de port d'arme est annulé en juillet 1943.

Arrêté le 4 septembre 1944 par des FFI à Toulouse. Jugé en août 1945 par la Chambre civique de Toulouse, et condamné à une peine de dégradation nationale.

---

142 Source : son livret d'engagement LVF. Mais il se trouve qu'il y a trois communes nommées « Montesqieu » en Haute-Garonne...
Mais d'autres documents mentionnent le 24 février 1904 à Bordeaux.
143 Cité à ce poste en février 1943.
L'annulation de son permis de port d'arme de juillet 1943 porte bien la mention de « chef de trentaine ».

Guy FILIOL De RAIMOND

Secrétaire départemental de la Légion Tricolore (Haute-Garonne)
Délégué régional de la LVF / Légion Tricolore (Toulouse)
Secrétaire départemental de la LVF (Haute-Garonne)

Promotions :
Aspirant : 05.08.1914
Sous-lieutenant : 16.09.1914
Lieutenant : 24.06.1916
Capitaine : 14.08.1918
Commandant : 12.09.1937

      Guy Marie Filiol De Raimond est né le 10 mars 1890 à Cognac (département de la Charente). Engagé volontaire en septembre 1908, au 3ème Régiment de Dragons. Admis à l'école de Saumur en mai 1914. Passe dans l'aviation en juillet 1915, obtient son brevet de pilote militaire le 25 octobre 1915. Affecté à l'Escadrille C 17 à partir de janvier 1916. Commandant de l'escadrille Sal 17, du 25 mars 1918 à la mi-1919. Décoré de la *Croix de guerre* avec deux citations (une à l'ordre de la brigade le 2 septembre 1914, une à l'ordre du corps d'armée en 1916). Il était aussi *Chevalier de la Légion d'honneur*.
      Dans les années d'après-guerre il sert dans l'aviation à Tunis puis au Maroc. Il fut commandant de la base d'aérostation de Pérignon à Toulouse. Mis à la retraite (avec le grade de commandant d'aviation) peu après l'armistice de juin 1940.
      Nommé secrétaire départemental de la LVF de Haute-Garonne le 10 mars 1942. Promu délégué régional de la LVF (puis de la Légion Tricolore) à Toulouse le 1er juin 1942. Il redevient simple secrétaire départemental en août 1942. Il cesse toutes fonctions à la Légion Tricolore avant la fin de l'année 1942[144].

---

144 Signe un document au nom de « délégué départemental » au 24 août 1942.
    Le 21 juillet 1942 il signait encore « délégué régional ». Ce qui signifie probablement que Filiol De Raimond fut « rétrogradé » à la nomination de François Héry comme inspecteur régional de la Légion Tricolore.
    Il faut aussi envisager le fait qu'il ait cumuler les deux fonctions quelques temps...

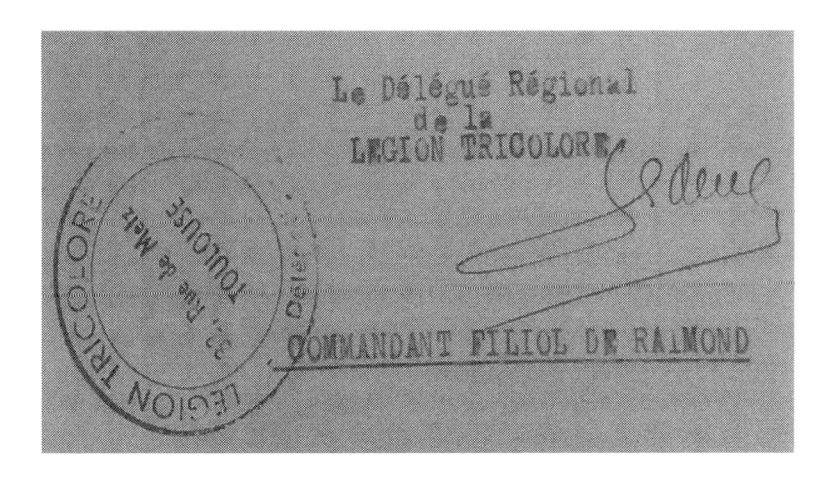

Se constitue prisonnier à Toulouse le 10 novembre 1944 (il avait été brièvement arrêté à la Libération). Jugé le 7 août 1945 par la Chambre civique de Toulouse, il est condamné à dix ans de dégradation nationale.

Décédé le 15 novembre 1951 à Mirande.

Jean FOUILLAT

SS-Frw. Schütze

Jean Fouillat est né le 5 décembre 1925 à Lyon (département du Rhone). Passe son enfance avec ses parents à l'Arbesle. En 1936, il perd ses deux parents à quelques mois d'intervalles. Avec ses frères il est placé chez son oncle et sa tante, et il travaille comme fermier, puis comme apprenti mécanicien à Fleurieux-sur-l'Arbesle. Arrêté pour recel de poulets (un garçon de ferme italien les volait et se chargeait de les refourguer), il est acquitté, mais est confié au Centre d'Acceuil de Toulouse, en 1941.

En ayant assez de cet établissement, il quitte ce dernier sans autorisation le 7 janvier 1944, et se présente à l'Office de Placement Allemand pour partir travailler en Allemagne. Etant trop jeune, on lui refuse, et il décide alors de s'engager dans la Waffen-SS, au bureau du boulevard Gambetta. Suit son instruction de base à Sennheim jusqu'au 1er mars 1944 au moins. Participe à la campagne de Galicie, où il est blessé au ventre et évacué.

Hospitalisé à Budapest, il regagne la brigade « Charlemagne » à Wildflecken à la mi-octobre 1944. Il assumait sans doute des fonctions d'armurier. Combat en Poméranie, il est blessé au pied le 1er mars 1945. Dirigé sur Kolberg durant la retraite. Il participe probablement aux combats dans la ville encerclée. Evacué par mer avec les survivants, il débarque à Swinemünde, et est envoyé à l'hôpital de Meldestadt. Il y est capturé par les américains le 9 avril 1945.

Rapatrié en France, via le camp de Worms. Interné au Fort de la Duchère du 29 juillet au 21 octobre 1945. On lui donne comme travail l'entretien des armes du corps des gardiens. Il est ensuite envoyé à la prison de Toulouse. Jugé le 23 février 1946 par la Cour de justice de Toulouse, et condamné à cinq ans de prison et la dégradation nationale à vie.

Georges GABADOU

Chef de centaine du SOL & de la Franc-Garde bénévole (Toulouse - Haute-Garonne)

Georges Joseph Gabadou est né le 23 septembre 1896 à Saint-Paul-de-Fenouillet (département des Pyrénées-Orientales). Engagé volontaire en 1914, au 17ème Régiment de Dragons[145]. Il sera ensuite versé dans l'aviation à partir de 1917 (escadrille n° 69). Libéré avec le grade de maréchal-des-logis, il était titulaire de la *Médaille militaire* et de la *Croix de guerre* avec trois citations.

Chef des ventes pour la maison Van Weasbergh (machines à écrire, à calculer, etc) à Paris de 1935 à 1939[146]. Il s'installe à Toulouse en septembre 1939, travaillant toujours pour la même entreprise. Il ouvre sa propre maison commerciale (avec en sus un atelier de réparation) en avril 1940, employant de nombreuses personnes[147]. Il se porta volontaire pour s'engager en septembre 1939, mais fut refusé en raison d'une ancienne blessure à la colonne vertébrale.

Chef de centaine du SOL[148] puis de la Franc-Garde bénévole (matricule n° 8) à Toulouse. Il démissionne le 2 juin 1943[149].

Quitte Toulouse le 19 août 1944, pour Saint-Romeu. Bloqué à Foix, il participa à des missions de liaisons pour le compte de la 3ème Brigade espagnole. Jugé le 19 juin 1945 par la Chambre civique de Toulouse, il est relevé de l'indignité nationale.

Décédé le 11 septembre 1979 dans le Vème arrondissement de Paris.

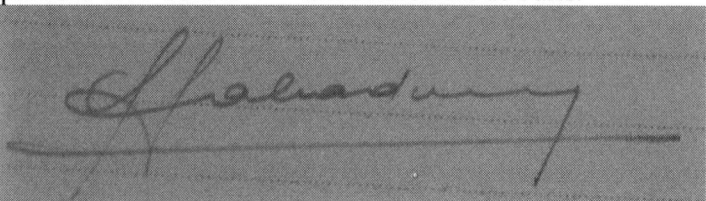

Citations de Georges Gabadou, guerre 1914-1918

Citation à l'ordre de la 7ème division de cavalerie, 28 janvier 1917

« Cavalier très intelligent. A fait preuve à plusieurs reprises d'un courage et d'une activité au-dessus de tout éloge. A été un modèle d'énergie aux yeux de ses camarades.

Dans la nuit du 11 janvier au 12 janvier 1917, s'est fait particulièrement remarquer dans un engagement pour reconnaître les lignes ennemies, volontaire pour cette mission difficile. L'élément de cette reconnaissance avait été surpris, se trouvant de ce fait aux prises avec un allemand, s'est battu avec rage et le blessa de sa main. Son sous-officier ayant été tué, il prit l'initiative du combat, entrainant ainsi par sa volonté d'action ses camarades. A ramené la patrouille française avec un prisonnier. »

Citation à l'ordre de la 4ème Armée du 10 juin 1918

« Jeune pilote d'un courage mâle, volontaire pour reconnaître une batterie ennemie qui, depuis 48 heures, faisait des ravages dans nos lignes. A assuré sa mission dans la journée du 28 mai 1918 ; le 29 retourner sur l'objectif avec des avions de reconnaissance, a continué d'assurer l'attaque de un contre trois ; a abattu un avion ennemi et n'a cessé lui-même le combat que lorsque son avion était inutilisable ; a permis par ses connaissances de pilote et son abnégation, de couvrir la retraite du second appareil dans nos lignes et

---

145 Blessé 27 octobre 1915 en Champagne.
146 Il avait jusqu'à 300 000 francs de revenus annuels !
147 Les témoignages divergent grandement. Pour certains il fut un patron conciliant, qui prit des risques et des positions nettes en faveur de certains employés inquiétés ou recherchés. Pour d'autres il n'était qu'un opportuniste sans trop de convictions...
148 Il fut peut-être d'abord chef de centaine-adjoint.
149 Il démissionna une première fois fin décembre 1942 (il remit à l'occasion son arme personnelle), mais ne reçoit alors aucune réponse. Il dut écrire à nouveau au chef Frossard, qui cette fois lui répondit.
Gabadou n'a donc en théorie été milicien que sur le papier, car versé automatiquement sur les listes.

avoir vengé la perte du premier appareil.
Par sa volonté a ramener dans nos lignes son appareil en flammes ; blessé grièvement dans la chute, a continué de montrer les plus belles qualités de sacrifice pour sa patrie. »

Citation à l'ordre du 7ème Régiment de Dragons, 12 janvier 1919
« Très courageux, s'est toujours porté comme volontaire pour les missions dangereuses, notamment, la nuit du 20 au 21 juillet 1917, s'est particulièrement distingué, en assurant plusieurs fois, sous un violent bombardement, la liaison importante qu'il était chargé d'établir. »

Laurent GUILLERMIN

Secrétaire départemental-adjoint de la LVF (Haute-Garonne)
Légionnaire / Soldat

Laurent Noël Jean Guillermin est né le 20 août 1900 à La-Tour-du-Pin (département de l'Isère). Mobilisé d'août 1939 à juillet 1940, au 405ème DCA à Lyon. Employé à Rabastens, s'engage à la LVF (matricule 4487) à Toulouse le 24 novembre 1941. Incorporé à la 9ème compagnie, il est évacué sur Breslau le 19 février 1942, et réformé. Le contrat est résilié le 9 mars.

Nommé secrétaire départemental-adjoint[150] de la LVF de Haute-Garonne le 12 mars 1942. Il est révoqué fin mai 1942. Sans situation, il part comme travailleur volontaire en Allemagne au mois de juillet suivant. Il sera employé comme manutentionnaire dans une fabrique d'appareils electriques de Berlin.

Revenu d'Allemagne comme travailleur déporté. Il est arrêté le 23 juin 1945 par deux gendarme dans un café de Toulouse. Il avait été suivi jusque là par une ex-connaissance, qui l'avait reconnu dans la rue. Jugé le 28 août 1945 par la Chambre civique de Toulouse, il est condamné à vingt ans de dégradation nationale.

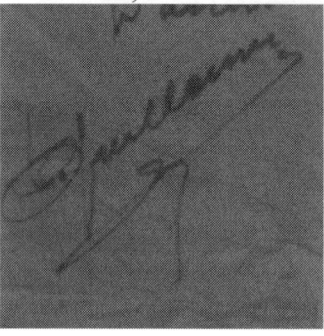

Jean-Marie ITIER

Waffen-Grenadier der SS
Légionnaire / Soldat

Promotions :
Légionnaire / Soldat : 07.01.1944
Waffen-Grenadier der SS : 01.09.1944

Jean-Marie Itier est né le 27 août 1924 à Saint-Félix-de-Lauragais (département de la Haute-Garonne). Cultivateur à Auriac-sur-Vendinelle, il s'engage à la LVF[151] (matricule 12319) le 18 décembre 1943, et est envoyé au C.I.C de la LVF. Dirigé à Versailles le 7 janvier 1944, puis Deba le 17 janvier, et affecté au 12ème Groupe d'Instruction. Le 3 mai 1944 il est affecté à la 1ère compagnie du IVème Bataillon.

Versé à la Waffen-SS, il combat en Poméranie, et sera fait prisonnier par les soviétiques le 5 mars 1945. Jugé le 25 février 1946 par la Cour de justice de Toulouse, et condamné à cinq ans de travaux forcés et la dégradation nationale à vie.

---

150 A cette époque le terme de « délégué adjoint » est préféré.
151 Pour la solde, et car il désirait être militaire. De plus, il était en mauvais termes avec son père.

Gabriel JOLY

SS-Frw. Unterscharführer
Adjudant / Feldwebel

Promotions :
Sergent
Sergent-chef : 193_
Adjudant / Feldwebel
SS-Frw. Schütze : 15.02.1944
SS-Frw. Unterscharführer : 01.08.1944

Gabriel Joly est né le 10 juin 1902 à Crespin (département du Nord). Travaille comme boulanger dans l'entreprise familiale, à Crespin, de 1923 à 1927, date où il s'engage dans l'armée[152]. Combat en 1940 au sein du 127ème R.I. Mis à la retraite d'office à Pau en mars 1941, il servait alors au 18ème R..I. Il trouve un poste d'agent au centre d'hébergement des familles des troupes rapatriées du Levant, à Lourdes.

Engagé à la LVF à Toulouse le 9 janvier 1942 (matricule 5237)[153], comme adjudant. Dirigé sur Deba, il est affecté à la compagnie de commandement du IIIème Bataillon, le 23 février. Son contrat est résilié le 10 juillet 1942[154].

Part travailleur volontaire en Allemagne en août 1942, et est employé comme manœuvre dans une usine de produits chimiques de Francfort. Engagé à la Waffen-SS le 15 février 1944, promu sous-officier en août. Il fit partie du Ier Bataillon de la Sturmbrigade (comme fourrier à la 3ème compagnie, à partir de juin 1944), qui combat en Galicie.

Affecté au régiment SS 57 (poste inconnu, peut-être cuisinier) avec lequel il combat en Poméranie. Combat au sein du bataillon isolé français à Kolberg, et est évacué par la mer. Il regagne ensuite Wildflecken et le régiment de réserve de la division « Charlemagne », avec laquelle il retraite vers le sud, et est capturé dans une ferme par les troups américaines, en mai 1945.

Rapatrié en France à partir du 14 août 1945, et arrêté par la Sécurité militaire à Metz (le 20) après avoir connu plusieurs camps de prisonniers[155]. Condamné à vingt ans de travaux forcés et la dégradation nationale à vie par la Cour de justice de Toulouse le 2 janvier 1946.

Décédé le 2 juin 1950 à Champigneulles.

---

152 Il servira au sein des unités suivantes : 16ème R.C.P (Metz), 151ème R.I. (Metz aussi), 1er R.I. (Cambrai) d'avril 1938 à septembre 1939.
153 Notamment suite à des problèmes de couple. Sa femme obtient le divorce en 1943.
154 Parait-il à cause du fait qu'il s'adonne à la boisson et de sa dentition. Ainsi, il fut peut-être renvoyé sur Versailles dès le mois de mars, afin de se faire soigner...
A prendre avec des pincettes, pourquoi fut-il accepté à la visite médicale préliminaire alors ?
155 Ingenstadt, Bad Tölz, Lengries, Bad-Eibling, Munich.

Alexis JONQUIÈRES

Waffen-Sturmmann der SS
Caporal / Gefreiter

Promotions :
Légionnaire / Soldat
Caporal / Gefreiter : 01.12.1943
Waffen-Sturmmann der SS : 01.09.1944

Alexis Jonquières est né le 15 mai 1914 à Toulouse (département de la Haute-Garonne). Ses parents étant décédés quand il était enfant, il est élevé par sa sœur à partir de 1925. A l'âge de quatorze ans il est placé dans une ferme de Lalande, puis comme maçon chez son beau-frère. Sert dans la marine de 1934 à 1937. Revenu à Toulouse il se fait embaucher chez un marchand de charbons (poste qu'il garde jusqu'à son engagement à la LVF). Mobilisé de septembre 1939 à avril 1940[156], au 14ème Régiment d'Infanterie.

Engagé à la LVF (matricule 4053) à Toulouse le 10 novembre 1941[157]. Dirigé sur Deba, il servira au sein de la 10ème compagnie. Hospitalisé à Varsovie du 13 janvier au 6 février 1943. Dirigé sur Versailles à sa sortie de l'hôpital, il bénéficie d'une permission jusqu'au 11 mars. Il est à nouveau admis à l'hôpital, à Purpan, jusqu'au 7 avril. Il regagne ensuite son unité. Il bénéficie d'une autre permission du 16 novembre au 6 décembre 1943. En absence illégale, il est arrêté à son domicile le 5 janvier 1944 à Toulouse. Condamné à sept mois de prison (dont cinq mois de sursis à effectuer au front). Il est donc emprisonné du 19 janvier au 25 mars 1944, date où il regagne Greifenberg.

Il servit à la division « Charlemagne », et semble avoir combattu en Poméranie. Finit la guerre au sein du Bataillon de travailleurs, ou bien comme ouvrier agricole, après avoir été démobilisé. Il parvient à rentrer en France comme requis STO, et revient chez sa sœur à Toulouse. Craignant l'arrestation, il part travailler dans une ferme à Castelnau d'Estrétefonds, où les gendarmes l'arrête le 5 octobre 1945.

Jugé le 28 janvier 1946 par la Cour de justice de Toulouse, il est acquitté, mais subit la dégradation nationale à vie.

---

156 Il fut condamné pour « outrage à un supérieur et désertion à l'intérieur en temps de guerre » en mars 1940. Peut-être a t-il été démobilisé à cause de cela.
157 Notamment dans le but de faire libérer son frère prisonnier de guerre. Il sera libéré un an après sa date d'engagement, après une lettre de Jonquières au commandant du Stalag.

Marcel JUNCA

SS-Frw. Schütze

Marcel Junca est né le 7 décembre 1922 à Toulouse (département de la Haute-Garonne). Quitte l'école à l'âge de treize ans, et devient apprenti tailleur. Il travailla ensuite avec son père (avec qui il s'entendait mal), comme zingueur[158]. Il quitte le domicile familial fin 1940, et part à la campagne comme ouvrier agricole.

Requis pour le STO le 20 octobre 1943, il est affecté dans une usine de chaudronnerie, près de Stuttgart. Il tente de s'évader pour rejoindre la France, mais est repris à Kehl. Il sera battu assez sévèrement par les gardiens et sera condamné à quinze jours de prison. Il sera ensuite envoyé dans un atelier de tournage, à Könisberg.

S'engage dans la Waffen-SS le 15 juillet 1944[159]. Il servit sans doute dans la division « Charlemagne », en Poméranie, et fut fait prisonnier par les russes, en avril 1945, revêtu d'habits civils.

Jugé le 20 décembre 1945 par la Cour de justice de Toulouse, il est condamné à cinq ans de travaux forcés et la dégradation nationale.

---

158 Junca était un garçon assez peu sérieux, condamné plusieurs fois pour de menus larçins. Les deux premières fois pour vol (février 1939 et mars 1941), il fut acquitté comme ayant agi sans discernement. Et la troisième (octobre 1941, à Avignon), il fut condamné à six mois (avec sursis) pour abus de confiance et outrage à magistrat.
Il avait également fait un séjour de quelques mois en maison de correction, en 1938.

159 Il prétendra s'être engagé pour avoir l'occasion de déserter plus facilement. Ce qui est fort probable, Junka étant connu par ses camarades STO comme pas du tout collaborateur. Garçon peu intéressé par la politique, il n'avait aucun amis, et sortait souvent seul.

Guy LACOMBE

SS-Frw. Unterscharführer

Promotions :
SS-Frw. Schütze
SS-Frw. Sturmmann : décembre 1944[160]
SS-Frw. Unterscharführer[161]

      Guy Lacombe est né le 18 septembre 1926 à Toulouse (département de la Haute-Garonne). Sort du collège à Toulouse en octobre 1942, dans l'espoir de rentrer dans la Marine, mais l'invasion de la zone sud et le sabordage de la flotte ruinent son espoir.

      Engagé à la Waffen-SS le 9 octobre 1943, sous l'influence de son père (Edmond Lacombe), lui-même ancien combattant de la LVF. Suit son instruction de base à Sennheim jusqu'au 18 janvier 1944, puis est envoyé à l'école de sous-officiers SS de Posen-Treskau. Combat en Galicie en 1944, au sein de la seconde section de la 2ème compagnie.

      Combat en Poméranie, et à Berlin à la fin de la guerre, au sein de la section d'état-major du *SS-Sturmbataillon*[162]. Il est capturé dans le métro le 2 mai 1945, en compagnie d'Henri Fenet. Passe par plusieurs camps de prisonniers, notamment à Francofrt-sur-l'Oder.

      Remis aux autorités françaises, et condamné à six mois de prison et la dégradation nationale à vie le 6 mai 1946 par la Cour de justice de Toulouse.

---

160 Cette date est donnée par Lacombe à son procès. Mais il est possible qu'il ait été promu à ce grade en mars 1944, à sa sortie de l'école de Posen-Treskau, ce qui semblerait plus logique...

161 Grade cité par Robert Soulat (correspondance avec l'auteur).

162 Surnommé « Bicou » par ses amis. Il détruit un char durant l'assaut sur Neukölln, le 26 avril 1945. Il est toujours avec Roberti, qu'il accompagne pour des patrouilles périlleuses. C'est là que le 28 avril 1945, Roberti est blessé. Il le ramène vers l'arrière, puis repars combattre. Lacombe tombe KO après qu'une charge antichar ait fait exploser sa barricade. Retrouvé par ses hommes qui le croyaient mort, il est ramené se reposer vers l'arrière, puis repart à nouveau combattre à la nuit tombée.

Louis LACOMBE

Franc-Garde permanent (Haute-Garonne ; Ariège)
Chef de trentaine du SOL & de la Franc-Garde bénévole (Toulouse - Haute-Garonne)

Promotions :
Chef de dizaine (SOL)
Chef de trentaine (SOL ; Franc-Garde bénévole) : 1942
Franc-Garde (Franc-Garde permanente) : mai 1944

Louis Lacombe est né le 23 mars 1900 à Montclar d'Agenais (département du Lot-et-Garonne). Entre comme apprenti cuisinier au restaurant Allard à Toulouse, en 1914. En 1917 il travaille à l'hôtel Bonnemaison, à Luchon. Parti à Paris, il travaille dans plusieurs restaurants jusqu'en 1919. Il entre alors aux Chemins de fer de l'Est, comme manœuvre. Fait son service militaire à Albi, au 15ème Régiment d'Infanterie, de mars 1920 à mars 1922. Il travaille ensuite au Gaz de Paris jusqu'en 1932, date où il s'installe à Toulouse avec sa femme, tout juste mutée, qui le fait entrer à la préfecture, comme agent de désinfection (travail qu'il garda jusqu'en août 1944). Il professait des idées nettement communistes avant 1939.

Mobilisé le 28 septembre 1939 au 57ème Régiment d'Infanterie Coloniale, à Hyères. Démobilisé le 20 juillet 1940 comme caporal, sans avoir combattu (son régiment est resté stationné sur la Côte d'Azur). Adhère au SOL le 18 octobre 1941, comme chef de dizaine. Il sera ensuite chef de trentaine, grade qu'il conserva à la Franc-Garde bénévole. Milicien actif, il participait à la plupart des réunions et manifestations, et assurait le service d'ordre. Déçu par la politique de Laval, il démissionne en octobre 1943. Heureux de voir arriver Darnand (qu'il considérait comme un homme « propre » et fiable) nommé chef du Maintien de l'ordre, il se ré-inscrit à la Milice en février 1944.

Intégré dans la Franc-Garde permanente en mai 1944. Une de ses premières missions fut d'escorter des prisonniers jusqu'à Tarbes (expédition commandée par Darrigade, Platon et Nogues), et y resta une semaine avec ses camarades, avant de revenir à Toulouse. Il servit dans la Franc-Garde permanente de l'Ariège du 28 mai au 28 juin 1944, puis revint à Toulouse. Il participa à au moins une opération armée[163]. Suite à une violente altercation avec le chef Darrigade (à propos d'un refus d'une garde), il est emprisonné le 21 juillet 1944. Mais il est libéré quelques heures après, sa femme étant gravement malade, et n'a plus aucune relation avec la Milice.

Craignant pour sa sécurité, il se réfugie chez un hébergiste à Bondigoux avec sa femme, le 20 août 1944. Arrêté sept jours après par les FFI, il sera interné au camp de Noé.

Jugé le 12 septembre 1945 par la Cour de justice de Toulouse, il est condamné à vingt ans de travaux forcés. La sévérité de la peine s'explique par le fait qu'il avait donner plusieurs dépôts d'armes et des renseignements aux autorités allemandes[164].

---

[163] Il déclara à son procès avoir réussi à ne pas partir en Ariège. Ce qui est sans doute faux, car il est présent dans une liste de miliciens originaires de Haute-Garonne incorporés dans l'unité ariégoise.
Il déclara avoir été conducteur de camion chargé du ravitaillement à Toulouse, du 28 juin au 21 juillet 1944.

[164] Lacombe avait hébergé chez lui, d'octobre 1943 à mai 1944, le milicien (jusqu'en février 1944) puis gestapiste Frédéric Grass, avec qui il resta en contact, et à qui il dénonca la présence de maquisards, à Betchat (Lacombe,

Décédé le 3 juin 1976 à Sos.

Roger LAFFORGUE

SS-Frw. Schütze
Franc-Garde bénévole (Toulouse - Haute-Garonne)

Roger Antoine René Lafforgue est né le 17 juillet 1925 à Toulouse (département de la Haute-Garonne). Suit des études secondaires au pensionnat Saint-Joseph de Toulouse, qu'il quitte en 1940 pour travailler comme grillageur avec son père.

S'inscrit à la Franc-Garde bénévole à Toulouse, fin mars 1944, afin de ne pas partir pour le STO, et par besoin d'argent. Il semble avoir eu un rôle de garçon de bureau (commissions, ménage, etc). Il est mis aux arrêts le 5 juin 1944, car accusé d'avoir voler 10 000 francs dans la caisse. Enfermé avec les autres prisonniers de la Milice, après avoir été matraqué. Libéré huit jours après, il est autorisé à reprendre du service, à condition de ne pas sortir seul. Il est arrêté à nouveau peu de temps après, pour une histoire de trafic de cuir et remis en prison. Libéré quelques jours après, et arrêté une troisième fois le 25 juin, car il avait volé un camarade. Tabassé au point d'avoir une fracture à la machoire. Menacé par Pincemin de la « corvée de bois » (c'est à dire une balle dans la tête au cours d'une promenade en forêt), il lui offre le choix de s'engager dans la Waffen-SS, ce qu'il accepte (contrat du 17 juillet 1944)

Après quelques jours où il est laissé libre, il part pour Paris, où il est grièvement blessé par balle (par un « terroriste » semble t-il), le 4 juillet 1944, et soigné à l'hôpital de Beauvais. Après une possible instruction de base à Sennheim (convoqué le 28 août 1944, on ne sait s'il y fut dirigé), il semble avoir été affecté à Prague[165], dans le service social de la Waffen-SS[166]. Il y fit la rencontre d'une jeune fille tchèque, avec qui il rentre à Toulouse le 22 mai 1945, via un convoi de rapatriés STO.

Jugé le 3 janvier 1946 par la Cour de justice de Toulouse, il est acquitté.

---

alors qu'il circulait en auto sur la route de Salies-du-Salat, avait été brièvement contrôlé par un groupe de maquisards, en mai ou juin 1944).
165 Des notes datées du 19 décembre 1944, 1er mars et 19 avril 1945 prouvent qu'il était bien affecté à Prague.
166 Il racontera une histoire totalement confuse, sans doute à demi-vraie. Disant avoir été blessé de huit balles par un SS français, en juillet 1944, alors qu'il était en permission à Creil. Il dit s'être réveillé un mois plus tard à l'hôpital de Creil, puis avoir été trasnféré à un hôpital de Prague, où il resta à nouveau inconscient jusqu'en décembre 1944. Quitte l'hôpital e 5 février 1945, durant une alerte (il a alors les bras paralysés, et une amnésie partielle). S'étant réfugié dans une famille tchèque jusqu'en mai 1945.

Marcel LAFON

Waffen-Rottenführer der SS

Promotions :
Légionnaire / Soldat
Caporal-chef / Obergefreiter : 30.01.1944[167]
Waffen-Rottenführer der SS : 01.09.1944

Marcel Bernard Lafon est né le 24 mai 1922 à Toulouse (département de la Haute-Garonne). Engagé au 1er Régiment de Zouaves, à Alger, le 28 janvier 1941. Le 16 août 1942, il fait une demande de mutation à la Légion Tricolore, demande qui est acceptée, et il gagne Guéret le 12 septembre. Du 28 octobre au 15 novembre il est secrétaire d'état-major du colonel Puaud. La Légion Tricolore dissoute, il signe un contrat pour la LVF (simple soldat), le 24 décembre 1942. Envoyé au camp de Kruszyna le 28 janvier suivant.

Fait ses classes durant douze semaines, puis est au front le 26 avril 1943, au IIIème Bataillon[168]. Blessé par des éclats d'obus à la jambe gauche près de Orcha, le 3 septembre 1943. Evacué, et hospitalisé (décoré de l'*Insigne des blessés en noir* par le médecin-chef de Moguilev, le 14 septembre), il subit plusieurs opérations. Déclaré inapte, il rejoint le dépôt de la LVF, et on lui confie le fichier à tenir à jour. Décoré de la *Croix de guerre légionnaire* par Edgar Puaud, le 3 janvier 1944. Il a sans doute été proposé pour la *Croix de fer IIème classe* (mais l'a t-il reçue ?).

Versé à la Waffen-SS, il est affecté à la *Stamm-Kompanie* du régiment de réserve[169]. A l'approche des armées soviétiques, il semble avoir rejoint Wildflecken, le 25 février 1945. Il est démobilisé et envoyé à la Maison du repos de Sigmarigen, où il arrive le 5 avril. Se met en route pour l'Italie du nord le 20 mai, et passe par Vérone, puis Turin.

Se présente aux autorités françaises en Italie du nord, le 27 mai 1945, et est arrêté après interrogatoire. Jugé le 6 octobre 1945 par la Cour de justice de Toulouse, il est condamné à mort, la dégradation nationale et la confiscation de ses biens. Son pourvoi en cassation est rejeté le 18 octobre suivant. Néanmoins, il est fort probable que sa peine fut commuée en travaux forcés.

Poème de Lafon, écrit en décembre 1944 à sa fiancée

Lentement s'écoulent les heures
Tristement dehors le vent siffle
C'est dans l'ombre qui descend sur terre
Je rêve à mon amour sincère
Qui vient de disparaître

Je suis seul dans les nuits
Où tristement je rêve
A mon bonheur enfui
A ses yeux à ses lèvres

Je rêve à mon amour
Qui vient de disparaître
Au revoir les beaux jours
Qui ne pourront renaître
Que si revient celle qui a pris mon âme
Pour appaiser mes larmes
Il me faut son amour !

---

167 Dans sa déclaration, il cite le « 30 janvier 1945 » comme date de sa promotion, due à sa blessure au combat. Cela paraît peu probable, cela signifiant qu'il aurait été promu seize mois après sa blessure...
168 Parmi les actions auxquelles il a participé, le coup de main en vue de rechercher le corps de l'adjudant Lataste, porté disparu, du 22 au 24 mai 1943.
169 Encore cité dans cette unité au 15 janvier 1945.
Il a entretenu une riche correspondance privée, notamment avec sa fiancée allemande, Annette.

Joseph LAUNAY

Waffen-Sturmmann der SS
Caporal / Gefreiter

Promotions :
Légionnaire / Soldat : 20.01.1942 (nommé 1ère classe le 21.06.1942)
Caporal / Gefreiter : 01.04.1943
Waffen-Sturmmann der SS[170]

Joseph Marie Launay est né le 25 août 1916 à Vannes (département du Morbihan). Quitte l'école à l'âge de treize ans, et travaille comme apprenti tailleur jusqu'en 1932, puis boucher, à Vannes. Il sert dans la Marine de 1933 à 1938. Revenu chez ses parents, il contacte un nouvel engagement, à la Légion étrangère cette fois, pour une durée de cinq ans, en mars 1939. Dirigé sur Marseille, il est rapidement renvoyé, à cause d'une condamnation (octobre 1938) pour rebéllion envers agent de la force publique. Part habiter à Bordeaux, où il écope d'une condamnation de trois mois pour recel. A l'expiration de sa peine, il travaille comme manœuvre sur les chantiers de la Société hydro-électrique des Pyrénées, à Auzat.

Mobilisé en septembre 1939, il embarque dans « l'Armenier ». Démobilisé à Casablanca en septembre 1940, il retrouve son emploi d'avant-guerre. Ne gagnant pas assez sa vie, il s'engage dans la LVF (matricule 5415) le 16 janvier 1942 à Toulouse. Sert dans la 11ème compagnie. Décoré de la *Croix de guerre légionnaire*[171] le 21 décembre 1942. Bénéficie de permissions du 10 au 30 janvier 1943 et du 31 octobre au 20 novembre 1943. Il regagne sa compagnie au front.

Versé à la Waffen-SS, à Greifenberg, il semble avoir été démobilisé le 10 janvier 1945[172], et finit la guerre comme ouvrier aux usines Koppenburg, près de Berlin. Parvient à rejoindre la France après l'arrivée des soviétiques, comme rapatrié STO, via le Luxembourg et Thionville. Il reprend son emploi à Auzat dès juin 1945.

Jugé le 12 décembre 1945 par la Cour de justice de Toulouse, et condamné à sept ans de travaux forcés et la dégradation nationale à vie.

---

170 Grade probable, non certain.
171 Citation à l'ordre du Bataillon :
« Excellent légionnaire. Au cours d'une attaque par un ennemi très supérieur en nombre le 1.12.1942 s'est porté sur un point d'observation dangereux avec grand mépris du danger. »
172 Ses dires ne sont pas clairs à ce sujet. Voici sa version des faits : renvoyé à Deba en mars 1944, car indésirable sur le front (en raison de fraternisation avec la population russe). Envoyé à Brest-Litovsk (?), il vendit son paquetage et fit la noce avec l'argent. Arrêté par la Feldgendarmerie, il est emprisonné et envoyé dans une compagnie disciplinaire à Vienne, vers le 15 mai 1944. Il y resta jusqu'au 15 décembre de la même année, date où il est envoyé à la caserne de Greifenberg.
Il y fort probablement du vrai dans ces déclarations, car Launay ne semble pas trop mythomane, et il semble sûr qu'il ait fini la guerre comme travailleur.

Charles LE BLON

Chef de centaine-adjoint de la Franc-Garde bénévole (Toulouse – Haute-Garonne)
Chef de trentaine du SOL & de la Franc-Garde bénévole (Toulouse - Haute-Garonne)

Promotions :
Chef de trentaine (SOL / Franc-Garde bénévole)
Chef de centaine-adjoint (Franc-Garde bénévole) : … 1943

Charles Camille Le Blon est né le 22 juillet 1905 à Arras (département du Pas-de-Calais). Ingénieur-chimiste à l'Etablissement de Recherches Aéronautiques. Chef de trentaine du SOL (adhère en mai 1942) puis de la Franc-Garde bénévole (il dirigeait la troisième trentaine de la 2ème centaine à Toulouse[173], matricule n°6)). Promu chef de centaine-adjoint à une date inconnue. Démissionne en septembre 1943.

Se rend aux autorités le 24 août 1944. Jugé le 30 mai 1945 par la Chambre civique de Haute-Garonne, il est condamné à la dégradation nationale à vie.

---

173 Cité à ce poste en février 1943.

Étienne LEMAIRE

Chef de trentaine-adjoint de la Franc-Garde bénévole (Toulouse - Haute-Garonne)
Chef de trentaine du SOL (Toulouse - Haute-Garonne)
Délégué régional de la LVF (Toulouse), membre du PPF

Étienne Marie Émile Lemaire est né le 5 novembre 1892 à Revigny (département de la Meuse). Fait la guerre de 1914-1918 comme sous-lieutenant, finit avec la *Croix de guerre* et deux citations (à l'ordre de l'armée) et *Chevalier de la Légion d'honneur*. Démobilisé en 1919, il prend la direction des ateliers « Pales Vibert » à Vienne (Isère). De 1923 à 1927 il devient agent commercial chez un vendeur de voitures à Châtou, puis se retire à Vitre-le-François. En 1933 il devient directeur des Ateliers mécaniques et carrosseries « Lesec et François », à Neuilly. Il cumule en sus le poste de directeur-associé de la Société de construction des avions « Leopoldeuff ».

Mobilisé le 25 août 1939 comme lieutenant aviateur à la base de Châteauroux, et dirige la section de liaison de la 34ème escadre. En février 1940 il dirige la section de liaison du secteur « Air 13 ». Le 2 juin 1940 il est chargé de mission par le préfet de l'Yonne. Le 26 juin il est affecté à la formation « R 31 » à la base de Francazal. Placé en congé de convalescence en septembre 1940, et soigné à l'hôpital Larrey, à Toulouse[174].

Membre du PPF, il est nommé trésorier au bureau régional de la LVF à Toulouse, en août 1941, sur influence du chef PPF Deloustal. Promu délégué régional de la LVF à Toulouse[175] le 16 janvier 1942. Mais il aurait cesser toute activité à la LVF (puis au PPF) en avril 1942[176].

Il tente d'entrer dans la direction des Chantiers de jeunesse en octobre 1942 (chef régional de l'atelier mécanique), mais est refusé en raison de son âge. Entre en SOL de Toulouse fin octobre 1942, comme chef de trentaine, chargé de l'entretien du matériel de la centaine motorisée. Passe à la Milice avec le rang de chef de trentaine-adjoint[177]. Victime de menaces de la part des membres du PPF, avec qui il était en conflit depuis son départ de la LVF[178], il est arrêté par les allemands le 8 janvier 1943. Emprisonné à Compans-Cafarelli, puis à Fresnes, il est libéré le 15 février, peut-être sur pression des chefs SOL.

S'installe à Nuilly-sur-Seine en avril 1943. A la fin de l'occupation il se trouve à Saint-Maur-des-fossés, hébergé gratuitement chez une amie de sa famille. Arrêté à Paris en avril 1945. Jugé le 10 mai 1946 par la Cour de justice de Toulouse, et condamné à un an de prison.

---

174 Il gardait de nombreuses séquelles de la guerre. Début de paralysie de la main gauche, soucis de cervicales, etc.
175 Son bureau contrôlait alors les départements suivants : Haute-Garonne, Tarn, Tarn-et-Garonne, Lot et Aveyron.
176 Selon ses déclarations il cessa toute activité à partir du 15 février 1942, car hospitalisé...
177 Son permis de port d'arme est annulé le 23 mars 1943, suite à son incarcération.
 IL est cité chef de trentaine dans les listes de port d'armes du SOL de novembre 1942. Par contre, il est cité chef de trentaine-adjoint en mars 1943.
178 Lemaire avait reçu l'ordre de l'état-major de la XVIIème région militaire de quitter la LVF.
 En février 1942, il servit également de témoin à charge contre un militant PPF, Gérard Raynal, accusé d'espionnage pour le compte de l'Allemagne. Il fut condamné à mort par le tribunal militaire le 29 octobre 1942.

Léon LENFANT

Waffen-Sturmmann der SS
Caporal / Gefreiter

Promotions :
Légionnaire / Soldat
Caporal / Gefreiter : 18.02.1944
Waffen-Sturmmann der SS : 01.09.1944[179]

Léon Albert Lenfant est né le 5 octobre 1916 à Saint-Saulve (département du Nord). Déménageur à Toulouse, il est mobilisé en septembre 1939 au 1er Régiment du Train. Fait prisonnier le 27 mai 1940, il est envoyé au Stalag I/A. Atteint de broncho-pneumonie, il est rapatrié sanitaire le 8 juin 1941. Il trouve un emploi à la Maison du prisonnier de Perpignan, puis dans l'Organisation Todt, à Marseille.

Engagé à la LVF (matricule 11953) le 9 octobre 1943, comme légionnaire deuxième classe. Envoyé au C.IC de Montargis, puis au camp à Versailles le 21 octobre. Rejoint Kruszyna quelques jours après, et affecté à la 12ème compagnie d'instruction le 13 décembre. Envoyé au front à compter du 3 mai 1944, et affecté à la 1ère compagnie. Il est blessé à la tête (par des éclats de grenade) le 27 juin 1944, probablement durant les combats de Bobr. Evacué, et hospitalisé à Spindlermühle. Il reçoit l'*Insigne des blessés* (décoration allemande) et de la *Médaille des blessés* (décoration française, remise par son commandant de compagnie à Wildflecken).

Versé à la brigade « Charlemagne » fin novembre 1944 (date de sa sortie d'hôpital), il combat en Poméranie[180], puis à Berlin, où il est blessé par un éclat d'obus à la jambe droite, le 30 avril 1945. Hospitalisé de manière sommaire, il est capturé le soir-même par les troupes soviétiques, et est considéré comme un civil, une infirmière allemande ayant pris soin de faire disparaître ses effets militaires.

Revenu à Paris, il y retrouve sa maitresse[181], qu'il avait connu à Prague (durant son hospitalisation). Ils partent ensemble pour Toulouse, descendant à un hôtel de la rue Jean Jaurès. Ils sont arrêtés par la police le 1er août 1945. Jugé le 26 janvier 1946 par la Cour de justice de Toulouse, et condamné aux travaux forcés à perpétuité, la dégradation nationale à vie et la confiscation de ses biens (présents et à venir).

---

179 Il est tout à fait possible qu'il ait été promu au grade supérieur.
180 Selon les déclarations de Lenfant, il fut affecté à l'un des deux Fachschadron (colonne de transports), en raison d'une inaptitude au port du casque (à cause de sa blessure). Mais cette excuse paraît bancale quand il avoue (à demi-mots) avoir participé aux combats de Berlin !
181 Celle-ci trouva un emploi de dactylo dans la police allemande de Paris en avril 1944. Repliée en Allemagne à la Libération, elle occupera divers emplois en Allemagne, à Prague, puis en Autriche, avant de rentrer en France comme rapatriée civile assignée à résidence chez ses parents, à Paris (qui avaient refusé de la recevoir).

Édouard LOISON

Waffen-Hauptscharführer der SS
Adjudant / Feldwebel

Promotions :
Sergent-chef / Unterfeldwebel
Adjudant / Feldwebel : 20.03.1944
Waffen-Oberscharführer der SS : 01.09.1944
Waffen-Hautpscharführer der SS : 01.12.1944

Édouard François Marie Loison est né le 27 février 1906 à Penvénan (département des Côtes-du-Nord). Résidant à Cugnaux depuis 1938, militaire de carrière depuis 1930, il servait comme sergent-chef aviateur à la base aérienne de Francazal, quand il fut démbilisé en mai 1941. Après plusieurs mois d'inactivité et de relative errance, il s'engage à la LVF (matricule 4297) le 19 novembre 1941[182], avec le grade de sergent-chef.

Incorporé à la 12ème compagnie à Deba, il passe à la compagnie d'état-major (à l'armurerie) du IIIème Bataillon, avec qui il monte au front en mai 1942. En permission du 15 décembre 1942 au 4 janvier 1943, il ne rejoint pas son corps à l'issue de celle-ci, et est arrêté par la police le 15 janvier 1943. Incarcéré à Fresnes, il est condamné à deux mois de prison pour absence illégale, le 28 janvier suivant.

Libéré, il rejoint Kruszyna le 24 février 1943. Tombé malade, il est hospitalisé du 9 mars au 22 avril 1943, à Radom. Rejoint son bataillon le 9 mai suivant, et est affecté à la 10ème compagnie, comme adjoint d'un chef de section. Il bénéficia d'une seconde permission, du 31 octobre au 20 novembre 1943. Promu adjudant en mars 1944, il venait d'être versé aux transmissions (sur sa demande) depuis janvier (chef de la section?). Combat probablement jusqu'à la retraite de la LVF, fin juin-début juillet 1944 (compagnie de marche).

Il servit à la division « Charlemagne », probablement comme chef de la section des transmissions (compagnie d'état-major) du *Waffen-Grenadier-Regiment der SS 58*[183]. Envoyé faire un stage de radio dans le Tyrol, à l'automne 1944, et rejoint Wildflecken courant décembre 1944.

Combat en Poméranie. Il finit la guerre au sein du Bataillon de travailleurs, avec lequel il est fait prisonnier. Interné au camp de Schwerin, puis à Lille à partir du 10 juillet 1945. Il se dira volontaire pour souscrire un engagement dans l'armée française en Orient[184].

Jugé le 4 décembre 1945 par la Cour de justice de Toulouse, il écope de dix ans de travaux forcés et de la dégradation nationale à vie.

---

182 Il vivait en mauvais termes avec sa femme (décrite comme infidèle), et passait beaucoup de temps dans les cafés de la ville.
183 Du moins avant janvier 1945 (date où Maxime Leune en prend le commandement).
184 « Je voudrais bien étant donné ma qualité de soldat, continuer à me battre pour mon pays que j'ai cru toujours servir, en m'engageant dans les forces d'Extrême-Orient. »

François MARCHAL

Waffen-Grenadier der SS
Matrose

Promotions :
Soldat deuxième classe
Caporal : 1941
Matrose : avril 1944
Waffen-Grenadier der SS : 16.09.1944

François Marchal est né le 30 mars 1920 à Vic-sur-Seille (département de la Moselle). Quitte l'école en 1934, et travaille dans une ferme durant un an, puis se fait embaucher dans une fabrique de chaussures. A l'été 1936 il entre dans une entreprise de maçonnerie, à Nancy. Limogé un an après, il redevient ouvrier agricole. Le 18 octobre 1938, il s'engage (pour cinq ans) dans l'armée, et est affecté au 9ème Régiment de Zouaves, à Alger. Condamné pour vol, il subit plusieurs semaines de prison. Affecté au 18ème R.T.A fin 1939, après une mesure disciplinaire. Monte sur le front d'Alsace en janvier 1940, et demande à faire partie des Corps francs de l'unité. Combat en mai 1940 entre Soissons et Compiègne. Fait prisonnier le 5 juin 1940. Libéré le 25 août suivant, en tant que mosellan.

Rentre chez ses parents, à Vic, et travaille aux Ponts et Chaussées. Expulsé de Lorraine en novembre 1940, avec ses parents. Ils s'installent à Toulouse. Il se présente au bureau militaire local, qui l'affecte au 23ème R.I. Suit des cours d'élève caporal. Dégradé en septembre 1942 pour avoir manqué un appel (il prend également huit de prison). Il est démobilisé le 29 novembre 1942.

Entre novembre 1942 et décembre 1943 il travaille dans plusieurs endroits : camp d'aviation de Francazal comme manœuvre, puis à la gare et enfin au dépôt de la Croix Rouge. Il semble qu'il entretienne ensuite des relations avec les services allemands du SD, fournissant renseignements occasionnels à un dénommé Ludwig (sur des jeunes gens de la ville, soupçonnés de terrorisme, et de dénoncer des activités de partisans). Son épouse, une tchèque d'origine juive, avait des liens avec les allemands, dont ce fameux Ludwig, dont elle fut l'amant. Condamné à quinze jours de prison pour vol le 21 décembre 1943. Son épouse avait voler de l'argent à une couturière, et avait déclarer que son mari avait profiter de l'argent. Interné à la prison Saint-Michel. A sa sortie de prison, il entre comme plongeur dans un restaurant de la place du Capitole.

Fin février 1944 il quitte Toulouse pour Marseille, et se fait embaucher dans une entreprise de charpentes métalliques. S'engage dans la Kriegsmarine le 3 avril 1944, sans doute pour fuir sa situation matrimoniale compliquée. Suit le parcours classique, instruction près de Caen, puis à Duisbourg, et enfin Greifenberg en septembre 1944, où il est versé à la Waffen-SS, comme simple soldat. Instruit deux mois durant à Saalesch, puis est envoyé avec cent cinquante camarades (compagnie de transmissions), à Stersine, en Italie. Ils suivent des cours de transmissions. Le 10 décembre 1944 ils quittent l'Italie pour rejoindre la « Charlemagne » à Wildflecken. Il prend trois jours de prison le 20 décembre 1944, pour avoir voler une paire de gants. Il est tatoué début janvier 1945.

Monte au front en Poméranie, et connait la retraite. Il se serait perdu vers le 7 mars 1945. Rejoint Kolberg, où il retrouve les Français égarés. Affecté à la 3ème compagnie. Blessé au bras gauche dès le premier jour de combat. Il est évacué et soigné huit jours près d'Erfurt. Ne désirant pas rejoindre Wildflecken, il gagne en fait Sigmarigen, encore vêtu de l'uniforme SS.

Les autorités miliciennes désirant le renvoyer dans son unité, il se met en civil et se rend dans un bureau de travail français, qui l'envoie à Blumberg, dans un chantier de l'Organisation Todt. Avec dix-huit camarades, ils tentent de passer en Suisse, mais se perdent dans la nature près de la frontière. Dépités, ils rentrent à Blumberg. Brièvement arrêté par les allemands, pour avoir voler une valise avec du linge et des bijoux. Relaxé, il trouve un travail dans une ferme des environs.

Arrêté le 3 juin 1945 par un sous-officier français de la Sécurité Militaire, alors qu'il circulait à moto. Tentant de se faire passer pour un prisonnier de guerre, il est démasqué à cause de son tatouge. Amené à Donauschingen, il est longuement interrogé, et emprisonné un mois. Transféré à Constance, Strasbourg, Metz, et enfin Toulouse.

Jugé le 15 février 1946 par la Cour de justice de Toulouse, il est condamné à sept ans de travaux forcés et la dégradation nationale à vie.

François MAZÈRES

SS-Frw. Schütze
SOL / Franc-Garde bénévole (Toulouse - Haute-Garonne)

François Mazères est né le 1ᵉʳ septembre 1914 à Toulouse (département de la Haute-Garonne). Mobilisé en septembre 1939, et affecté à la 101ᵉᵐᵉ base aérienne de Francazal. Il est ensuite envoyé à la base Rayak, au Liban. Démobilisé en novembre 1940 (il avait le grade de caporal). De retour à Toulouse, il se fait embaucher comme menuisier à l'A.I.A.

Membre du SOL depuis mai 1942, il s'engage pour le travail en Allemagne en juillet (contrat signé à l'Office de Placement Allemand). Affecté dans un chantier de construction aéronautique à Kassel. En janvier 1943 il est envoyé aux usines Max Muller (comme menuisier) à Eisenach. Bénéficiant d'une permission en juillet 1943, il demande au secrétaire départemental de la Milice (dont il était membre, matricule 390) de pouvoir s'engager dans la Franc-Garde permanente. Envoyé à Vichy, on le déboute de sa demande, et il doit repartir en Allemagne, ne désirant pas se défiler à son engagement. Dès son retour il est à nouveau affecté à Kassel[185]. Il bénéficia d'une seconde permission d'une dizaine de jours en décembre 1943. Militant convaincu, Mazères faisait de la propagande active auprès de ses compatriotes.

Il signe une demande d'engagement à la Waffen-SS début septembre 1943 (auprès des autorités allemandes), mais n'est pas incorporé avant plusieurs semaines au moins[186]. Passe deux mois au camp de Sennheim[187], puis quatre mois à Schwarnegast (avec le IIᵉᵐᵉ Bataillon de la Sturmbrigade donc). Versé à la brigade « Charlemagne » à Wildflecken. Envoyé dans une école de chauffeurs en Tchécoslovaquie (en janvier 1945), il semble avoir rejoint la division « Charlemagne » en Poméranie en retard (avec une partie du régiment Hersche). Finit la guerre au Bataillon de travailleurs (regroupant ceux qui ne désirent plus combattre) en avril 1945.

Rentré en France dans un convoi de requis STO, après s'être mis en civil, il rend visite à son père, puis se fait embaucher comme menuisier à Marseille. Il y est arrêté le 13 septembre 1945. Jugé le 20 novembre 1945 par la Cour de justice de Toulouse, et condamné à vingt ans de travaux forcés, la dégradation nationale et la confiscation de ses biens.

---

185 Il descend ainsi d'un échelon (selon ses dires) dans la qualité de vie, car il s'agit d'un camp de travail classique, avec un seul repas par jour.

186 Il prétendit que sa demande d'engagement fut mise de côté durant cinq ou six mois et qu'il ne fut incorporé que le 1er juin 1944 à Sennheim... Or, ayant signé sa demande en septembre 1943, il écrit à la Milice de Toulouse le 14 octobre, pour signaler qu'il n'était toujours pas appelé. Frossard fit donc remonter l'information à Vichy et Paris.
Si le délai de cinq ou six mois déclaré par Mazères est bien exact, alors il fut appelé au camp de Sennheim en février ou mars 1944.

187 Il déclarera s'être engagé afin d'améliorer sa situation et de consolider la position de la France en cas de victoire allemande.
Dans une lettre au chef départemental Frossard (14 octobre 1943), demandant notamment la protection de son père (impotant et ayant reçu des menaces de la part des ennemis de la Milice), il écrit :
« Ma vie pour moi ne compte pas quand il s'agit de l'idéal que j'ai depuis très longtemps et pour lequel j'ai trouvé l'occasion de me donner, dans le mouvement qui nous est cher. Et puis je considère que mon père est après mon idéal le seul bien sacré que j'ai sur la terre. Donc si je le perds, je perds du même coup la concrétisation de cet élément.
D'ailleurs en accord avec certains personnages de notre pensée, je suis fermement partisan de la riposte, coup pour coup, et au terrorisme du désordre, qu'on oppose celui de l'ordre (la loi des représailles). L'effet serait foudroyant. Car nous sommes capables de résister à ces méthodes. Tout au moins ceux d'entre nous qui ont le cran et l'allant inhérent au poste que nous avons délibérément choisi. »

Marcel MELAN

SS-Frw. Unterscharführer
Caporal / Gefreiter

Promotions :
Quartier-Maître
Caporal / Gefreiter
SS-Frw. Schütze : 01.09.1943
SS-Frw. Oberschütze
SS-Frw. Unterscharführer : 01.10.1944

Marcel Melan est né le 10 juillet 1917 à Sotteville-lès-Rouen (département de la Seine-Inférieure). Engagé dans la Marine française de 1934 à mai 1941, finissant au rang de quartier-maître. Il trouve ensuite un emploi de gardien de la paix dans la police de Toulouse. Engagé à la LVF (par anti-communisme) le 10 septembre 1941, comme caporal.

Incorporé à la 4ème compagnie, avec laquelle il combat et est blessé devant Moscou le 1er décembre 1941. Evacué, il est hospitalisé à Cracovie (à partir du 21 décembre), puis Fribourg et enfin Breslau. Bénéficie d'une permission du 27 mars au 19 avril 1942. Il bénéficie de prolongations de perm' jusqu'au 17 juin 1942. Il regagne ensuite la LVF à l'est.

Dirigé sur Versailles le 24 juillet 1943, afin de bénéficier d'une permission qui doit s'étaler jusqu'au 18 août. Il ne regagna jamais la LVF, car il s'engage dans la Waffen-SS (contrat du 1er septembre 1943)[188] ! Il était titulaire de la *KVK IIème Klasse* et de l'*Insigne des blessés en argent*.

Après sa formation de base à Sennheim, il est possible qu'il passe par l'école de Posen-Treskau en janvier-février 1944. Il servit à la compagnie FLAK de la division « Charlemagne »[189].

Revenu en France peu après la guerre, il se présente spontanément à la gendarmerie d'Hazebrouck. Jugé le 5 décembre 1945 par la Cour de justice de Toulouse, il est condamné à vingt ans de travaux forcés, la dégradation nationale à vie et la confiscation de ses biens.

---

188 Recherché par les autorités à compter du 28 août, elles sont stoppées le 10 novembre 1943, quand on apprend qu'il s'est engagé à la SS. Son contrat LVF est résilié le 15 février 1944.
189 Ou dans un poste quelconque au régiment SS 57 (d'où il semble dépendre en décembre 1944)...

André MICHEL

SS-Frw. Unterscharführer

André Michel est né le 16 septembre 1902 à Blois (département du Loir-et-Cher). Travaille comme infirmier à l'Hôtel Dieu de Toulouse depuis 1936. Mobilisé en septembre 1939, comme sergent-chef au 9ème Régiment de Tirailleurs Marocains. Décoré de la *Croix de guerre 39-40*. Fait prisonnier par les allemands le 22 juin 1940, et interné au *Kommando 34* de Gotenhafen, où il était « homme de confiance » des autorités[190]. Libéré au titre de la relève en avril 1943, comme veuf de guerre.

Travaille pour l'Organisation Todt à Biscarosse à partir de juin 1943. En octobre de la même année il part comme travailleur volontaire en Allemagne, à Dachau puis à München. S'engage dans la brigade « Charlemagne » début septembre 1944[191]. Après six semaines d'instruction, il est affecté comme sergent dans la compagnie médicale divisionnaire[192]. Participe à la campagne de Poméranie, et est fait prisonnier le 5 mars 1945.

Jugé le 14 février 1946 par la Cour de justice de Toulouse, il est acquitté et immédiatement libéré.

Désiré MONTEIL

Waffen-Grenadier der SS
Légionnaire / Soldat

Promotions
Légionnaire / Soldat
Waffen-Schütze der SS : 01.09.1944

Désiré Monteil est né le 10 novembre 1921 à Périgueux (département de la Dordogne). Engagé dans l'armée d'armistice, il sert au sein du 51ème Régiment d'Infanterie, quand il s'engage à la LVF le 10 octobre 1942 (matricule 8835).

Dirigé sur le front le 15 janvier 1943, et affecté à la 11ème compagnie. Décoré de la *Croix de guerre légionnaire* avec étoile de bronze le 23 septembre 1943[193]. Il passait alors sa première permission à Périgueux. Il bénéficia d'une seconde permission en juin 1944, qu'il passe à Périgueux et Paris. Déclaré en absence illégale à compter du 22 juin, les recherches sont éteintes le 12 juillet suivant, quand on découvre qu'il était hospitalisé à Clamart.

Versé à la Waffen-SS, et affecté au régiment Hersche, quand il est démobilisé le 17 février 1945. Il sera ensuite travailleur à Vienne. Arrêté à Bolzano en Italie le 23 mai 1945.

Jugé le 16 avril 1946 par la Cour de justice de Toulouse, il est condamné à cinq ans de travaux forcés et la dégradation nationale à vie.

---

190 Les témoignages s'accordent pour dire qu'il s'est bien conduit dans cette fonction.
191 Il déclara avoir été contraint de choisir entre le camp de concentration et la Waffen-SS...
   Il est tout à fait plausible qu'en réalité, Michel se soit engagé directement dans la Waffen-SS pendant qu'il était travailleur en Allemagne !
192 Information confirmée par deux autres anciens de la division.
193 « Légionnaire blessé dès le début des combats de Krasnyj le 11 août 1943. A continué à servir son tireur contribuant efficacement au succès de son groupe. »

Gabriel MONTEL

Waffen-Grenadier der SS
Franc-Garde permanent (Haute-Garonne)

Gabriel Jean Baptiste Montel est né le 20 septembre 1922 à Issoire (département du Puy-de-Dôme). Facteur auxiliaire des PTT à Clermont-Ferrand[194], il tente de s'engager dans la gendarmerie en mars 1944. Malgré qu'il ait réussi les examens, les PTT ne veulent pas le laisser partir. Par besoin d'argent, il s'engage dans la Franc-Garde permanente le 5 juin 1944, mais à Toulouse, afin de ne pas porter tort à sa famille[195]. Il sera le cuisinier de l'unité, et ne semble pas avoir participé aux opérations[196].

Versé à la brigade « Charlemagne », comme coordonnier à la compagnie d'état-major semble t-il. Monte au front en Poméranie en février 1945. Evacué pour épuisement général début mars 1945, il reste hospitalisé à Ilsenbourg, et rejoint la division le 2 avril. Refusant de continuer le combat, il finit la guerre au sein du Bataillon de travailleurs.

Jugé le 2 février 1946 par la Cour de justice de Toulouse, et condamné à quinze ans de travaux forcés et la dégradation nationale à vie.

Jean MORDRELLE

Inspecteur départemental de la Milice Française (Haute-Garonne)
Kraftfahrer (Légion Speer)

Jean Marie Ernest Mordrelle est capitaine d'aviation de métier, démobilisé en juillet 1941. Titulaire de la *Légion d'honneur* et de la *Médaille militaire*[197]. Il trouve un emploi dans l'entreprise de son beau-père (« Société Méridionale des joints Vulcain »), comme représentant pour la région de Toulouse. Ne gagnant pas assez bien sa vie comme représentant de commerce, il signe un contrat de travailleur volontaire en Allemagne en novembre 1942.

Passe dans la Légion Speer (chauffeur) à une date inconnue (sans doute fin 1943)[198]. Envoyé sur le front de l'est, il assura des missions de transports sur les arrières. Ayant attrapé une congestion par le froid, il est hospitalisé quatre mois, et renvoyé à Toulouse le 17 mai 1944. S'inscrit à la Milice fin juillet 1944[199], le chef Pincemin le bombarde inspecteur départemental de la Milice le 29 juillet. Il a à peine le temps de faire connaissance avec cet organisme que vient l'exil vers l'Allemagne.

Il fut question de le verser à la brigade « Charlemagne », mais il refuse malgré les pressions. Il vit ensuite à Baden-Baden. Evacué à Milan avec les autres réfugiés politiques en avril 1945.

Jugé le 9 février 1946 par la Cour de justice de Toulouse, et condamné à cinq ans de prison, la dégradation nationale à vie, dix mille francs d'amende et la confiscation de ses biens.

---

194 Il était entré dans cette administration à Clermont-Ferrand alors qu'il avait 18 ans. Avant cela il fut quatre ans apprenti dans une usine.
195 Il avait également un caractère difficile, qui rendait sa vie en couple peu heureuse. Le jour de son départ de Clermont, il dira à sa femme partir pour le maquis ! Elle se rendra compte du mensonge quand elle reçut des mandats venant de lui quelques semaines plus tard, et donc l'adresse était Toulouse.
196 Son frère résistant sera arrêté par les allemands dans le Puy-de-Dôme en juillet 1944. Montel tenta d'intervenir auprès de ses supérieurs miliciens, mais sans succès. Il mourra en déportation.
197 Il demandera en 1955 à être ré-intégré dans ces deux ordres.
198 Il se pourrait qu'il se soit engagé dans la Légion Speer dès novembre 1942...
On ignore son grade au sein de cette organisation. A défaut nous le citons au rang le plus bas.
199 Il déclara s'être inscrit pour échapper aux recherches dont il faisait l'objet par les allemands.

Louis MORÈRE

Secrétaire corporatif de section du PPF (Toulouse - Haute-Garonne)

Louis Morère est né le 10 mars 1897 à Montpellier (département de l'Hérault). Restaurateur à Montpellier, il adhère au PPF en 1937. S'installe à Toulouse en janvier 1940, requis de guerre. Nommé secrétaire corporatif de la section PPF de Toulouse en mai 1943, poste qu'il garde jusqu'à la fin.

Jugé le 22 juin 1945 par la Chambre civique de Toulouse, il est condamné à vingt ans de dégradation nationale.

Henri MURAIRE

Chef de centaine-adjoint du SOL & de la Franc-Garde bénévole (Toulouse - Haute-Garonne)

Henri Georges Wilfrid Muraire est né le 9 octobre 1897 à Bordeaux (département de la Gironde). Vétéran de la guerre 14-18. Membre du PSF avant-guerre. Courtier en immeubles à l'Agence Mercure à Toulouse. Chef de centaine du SOL puis de la Franc-Garde (matricule 62) bénévole à Toulouse. Démissionne en mai 1943. Il devient administrateur de biens juifs en novembre 1943.

Arrêté par les FFI dans la rue le 21 août 1944. Jugé le 3 juillet 1945 par la Chambre civique de Toulouse, et condamné à cinq ans de dégradation nationale.

Décédé le 17 décembre 1976 à Toulouse.

André NESPOULOUS

Chef de trentaine-adjoint de la Franc-Garde permanente (Haute-Garonne)

André Lucien Gérard Nespoulos est né le 13 juillet 1921 à Colomiers (département de la Haute-Garonne). Titulaire de deux baccalauréats, il se lance dans des études de médecine, et effectue trois ans. En janvier 1944, il est affecté (au titre du STO) à l'hôpital de Purpan, dans un service administratif.

Rejoint la Franc-Garde permanente de la Haute-Garonne le 7 ou 8 juin 1944[200]. Il est chargé de passer les visites médicales d'incorporation, comme médecin auxiliaire. Il avait donc sans doute au moins le rang de chef de trentaine-adjoint. Il se déplaca également en Ariège, afin de faire des vaccins aux Francs-Gardes.

Prend la fuite avec le convoi milicien toulousain, le 19 août 1944. Il se trouve dans une voiture, contenant cinq blessés de la Milice. Sa voiture étant détruite à Uzès (environ 75% des véhicules de la Milice de la région de Toulouse furent détruits ou hors service durant l'exil), il continue à pied. Abandonne le convoi avec deux autres miliciens, aux environs de Montélimar.

Peu après ils gagnent Poussan (Hérault), et demeurent trois semaines chez les grands-parents de Nepoulos. S'étant procurer des faux papiers, ils partent à Vierzon, le 23 septembre 1944, et travaillent sur des chantiers de la gare de triage. Il ne reste que peu de temps à ce travail, et travaille dans plusieurs pharmacies, comme préparateur. Ils en profitent pour faire du marché noir, afin de subsister, et se rendent à Paris revendre les denrées. Arrêté à Paris en février 1945. Condamné à cinq ans de dégradation nationale par la Chambre civique de Toulouse le 5 novembre 1945.

Installé à Agde comme médecin durant les années 1950, il sera l'un des hommes les plus appréciés et connus de la localité[201], remplissant quantité de mandats officiels et associatifs[202], jusqu'à son décès le 23 mars 2006.

---

200 Il expliquera qu'il s'ennuyait ferme dans son poste de l'hôpital de Purpan.
201 « Tous les agathois seront unanimes pour reconnaître la bonté et la générosité de cet homme hors du commun , et tous savent à quel point il était attaché à sa ville, et ô combien il lui a donné de son temps et de son énergie. »
Source : herault-tribune.com.
202 Maire- adjoint (chargé de l'urbanisme, notamment durant les grandes heures du développement des années 60-70), président de l'office de tourisme, président de l'organisme de gestion des écoles catholiques, président fondateur du Lion's Club d'Agde, président des Amis des Musées d'Agde, médecin chef des pompiers, membre du conseil paroissial.

Maurice NIVET

Waffen-Grenadier der SS
Légionnaire / Soldat

Promotions :
Légionnaire / Soldat : 16.03.1944
Waffen-Grenadier der SS : 01.09.1944[203]

    Maurice Charles Marie Nivet est né le 24 novembre 1923 à Saint-Aubert-sur-Orne (département de l'Orne). Fait ses études au Petit Séminaire de Flers, et quitte l'école à l'âge de quinze ans, pour entrer comme mécanicien chez un patron.

    Désirant s'engager dans l'armée de l'air, il se rend à Toulouse en mars 1942, mais il est pas accepté à la visite d'incorporation. Il part ensuite aux Chantiers de jeunesse, au groupement 30 (Saint-Pé-de-Bigorre). Le groupement est transféré à Saint-Martin (Corrèze) après l'arrivée des allemands en zone sud. Ne désirant pas être requis pour le STO, il gagne un embryon maquis en juin 1943, composé d'une vingtaine de jeunes encadrés par des communistes. Ce petit maquis est dissous en août, par crainte d'une attaque allemande. Etant dans l'illégalité, il trouve refuge chez des patrons, comme ouvrier agricole[204].

    Engagé à la LVF au bureau d'Albi le 16 mars 1944, comme simple soldat. Dirigé sur Greifenberg le 4 avril. Il n'a pas le temps de passer à une unité combattante. Versé à la Waffen-SS, malgré son hostilité à ce transfert. Il fut peut-être affecté comme secrétaire particulier d'un officier de l'état-major. Il connait la campagne de Poméranie (il servant de fusil mitrailleur), et la débacle de mars 1945, qui l'amène jusqu'à Kolberg, où il participa sans doute aux défenses de la ville. Evacué par bâteau avec les survivants français, allemands et civils, jusqu'à Schwinemunde. Ils regagnent ensuite Wildflecken, puis la division « Charlemagne » à Carpin. Selon toute vraisemblance (même s'il n'en dit mot), il fut volontaire pour aller combattre à Berlin.

    Parvenu à percer l'encerclement de la ville, il fut capturé vers le 2 mai 1945 par des troupes américaines. Dirigé sur Fulda, puis Stelay, et enfin Châlons-sur-Saône, le 20 mai, où il est interné dans un camp américain. Le 28 août 1945 la gendarmerie l'amène pour Albi.

    Condamné à vingt ans de travaux forcés et la dégradation nationale à vie par la Cour de justice de Toulouse le 5 novembre 1945. Sa peine sera commuée en cinq ans de travaux forcés en février 1948, et il bénéficie de la liberté conditionnelle quelques mois plus tard. Il retourne chez ses parents à La-Chapelle-Moche, et travaille quelques temps comme mécanicien. En mai 1950 il part travailler chez un maraicher de Garges-lès-Gonesse.

---

203 Il n'avait à priori aucun grade dans la SS.
204 Il résidait de août à décembre 1943 à Berlats, chez le père d'un ami des Chantiers, afin d'échapper au STO. Il aurait alors eu des activités pro-gaullistes, distribuant des tracts. En décembre il part ensuite pour Saint-Genest (Tarn), chez une autre personne. C'est là que cette dernière lui conseilla, pour éviter le STO, de s'engager à la LVF.

Henri PALMADE

Secrétaire départemental du COSI (Haute-Garonne)

Henri Jean Palmade est né le 13 mars 1901 à Toulouse (département de la Haute-Garonne). Quitte l'école à treize ans, et travaille à la ferme de ses parents, près de Cazères. En 1917 il trouve un emploi d'ouvrier machiniste dans une fabrique de chaussures de Toulouse. Il gardera ce poste jusqu'en 1927[205]. Cette année là il entre à l'Office de l'Azote, dont il sera syndicaliste fervent pour le Syndicat des agents de maîtrise.

Le 1er janvier 1943 il quitte l'Office de l'Azote pour prendre un poste de chargé des questions ouvrières pour le ministère de l'Information, à Toulouse. Devient secrétaire départemental du COSI de Haute-Garonne en novembre 1943 (à titre bénévole), sur demande de Jean Blanc, un ami. Il s'est débrouillé pour faire élargir des camps d'internement certains communistes.

Jugé le 2 mai 1945 par la Chambre civique de Haute-Garonne, et condamné à la dégradation nationale à vie.

Michel PELISSIER

Légionnaire / Soldat

Michel Charles Gabriel Marie Pelissier est né le 24 novembre 1923 à Montpellier (département de l'Hérault). Etudiant en médecine à Toulouse, il s'engage à la LVF (matricule 1832), le 7 décembre 1943, malgré l'avis contraire de sa famille. Envoyé au Centre d'Instruction des Cadres de Montargis, il tombe malade courant janvier 1944. Après une hospitalisation, il est mis en permission longue durée à compter du 2 février 1944.

Revenu chez son père, médecin à Saint-Juéry, il ne rejoindra plus son corps. Son contrat est résilié le 21 mai 1944. S'engage dans les FFI en juillet 1944, sur proposition de chefs locaux (commandant Delieux et capitaine Manilève, 1ère compagnie Veny), venus l'interroger au domicile de ses parents. Il sera promu sergent FFI pour sa belle conduite, le 18 août 1944 à Blaye-les-Mines.

Affecté en novembre 1944 au 54ème Groupe d'Artillerie aérienne, à Graulhet, comme adjudant médecin-auxiliaire, puis à la base aérienne de Blagnac à partir de février 1945. Interrogé par les gendarmes, il est jugé le 25 juillet 1945 par la Chambre civique de Toulouse, et est acquitté. Il est démobilisé le 6 février 1946, et s'installa à Montpellier, exerçant comme docteur.

---

205 Avec un intervalle de deux ans pour le service militaire, qu'il effectua dans l'Armée du Levant.

Don PIETRI

Capitaine / Hauptmann

Don Jean Baptiste Alexis Gall Pietri est né le 16 octobre 1899 à Thierville (département de la Meuse). Mobilisé de mai à novembre 1918 au 112ème R.I. Il fait ensuite carrière dans l'armée coloniale (Tunisie, Tonkin, Chine, Afrique équatoriale). Mobilisé en septembre 1939, comme chef de la 2ème compagnie du 7ème Régiment Colonial. Il est décoré de la *Croix de guerre* avec une citation à l'ordre de l'armée. Nommé *Officier de la Légion d'honneur* à titre militaire, et *Chevalier du Dragon Noir*. Inapte depuis juin 1940, il est mis en disponibilité et pensionné à 70%.

S'engage à la Légion Tricolore le 7 octobre 1942. Il occupera un poste « d'adjoint administratif » au sein de cette formation. Signe son contrat LVF 16 avril 1943, mais il est probable qu'il ne partit pas pour le camp de Deba.

Jugé le 15 mai 1945 par la Chambre civique de Haute-Garonne, il est relevé de l'indignité nationale.

Jean PINEL

Légionnaire / Soldat

Jean Vincent Pinel est né le 10 décembre 1914 à Toulouse (département de la Haute-Garonne). Ouvrier à l'usine à gaz de Toulouse, il est mobilisé de septembre 1939 à juillet 1940, au sein du 77ème GRDI, à Montauban. Décoré de la *Croix de guerre 39-40* avec une étoile de bronze[206].

Licencié de son précédent travail quelques mois après, il se fait embaucher comme chauffeur à la Régie des Transports. Renvoyé de son travail en juin 1941[207], il travaille ensutie à la Fonderie du faubourg Bonnefoy. Blessé au pouce, il demande à bénéficier d'un repos, qui lui est accordé, mais il est tout de même limogé.

Sans travail, en mauvaix termes avec sa concubine, et ayant fait la connaissance d'une personne lui ayant parler de la LVF, il s'engage dans cette dernière le 8 octobre 1941. Puni d'une semaine de cachot au camp de Deba, pour désobéissance[208]. Combat devant Moscou, il est évacué pour gelures le 4 décembre 1941[209]. Hospitalisé à Varsovie, puis à Bromberg, il perdra huit doigts de pied. Rapatrié en France fin avril 1942, et soigné à l'hôpital Foch de Suresnes jusqu'en septembre. De septembre à novembre il se repose dans une maison de santé de la LVF à Versailles. Son contrat est résilié le 15 décembre 1942. Décoré de la *Médaille des blessés*[210].

Revenu à Toulouse, il travaille durant six mois comme aide-cuisinier aux établissements Amouroux. Licencié en septembre 1943 après une dispute avec le chef cuisinier, il revient deux mois à la maison de repos de la LVF de Versailles (il fut sollicité pour prendre un nouvel engagement). Se met au service de la *Kommandantur* de Toulouse (cantonné à l'école normale), en janvier 1944, comme chauffeur, bénéficiant de 5000 francs de salaire mensuel et de plusieurs avantages en nature. Il avait été « pistonné » par sa maitresse, une jeune femme cuisinière et ménagère pour les allemands. Pinel aida à plusieurs reprises des maquisards (dont son frère) en donnant des certificats de circulation pour véhicules. Au moment de la fuite des allemands de Toulouse, il sabote une quinzaine de véhicules.

Arrêté à son domicile par les FFI avec sa femme peu après la fuite des allemands. Jugé le 19 février 1946 par la Cour de justice de Toulouse, et condamné à quinze ans de travaux forcés et la dégradation nationale à vie.

Décédé le 24 avril 1987 à Toulouse.

---

206 Citation à l'ordre du régiment du 8 juillet 1940 :
« A pris part aux opérations de la VIIème Armée du 5 juin au 24 juin 1940. A fait preuve au combat d'endurance et de courage. »

207 Il avait emprunté sans autorisation un véhicule, et avec son frère (et deux femmes de « mœurs assez légères » selon ses mots) avait renversé deux piétons. Il fut condamné à six mois de prison avec sursis, et son frère à six mois de prison ferme.

208 S'étant engagé comme chauffeur, il était frustré de devoir participer aux exercices militaires.

209 Initialement il prétendit avoir eu les pieds gelés dans d'autres circonstances : avoir refusé de prêter serment de fidélité au Führer fin novembre 1941, ses camarades l'ont alors attaché à un sapin toute une nuit, et c'est là qu'il eut ses engelures !

210 Le 27 septembre 1942, lors d'une prise d'arme, présidée par le général Bridoux à Versailles.

René PLANQUE

Waffen-Sturmmann der SS
Caporal / Gefreiter

Promotions :
Légionnaire de première classe / Soldat : 16.06.1942
Caporal / Gefreiter : 01.10.1943
Waffen-Sturmmann der SS : 01.09.1944

René Charles Planque est né le 2 mars 1906 à Toulouse (département de la Haute-Garonne). Il se marie en 1929 à Toulouse, alors qu'il travaille comme commis des PTT à Paris. En 1933 il entre comme professeur de mathématiques à l'école libre Saint-Jude, à Toulouse. Interné huit mois à l'asile de Braqueville en mai 1934[211]. Il travaille comme manutentionnaire dans l'imprimerie Sirven de 1935 à septembre 1939. Mobilisé de septembre 1939 à juillet 1940 au 33ème R.I.C., dans la compagnie radio. Il est ensuite employé dans une papeterie de Toulouse (rue de la Colombette) puis dans les Chantiers Ruraux.

S'engage dans la LVF[212] (matricule 7259) comme légionnaire de première classe le 4 juin 1942. Il servit au sein de la compagnie d'état-major (radio-téléphoniste) du IIIème Bataillon, et béénficia d'au moins une permission (6 au 26 juin 1943). Il reste à la LVF jusqu'à l'été 1944, connaissant la retraite de Russie (affecté à la compagnie de marche au 10 juillet 1944).

Versé à la Waffen-SS[213], il aurait déserté en décembre 1944, et se serait fait embaucher comme travailleur à Königsberg[214]. Libéré par l'avancée russe, il rentre en France comme requis STO. Arrêté à Montauban le 4 octobre 1945 (il travaillait chez un garagiste, sous un faux nom, depuis fin juin 1945), et interné à la prison Saint-Michel, puis au camp de Noé.

Jugé le 11 février 1946 par la Cour de justice de Toulouse, il est condamné à dix ans de travaux forcés et la dégradation nationale à vie. Il est transféré à la prison de Rouen. Sa peine sera commuée en cinq ans de prison, et il est libéré en conditionnelle le 5 novembre 1948. Après quelques mois à Rouen, il part alors vivre avec sa mère à Toulouse le 31 juillet 1949.

---

211 Sa femme l'ayant quitté en 1932, il connait ensuite de sévères excès alcooliques, qui sont la source de son internement (ainsi que, accessoirement, de la syphilis).
212 N'ayant aucune idée politique, sans emploi et déprimé, il s'engagea sur un coup de tête. Sa mère elle-même le considérait comme un déficient mental.
    Il s'engagea également pour faire libérer son cousin, prisonnier de guerre en Allemagne. Ce dernier fut effectivement libéré en décembre 1943, après une lettre de Planque au commandant du Stalag.
213 Probable, non certain. Il ne mentionne quasiment pas son parcours au sein de la LVF...
214 Employé à faire des tranchées jusqu'au 28 mars 1945, date de l'arrivée des russes.

Joseph POURQUIÉ

Chef de centaine de la Franc-Garde bénévole (Auterive – Haute-Garonne)

Joseph Jean Jacques Adrien Pourquié est né le 8 mai 1885 à Auterive (département de la Haute-Garonne). Vétéran de la guerre 14-18, finissant officier, *Chevalier de la Légion d'honneur*, décoré de la *Croix de guerre* avec quatre citations.

Capitaine en retraite, chef de centaine de la Franc-Garde bénévole d'Auterive, de février 1943 au 15 septembre 1943. Il démissionne (incitant ses hommes à faire de même), car en désaccord avec le chef Frossard et l'orientation collaborationniste du mouvement.

Interné à Noé à la Libération. Jugé le 19 avril 1945 par la Chambre civique de Haute-Garonne, et condamné à cinq ans de dégradation nationale.

Décédé le 28 décembre 1971 à Auterive.

Pierre PUJOL

SS-Frw. Schütze
Franc-Garde bénévole (Toulouse – Haute-Garonne)

Pierre Firmin Pujol est né le 7 octobre 1921 à Toulouse (département de la Haute-Garonne). S'engage à la LVF courant 1942, mais est réformé sept ou huit mois après[215]. Il trouve un emploi de garde spécial à la Poudrerie de Toulouse, le 21 juillet 1943. Pujol adhéra à la Milice, sans doute comme Franc-Garde bénévole. Il s'engage dans la Waffen-SS le 8 mai 1944[216]. Il suit le parcours classique, camp de Sennheim puis affecté à la Sturmbrigade, puis à la division « Charlemagne »[217].

Se fait rapatrier comme requis du STO, le 4 juin 1945, vit un mois à Paris, puis revient vivre à Toulouse, dans un couvent franciscain de l'avenue Billières (il parvient à se faire faire des faux papiers grâce à de l'argent emprunté à un ami), dans l'espoir de s'engager dans la Légion étrangère. Mais les suspicions des autorités le dissuadent de persister à s'y engager. Il part ensuite vivre à Montauban, où il commet un cambriolage dans l'espoir de trouver des fonds pour partir à Bordeaux, mais sera arrêté avant.

Jugé le 26 décembre 1945 par la Cour de justice de Toulouse, il est condamné à dix ans de travaux forcés et la dégradation nationale à vie.

---

215 Dans son premier interrogatoire, il déclara avoir servit au 18ème Régiment d'infanterie, de 1941 au 29 novembre 1942, ce qui contredit le fait qu'il se soit vanté d'appartenu à la LVF.

216 Pour atténuer son cas, il dira à la Cour s'être engagé par dépit amoureux. Mais la demoiselle en question affirma n'avoir eu qu'une relation de simple camaraderie avec Pujol.

217 Pujol prétendit avoir refuser le serment à Hitler et avoir été envoyé dans une section spéciale disciplinaire. Sans plus de précisions, il déclare également « l'unité à laquelle j'appartenais n'a jamais engagé le combat et a été en perpétuel mouvement de retraite ». Cette allusion prouve bien qu'il « en fut » en Poméranie !
De plus, un requis du STO déclara avoir vu Pujol en uniforme de Waffen-SS, en mars 1945.

Joseph PUPIER

Secrétaire départemental du SOL (Haute-Garonne)

Joseph Marie Louis Pupier est né le 30 mai 1900 à Saint-Affrique (département de l'Aveyron). Membre de la LFC, il est secrétaire départemental du SOL de Haute-Garonne de mars 1942 au 5 septembre 1942, date où il est licencié pour conflit de personne. Il reste toutefois simple membre[218].

Craignant pour sa vie, il se réfugie à Castres le 12 août 1944. Jugé le 6 juillet 1945 par la Chambre civique de Toulouse, et condamné à cinq ans de dégradation nationale.

Georges QUARCY

Secrétaire fédéral-adjoint du PPF (Haute-Garonne)

Georges Louis Paul Quarcy est né le 1er octobre 1900 à Saint-Paul (département de la Haute-Garonne). Chef du Service administratif architecture de la mairie de Toulouse de 1926 à juillet 1941, puis administrateur pour diverses sociétés industrielles. Il ouvre également un magasins de tissus en février 1942.

Membre du PPF depuis 1938 (il était cela membre du Parti Socialiste), il fut secrétaire fédéral-adjoint du PPF de Haute-Garonne de la fin de l'année 1940 à courant 1941[219]. Il resta simple membre du PPF, jusqu'en 1944, bien qu'il n'ait tenu aucun rôle.

Jugé le 21 avril 1945 par la Chambre civique de Haute-Garonne, il est acquitté.

Décédé en 1960.

Louis SABLAYROLLES

Légionnaire / Soldat

Louis Sablayrolles est né le 24 septembre 1903 à Toulouse (département de la Haute-Garonne). S'engage à la LVF en décembre 1941, comme simple soldat, en espérant faire libérer son beau-frère. Affecté à la section PK (correspondants de guerre). Il est renvoyé en France comme indésirable le 11 mai 1942, et arrive à Versailles le 17 mai suivant[220].

Revenu à Toulouse, il reprend son travail de souffleur de verre chimique à la Poudrerie. Il fera partie du groupe de résistance « Le Canadien », formé au sein de l'entreprise en mars 1943.

Jugé le 20 mars 1945 par la Cour de justice de Toulouse, il est condamné à trois ans de prison et quinze ans de dégradation nationale. Il passe également devant la Chambre civique le 26 avril 1946, qui confirme la peine de dégradation nationale.

Décédé le 1er mars 1968 à Toulouse.

---

218 Pupier dira avoir démissionné totalement fin septembre 1942. Mais il figure sur les listes de la Milice (matricule 7), il a donc sans doute été porté automatiquement sur les listes.

219 Cité à ce poste en décembre 1940. Quarcy expliquera avoir été exclu du parti en 1941 pour divergences de point de vue...

220 Suite à une « mutinerie » d'après lui, car la promesse de libérer les parents prisonniers n'avait pas été tenue. Il fut interné trois mois après être passé devant un tribunal militaire allemand, avant d'être libéré. A noter qu'on leur avait remis un pistolet pour se suicider en cellule, ce qui fit un de ses camarades.

André SABOURDY

Waffen-Grenadier der SS
Légionnaire / Soldat

Promotions :
Légionnaire / Soldat : 27.04.1944
Waffen-Grenadier der SS : 01.09.1944[221]

André Auguste Sabourdy est né le 27 novembre 1925 à Saint-Gaudens (département de la Haute-Garonne). Etudie au collège de Saint-Gaudens, qu'il quitte de lui-même vers juin 1942, afin d'aider son père (facteur à Croix-Daurade) à subvenir aux besoins de la famille. Trouve un emploi au Groupement interprofessionnel laitier, à Toulouse (garçon de courses et employé de bureau).

Il s'engage au bureau local de la LVF (matricule 13017), le 15 avril 1944 (avec effet au 27 du même mois)[222]. Dirigé sur Greifenberg le 17 mai, et affecté au 16ème Groupe d'Infanterie. Il y reste jusqu'à fin septembre 1944, puis passe un mois d'instruction à Saalesch. Rejoint la brigade SS « Charlemagne » à Wildflecken début novembre.

Affecté à la 5ème compagnie du *Waffen-Grenadier-Regiment der SS 58*, avec laquelle il combat en Poméranie, connaissant les combats de Neustettin, Belgard puis Körlin. Séparé de son unité, il fit partie des quelques centaines de Français s'étant retrouvé à Kolberg, et participa à la défense de la ville. Parvient à échapper à l'encerclement, en étant évacué par la mer.

Débarqué à Schwinemünde, il rejoint le camp de Wildflecken. Il n'y passe qu'une semaine, car le camp est évacué et les maigres troupes restantes (la compagnie des réformés) se replient vers l'ouest. Fait prisonnier par les américains aux environs de Temar, le 2 avril 1945, avec quatre autres camarades. Après avoir connu plusieurs camps de fortune, il est amené au camp de Trèves le 16 avril 1945, puis à Stenay le 20 mai, et enfin Châlons-sur-Saône. Il est dirigé sur Toulouse et incarcéré au camp de Noé le 1er septembre (puis à la prison Saint-Michel un mois après).

Jugé le 25 janvier 1946 par la Cour de justice de Toulouse, il est condamné à cinq ans de prison et la dégradation nationale. Il passera par diverses prisons : Toulouse, Auch, Mauzac, Fresnes, le Struthoff. Libéré en conditionnelle le 27 mars 1948 (il bénéficia de l'amnistie par décret le 17 décembre 1949). Dès sa libération il travailla comme chauffeur au sanatorium de Valbonne, puis fit une demande de retour à Toulouse, qui lui fut accordée en juin 1949. Il trouva un emploi aux Ferronneries du Midi.

---

221 Il n'a à priori détenu aucun grade dans la Waffen-SS.
222 Il dira s'être engagé à cause du chagrin causé par la mort de sa mère (décédée de congestion cérébrale en février 1944, après avoir passé quatre ans paralysée), et aussi par esprit d'aventure. Bien que peu formé politiquement, il expliqua toutefois n'avoir pas voulu rejoindre un mouvement de résistance en 1944, car les considérait comme communistes et ennemis de la France.
Sabourdy est décrit comme un garçon très émotif, renfermé, parfois dissipé et éparpillé. Il avait également un aspect très juvénile. Il aurait souffert de l'indifférence de sa mère après la naissance de sa petite sœur. Il a également traversé une « crise de mysticisme » à l'âge de 14/15 ans.

Poèmes de Sabourdy, écris en 1942, alors qu'il se trouve à l'internat, au lycée

L'injustice (bis)

Je sais et je crois, Oh! Mon Dieu
Que l'injustice d'ici-bas
Que l'on peut voir en tout lieu
Sera finie dans l'au-delà.

On voit, surtout dans les pensions
De beaux garçons, très grands et forts
Employant leur constitution
À maltraiter les petits corps.

Partout, dans la cour de récré
On entend des cris et des pleurs
Un galop, une fuite effrénée
On ne regarde pas ce "petit malheur".

Qu'y a-t-il dans le vaste monde?
: Injustice et persécution
Ce sont là pour bien du monde
"Les seules Vertus" ou "Distractions"

Pauvres êtres sans défense
Ne pleurez plus, imitez-moi
Croyez en DIEU et l'espérance
Vous remplira d'aise et de joie.

À ma mère

I
Pour la fête des mères
Joyeux te dire maman,
Le doux amour sincère
Que j'ai pour toi constamment.

II
Je te vois,... près de la forêt
Courant sans cesse et voyageant
Labeur monotone où dis-tu tout est
Tu te donnais entièrement

III
Je te vois, lavant le lessive,
Blanchissant notre linge à tous
Toujours joyeuse et active,
Et souriant, me avançant le jour

IV
Je te vois travaillant sans tout
Dans la cuisine où tout cuit
Car tu ne te couches la nuit
Qu'une fois ton travail fini.

Tu m'as serré tendrement
D'une caresse sentant mes pleurs
Et me consolant doucement
Quand j'avais un petit malheur.

Tu m'aimais bien à ce moment
Mais je ne le comprenais pas
J'étais trop habitué tellement
À entendre près de moi tes pas.

Il a fallu que je te quitte
Que j'aille loin de toi longtemps
Pour m'apercevoir bien vite
Qu'on n'a jamais qu'une maman.

Aussi en t'embrassant tendrement
Je t'assure chère maman
Que j'attendrai impatiemment
Les vacances pour te voir longtemps.

Bakut le 25 Mars 1942

Papa!...

I
Cher papa, quand je suis au collège
Où je vis un peu la plaine
Je pense à toi qui pars à la neige
Fais ton travail!... Alors je t'aime.

II
Je t'aime papa, je t'admire,
Oui, j'admire ta patience
Car tu as la force de rire
Malgré ton travail sans vacances.

III
Quand tu as fini ta tournée
Tu arrives à la maison
Et tu ne finis ta journée
Par aucune des distractions.

IV
Tu lis, tu bois, tu sers
Tu fais la cuisine et la vois
Tu repars, tu jardines... aussi
Je t'aime papa, et c'est tout.

Pendant ce temps je ne sais rien!
Non papa je ne veux plus
Que tu travaille pour mon bien
Donc à l'école je n'irai plus

Je te veux mon cher papa,
Car tu as assez travaillé
Tu ne m'en empêchera pas!
Car il est temps de te reposer!

Dieu père et mère
Que durera qu'un temps
Est venu la misère
Et le deuil pour longtemps!

J'ai confiance en DIEU,
et aux aïeux
en la France
son enfance!

Bakut le 30 Avril 1942

Oh ! Patrie !

Oh ! France, ma patrie,　　　　Quand, contre ta pensée
En te voyant meurtrie　　　　　Tu déclara la guerre
Je pense aux jours glorieux　　Tu y fus entrainée
Que virent nos aïeux !　　　　　Pour défendre la terre !

La ~~...~~ est tournée　　　　　Mais tu n'étais pas prête
~~...~~ heureux ~~...~~　　　　　L'ennemi le savait
~~...~~ Oh ! ~~...~~ aimée　　　Car depuis longue traite
~~...~~ que je le puis !　　　　Tu croyais en la paix

Tu ~~...~~ patrie,　　　　　　　De cette éphémère
C'est la mort ~~...~~　　　　　　Qui ne dura qu'un temps
Je ~~...~~ ~~...~~　　　　　　　Est venue la misère
Pour pouvoir te ~~...~~ !　　　Et le deuil pour longtemps

　　　　Mais j'ai confiance en DIEU,
　　　　Et comme tes aïeux
　　　　Tu reverra la France
　　　　Revivre son enfance !

Bahut le 6 Mai 1946
　　　　　　　Jabouet

Marché noir, nous voilà !

Refrain :
Marché noir, nous voilà,
Arrête toi, nous courrons à outrance,
Nous jurons, nous tes gars,
Pour étouffer De marcher sur tes pas
Marché noir, nous voilà,
Tu nous a redonné l'endurance
La Patrie respira,
grâce à toi, Marché noir
~~Marché noir, nous voilà, désormais, nous voilà !~~

I
La guerre est terminée,
Du moins pour le moment,
Et la France ~~...~~ affamée.
Te salue Marché noir.
Tous les ouvriers t'aiment
Et vénèrent ta vie
Aussi autant qu'ils peuvent
Te pratiquent à l'envie.

II
On luttera sans cesse
Pour l' salut de son corps
~~Avec les poulets d' Bresse~~ pour engraisser les femmes
~~Et on ... de l'or~~ il nous faut de gros gars
En nous rendant la vie,
L'espoir et le vent' plein
Tu sauve la Patrie
En nous faisant du bien. Jabouet
Bahut le ~~...~~

« Testament » d'André Sabourdy, écrit sur un cahier d'écolier[223]

Mercredi 20.X.43

Je m'ennuyais ce soir, alors j'ai pris ce cahier presque neuf et je l'ai commencé ; je ne sais pas si je le terminerais car j'entreprends beaucoup de choses mais ne fais presque rien...

Peut-être en écrivant avec mon stylo aurais-je plus de goût à écrire !

Je travaille au G.I.L depuis le 7 octobre 1942, cela fais donc plus d'un an. Si vous saviez toutes les bêtises que j'ai pu faire jusqu'à aujourd'hui !

Parfois on me traite de timbré pour ne pas dire de fou ! Et je m'aperçois que les gens ont raison ! Ainsi d'écrire ce cahier ne suis-je pas fou ?

Donc je ne suis pas normal ;

J'ai pourtant fait connaissance, enfin je me suis fait remarqué par une jeune fille Mlle Siaux. Elle travaille comme vendeuse chez « CHARLES BOTTIER » mais je suis trop bête et trop laid avec mes dents en live pour qu'elle puisse m'aimer.

Voici la page deux. En somme je suis trop malheureux. Je dois suivre un cours de comptabilité. Qu'en adviendra t-il ? Je ne sais.

Parfois, me rendant compte de ma stupidité, j'ai envie de partir me battre avec n'importe qui, contre n'importe qui.

Nous sommes le 20 et je n'ai que 5 francs pour arriver à la fin du mois ; Je suis un dépensier...

En un mot j'ai tous les défauts... Je suis un con...

Je n'ai jamais embrassé une fille, pourtant avec ma stupidité je fais beaucoup de choses...

Si je suis ainsi c'est un peu la cause de mes parents... Dieu nous vois et nous juge...

J'avoue que je suis un mécréant, pourtant je donnerais volontiers ma vie pour n'importe qui. Vous voyez bien que je suis idiot...

Donc j'aime, ou je crois aimer Mlle Siaux, dès qu'il fera nuit à 6 heures je lui parlerai car en plein jour je n'ose pas.

Mais en écrivant ça sûr qu'elle me repoussera j'espère qu'elle n'en fera rien.

J'ai besoin en effet de quelqu'un qui m'aime, qui me console à qui je puisse me confier ;

---

223 La graphie a été respectée...

Je n'ai jamais connu une mère aimante qui vous console, à qui vous pouvez confier vos chagrins et qui vous apprend à être bon.

Je n'ai jamais connu un père ferme mais doux ; que l'on aime comme un vrai père ; qui vous conseille et fait de vous un homme.

D'après moi je crois qu'il me faut m'élever seul et je m'aperçois que c'est éminament dur. J'ai bien deux frères que j'aime bien et qui je crois m'aiment bien aussi mais cela ne remplace pas un VRAI père et une VRAIE mère.

J'ai aussi une sœur que je dois dire aimer.

Vous le voyez je suis seul...

J'ai l'impression de vivre dans une pension de famille où l'on ne vous engueulerai pas d'avoir laissé la lumière trop longtemps allumé...

Mon enfance s'est passée entre les disputes de mon père avec ma mère ou de ma mère avec mon père. Car je crois bien que mon père est travailleur... et ma mère a élevé 4 enfants ; élevé n'est pas le mot car élever veut dire haussé, elle les a plutôt fait vivre....

Dans notre famille peu de choses va. Nous vivons 229 faubourg de Bonnefoy en cette « belle » ville de Toulouse avec ses rues du moyen-âge et ses immeubles qui rappelle les seigneurs, nous vivons donc dans un véritable TAUDIS.

Je m'empresse de dire que ma mère est paralysée et n'écoute que Marie-Thérèse, que je suis un salaud et que papa fait sa tournée, travaille le jardin, fait la cuisine et nous ravitaille...

Si DIEU me pardonne tout ce que je lui ai juré et que je n'ai pas tenu...

Tintin est en Allemagne avec Raymond qui est marié avec Jeannette et a une petite fille Paulette que j'aime beaucoup.

Mais voilà qu'il se fait tard je vais au lit et je vais me passer de la Marie-Rose car j'ai des toux...

J'ai dis plus haut que parfois j'avais envie de partir aller me battre contre n'importe qui etc...
Mais à quoi cela servirait-il ?
A rien car l'humanité est méchante, il y a toujours eu des guerres, il n'y en aura j'espère pas toujours.
Mais les hommes n'en sont pas là.

Je demande comme dernière volonté que Marie-Thérèse ne soit jamais en pension au lycée, j'ai mes raisons que je ne sais pas transcrire.

Sur ce 1er jour je ferme le cahier en disant que après cette vie est la vie éternelle.

PS :
A mon enterrement ni fleurs ni regrets. Je m'explique :

Si après ma mort je vivais au purgatoire je serais plus heureux que les vivants car j'aurais la promesse d'aller au ciel et je ne mérite pas qu'on me pleure.

Si je vais en enfer je n'aurais été devant mon passage sur terre qu'un être malfaisant et je ne dois pouvoir voir couler une larme de regret sur ma tombe.

Honoré SAMARA

Chef de trentaine du SOL & de la Franc-Garde bénévole (Auterive - Haute-Garonne)

Honoré Simon Samara est né le 22 décembre 1906 à Auribail (département de la Haute-Garonne). Secrétaire de mairie à Auribail, il était chef de trentaine du SOL puis de la Franc-Garde bénévole, et dépendait du canton d'Auterive[224]. Il fera l'objet de menaces de la part de Radio-Londres, au printemps 1944[225]. Abonné à « Gringoire » et au journal « Le Franciste ».

Arrêté le 18 janvier 1945 par la gendarmerie à Saint-Sulpice. Jugé le 25 juillet 1945 par la Chambre civique de Toulouse, il est condamné à la dégradation nationale.

Décédé le 12 septembre 1989 à Lagardelle-sur-Lèze.

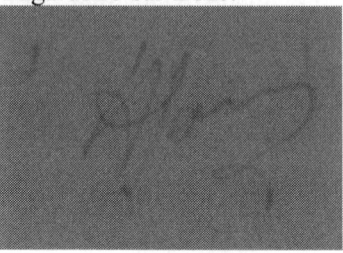

---

[224] Il était donc probablement chef cantonal d'Auterive, malgré qu'il résidait à Auribail (qui n'a jamais été chef-lieu de canton).

[225] Samara démissionna en septembre 1943, avec la plupart des miliciens de la région d'Auterive (information confirmée par Pourquié).
Mais à la date du 3 mai 1944, il est toujours dans les rangs de la Milice (lettre de Frossard au préfet, qui demande le maintien de son permis de port d'arme). Il est donc possible que Samara ait redonner son adhésion entre temps, et qu'il n'avait plus aucun grade.

Gaston SAÜT

SS-Frw. Unterscharführer (SS-Werber – XVII SS-Oberabschnitte Donau)
Caporal / Gefreiter

Promotions :
Caporal / Gefreiter[226]
SS-Frw. Schütze : 06.12.1944
SS-Frw. Unterscharführer[227] : 10.12.1944

    Gaston Saüt est né le 19 juillet 1913 à Tarbes (département des Hautes-Pyrénées). S'engage à la LVF le 5 décembre 1941[228], au grade de caporal[229]. Intégré au IIIème bataillon, il monte en ligne avec celui-ci, fin avril 1942. Blessé lors d'une patrouille le 7 juin 1942, il est amputé du bras gauche, et hospitalisé à Smolensk (puis Varsovie du 15 août au 15 septembre, et enfin Stuttgart). Il séjourne ensuite à l'hôpital de Suresnes jusque fin mai 1943. Rejoint Versailles et est réformé fin août 1943[230].

    Après un séjour chez ses parents à Nantes, il part à Paris, pour tenter de trouver du travail. Se porte ensuite volontaire pour le travail en Allemagne fin novembre 1943. Affecté comme chef de camp et vaguemestre à l'usine Saurer, à Vienne. Il se fera remarquer par son impartialité et sa compréhension envers les requis[231]. Il est intégré à la Waffen-SS le 6 décembre 1944, comme recruteur (*SS-Werber*) de la XVIIème région militaire SS (*Ergänzungsstelle der Waffen-SS*) -Donau-, à Vienne.

    Passe en Italie fin avril 1945, afin de rejoindre la France clandestinement. Jugé le 8 août 1945 par la Cour de justice de Toulouse, il est condamné à cinq ans de travaux forcés, la dégradation nationale, la confiscation de ses biens et dix d'interdiction de séjour en Haute-Garonne.

---

226 Il est possible qu'il soit nommé sergent après sa blessure. Car après tout, il fut Unterscharführer dans la Waffen-SS, dès son incorporation...
227 Un document officiel du 30 mars 1945 le cite comme « SS-Uscha. » et non pas « W-Uscha. ».
228 D'après ses dires, il s'engagea pour éviter la prison, car il fut condamné à deux ans avec sursis pour désertion, et trois mois de prison pour marché noir peu avant !
229 On lui fit signer une adhésion au PPF au camp de Deba. Ayant voulu donner sa démission en août 1943, on lui répondit qu'il n'avait jamais figurer sur les listes !
230 Ou le 30 avril 1943 selon une source tiers.
231 Il recevra un témoignage à décharge à son procès, certifiant qu'il n'a jamais fait de politique au sein du camp, qu'il n'a jamais dénoncé de compatriotes aux autorités (malgré qu'ils soient anti-nazis), et qu'il s'est opposé du mieux qu'il put au chef allemand, particulièrement méprisant envers les français non volontaires.
    Saüt a également fait tout son possible pour que les rations alimentaires ne soient pas trop réduites, et faisait passer sans limite la correspondance des travailleurs (alors qu'elle était limitée à deux lettres expédiées par mois par personne).

Jean SAUVAGE

Chef du Corps Franc du Francisme (Haute-Garonne)
Chef du 5ème Service du SOL (Haute-Garonne)
Chef de trentaine du SOL (Toulouse – Haute-Garonne)

Jean Sauvage est né le 5 décembre 1916 dans le XIVème arrondissement de Paris. Il adhéra à la section jeunesse des Croix de feu, de 1933 à septembre 1935 (date où il démissionne, en accord avec plusieurs membres du comité directeur). Quitte Paris pour Toulouse (où vivent ses parents) en octobre 1934. Adhère au « Cercle Charles peguy » en 1937. Entre à l'école vétérinaire de Toulouse en 1938. Mobilisé en septembre 1939, au 20ème Dragons à Limoges. Il suit un cours de peloton d'élèves vétérinaires, et est envoyé à Saumur, puis au dépôt militaire de la ville d'Angers, au service vétérinaire (il avait le grade de brigadier-chef). Démobilisé le 30 juillet 1940 à Nantiat. Il ne reprend les cours à l'école qu'en janvier 1941.

En juillet 1941 il adhère à la LFC, et au SOL en octobre de la même année (dès sa création à Toulouse donc). Nommé chef de trentaine du SOL quelques semaines plus tard, chargé de la trentaine « école vétérinaire ». En avril 1942 il prend la direction d'une autre trentaine (dépendant de la centaine du franciste Bachala). Devient comptable (probablement chef du 5ème Service) du SOL (à la permanence de l'allée Jean Jaurès) en juillet 1942 (perd son grade à ce moment là), appointé 1500 francs par mois. Il démissionne du SOL fin septembre 1942, et se consacre entièrement au Francisme[232] (membre depuis janvier 1942), avec le titre ronflant de chef du Corps Franc. Il assista au congrès national tenu à Paris. Son rôle était notamment de vendre le journal du Francisme à la criée dans la rue.

Arrêté par le SD le 5 avril 1943, à cause d'une méprise[233], et incarcéré à la prison militaire Furgolle. Malgré le peu de preuves avancées contre lui, et une lettre en sa faveur de la direction générale du Francisme au SD de Paris, il est déporté le 16 juillet suivant. Passe par Fresnes, Buchenwald, Dora et enfin Ravensbrück. Libéré par l'avancée alliée, il rentre en France le 27 ou 28 mai 1945, et se cache à La Romagne, puis à Saint-Jouin-sous-Châtillon, et enfin à Paris. Revenu à Toulouse chez sa mère en juillet 1946, il y est arrêté par la police le 30 décembre de la même année, et incarcéré à la prison Saint-Michel.

Condamné à mort par contumace depuis le 18 octobre 1945 par la Cour de justice de Toulouse. Rejugé, il est condamné aux travaux forcés.

---

232 Il est exclu de l'école vétérinaire par le directeur (Marcel Petit) en octobre 1942, sous le prétexte d'insuffisance de travail (Sauvage avait échoué deux fois aux examens, et ne pouvait se présenter une troisième fois). Mais en fait, le directeur voulait juste écarter un élément collaborationniste de son école.
Arrêté par le SD le 15 avril 1943 (semble t-il sur dénonciation de Sauvage, en colère contre lui), il reverra son ancien élève au camp de Dora en juillet 1944 !

233 On le soupçonne de fabriquer des fausses pièces d'identité, de voyages douteux en Espagne, l'identité véritable d'un certain « Monsieur Pierre », agent gaulliste à Nîmes. Sauvage nie les accusations en bloc.
Selon toute vraisemblance, le SD l'aurait confondu avec Jean Sautet, alias Sauvage, résistant membre du S.R.A gaulliste, qui passait effectivement en Espagne et rencontrait des officiers anglais !
Jean Sauvage avait pourtant donner des renseignements concernant des potentiels agents du 2ème Bureau gaulliste à des agents du SD (dont son ancien supérieur, Bachala), et était profondément collaborationniste. Durant son arrestation, il se déclara prêt à s'engager à la LVF (il avait déjà manifester ce désir avant son arrestation, mais sa mère s'y était opposée, en raison de sa supposée santé).

Claude SCHLATTER

Waffen-Grenadier der SS
Légionnaire / Soldat

Promotions :
Légionnaire / Soldat
Waffen-Grenadier der SS : 01.09.1944

Claude Edwin Marcel Schlatter est né le 28 avril 1927 dans le XIIème arrondissement de Paris, d'un père suisse et d'une mère française. Monteur de chauffage central à Toulouse (dans l'entreprise de son père)[234], il s'engage dans la LVF (matricule 13160) le 14 mai 1944, sans le consentement parental[235]. Incorporé à Versailles le 23 mai suivant.

Dirigé sur Greifenberg le 6 juin suivant. Il reste affecté dans ce camp (régiment de réserve) jusqu'en octobre 1944, date où il est envoyé à Brüss. Le 28 octobre il regagne Wildflecken. Combat en Poméranie dès le 24 février 1945[236]. Blessé le 28 février ou début mars (par des éclats de bombe d'avion aux jambes), il est évacué et hospitalisé. Capturé par les américains dans un hôpital de Westphalie en avril 1945.

Incarcéré à la prison de la Santé, puis à Toulouse. Jugé le 13 mars 1946 par la Cour de justice de Toulouse, il est acquitté comme ayant agi sans discernement. Remis à son père jusqu'à sa majorité (où il choisira la nationalité suisse), il s'installe à Bellinzona, en Suisse.

Pierre SIGAUD

Waffen-Grenadier der SS
Franc-Garde permanent (Haute-Garonne, Lot-et-Garonne)

Pierre Sigaud est né le 8 avril 1920 à Saint-Etienne (département de la Loire). Ouvrier mineur à Saint-Genest-Lerpt (Loire), il s'engage dans la Franc-Garde permanente de Toulouse le 4 avril 1944. Il est assez vite envoyé à l'unité du Lot-et-Garonne, au château de Ferron (Tonneins). Il fit partie d'un groupe envoyé à Angoulême en juillet 1944, afin d'épauler les forces locales de la Milice.

Versé dans la Waffen-SS, il combat en Poméranie dès février 1945. Fait prisonnier par les russes durant la retraite, il sera hospitalisé à Bad Polzin, ayant eu les pieds gelés.

Jugé le 25 janvier 1946 par la Cour de justice de Toulouse, et condamné à vingt ans de travaux forcés, la dégradation nationale à vie et la confiscation de ses biens (présents et à venir).

---

234 Peu passionné par les études, il quitta le collège à l'âge de quinze ans pour travailler avec son père (il avait « sécher » par deux fois les cours afin de rejoindre son père sur les chantiers !).

235 Schlatter quitta le domicile familial, qu'il trouvait étouffant en raison des disputes incessantes entre ses parents. Il est également décrit comme ayant des sentiments anti-bolcheviques depuis plusieurs années.

Schlatter père écrira au secrétaire de la LVF de Toulouse, afin de demander la résiliation de son engagement : « Appartenant à une nation neutre, j'observe la stricte neutralité et ne peux donner dans ces conditions mon assentiment à cet engagement qui, en raison de la minorité de mon fils, est à considérer comme illégal. »

236 Schlatter déclara avoir été versé à une « compagnie technique » dès octobre ou novembre 1944, en raison de son statut d'épileptique (témoignage confirmé par un infirmier issu de la LVF).

Mais il avoue plus loin avoir été armé en Poméranie, ce qui est contradictoire...

Myrtil TELLIER

Chef de centaine du SOL (Villefranche-de-Lauragais – Haute-Garonne)

Myrtil Émile Tellier est né le 31 juillet 1908 à Vindey (département de la Marne). Comptable pour l'Entrepôt des tabacs de Villefranche-de-Lauragais.

Chef du SOL de l'arrondissement de Villefranche-de-Lauragais à partir de mars 1942, avec le rang de chef de centaine (16ème centaine de Haute-Garonne). Limogé début février 1943[237], jugé comme insuffisant et n'ayant pas les qualités morales requises. Il fut toutefois porté sur les listes de la Milice (matricule 2113).

Arrêté le 3 septembre 1944 à l'école vétérinaire de Toulouse. Jugé le 25 juillet 1945 par la Chambre civique de Toulouse, il est condamné à dix ans de dégradation nationale.

Jules TILHOL

Secrétaire départemental de la LFC (Haute-Garonne)
Chef du 2ème Service de la Milice Française (Haute-Garonne)

Jules Clément Tilhol est né le 6 juin 1887 à Bordeaux (département de la Haute-Garonne). Secrétaire administratif du Parti Social Français avant-guerre, capitaine de réserve et retraité des douanes. Chef régional du 2ème Service de la LFC à Toulouse à partir de début mars 1943[238]. Il devient chef du 2ème Service départemental de la Milice peu après dans le mois[239].

Il démissionne de la Milice le 15 avril 1943, et s'abstient ensuite de tout rapport avec elle. Il fera l'objet d'une lettre de menaces, en octobre 1943, lettre supposément écrite par des résistants communistes, mais en fait probablement rédigées et expédiées par la Milice[240]. Inspecteur des services sociaux de la LFC depuis avril 1943, il est nommé secrétaire départemental de la LFC de Haute-Garonne le 1er juin 1944. Il était rémunéré 4000 francs par mois.

Arrêté le 23 août 1944. Jugé le 11 juin 1945 par la Chambre civique de Haute-Garonne, il est acquitté.

---

237 Tellier dira avoir démissionné le 8 décembre 1942. C'est faux.
238 Il dira avoir été chef de la comptabilité de la LFC départementale depuis le 1er janvier 1943.
   Or, une note des R>G (source moyennement fiable) l'indique à la tête du 2ème Service régional de la LFC au 3 mars 1943...
239 Cité à ce poste le 28 mars 1943.
240 Près de deux cent lettres avaient été envoyées à diverses personnalités de la région toulousaine -officiels, miliciens, voire même des gens n'ayant aucun rapport avec la collaboration ou la résistance- dans le but de les effrayer et d'agiter l'épouvantail du communisme.
   Cette opération « false flag » aurait été lancée sur l'idée de Philippe Henriot, lors de son passage à Toulouse. Les timbres des lettres n'ayant pas été oblitéré, la complicité d'un agent des PTT (en l'occurence Julien Saint-Jean, qui était à son poste de nuit au moment où les lettres furent envoyées) paraît certaine.

Joseph TOUGE

Secrétaire départemental de la LVF (Haute-Garonne)

Joseph Touge est né le 16 mars 1902 à Beaumont-de-Lomagne (département du Tarn-et-Garonne). Pilote civil d'aviation, il pilotait sur le territoire français, mais également européen. Il dirige ensuite l'école de pilotage de Poitiers.

Mobilisé en septembre 1939, comme instructeur d'une escadrille de pilotes de chasse à Montauban. N'ayant pu de situation après la défaite, il pense un temps à rejoindre De Gaulle en Angleterre, en octobre 1940. Le délégué régional LVF, Lemaire, lui offre le poste de secrétaire départemental de la LVF de Haute-Garonne[241], en novembre 1941. Touge fut également chargé de prospecter pour l'installation des bureaux d'Albi, Rodez et Mazamet. Jugé peu actif par ses supérieurs, il est congédié au plus tard début mars 1942[242].

Arrêté par les FFI le 39 août 1944. Jugé le 28 juin 1945 par la Chambre civique de Toulouse, il est condamné à la dégradation nationale à vie.

Jean TOURNÉ

Chef de centaine du SOL & de la Franc-Garde bénévole (Cazères – Haute-Garonne)

Jean Adrien Joseph Tourné est né le 5 avril 1914 à Toulouse (département de la Haute-Garonne). Clerc de notaire à Cazères, dans l'étude de son père. Démobilisé durant l'été 1940 il accepte le poste de vice-président cantonal de la LFC de Cazères.

Chef de centaine du SOL[243] puis de la Franc-Garde bénévole de Cazères. Il démissionne de la Milice aux environs du 6 juin 1944, sentant le vent tourner. Devant les menaces de la Milice (ou du maquis...), il se cache avec sa famille chez un oncle à Toulouse, puis à Longages, et enfin à Brive à la Libération. Son beau-frère, médecin de l'Armée Secrète, l'intègre à une unité FFI. Tourné fut ensuite officier d'administration dans la 1ère Armée, participant à la campagne d'Allemagne.

Mis aux arrêts en août 1945. Jugé le 19 septembre 1945 par la Chambre civique de Toulouse, il est condamné à dix ans de dégradation nationale.

---

241 Non certain. Il est simplement dénommé « secrétaire » dans son dossier en justice. Mais étant donné qu'il travaillait sous les ordres de Lemaire, on peut en déduire qu'il s'occupait du poste.
242 Touge dira en avril 1942, mais il s'agit sans doute d'une erreur, car Filiol De Raimond fut nommé secrétaire départemental de la LVF le 10 mars 1942.
243 Il fut le fondateur du SOL dans la localité. Il fut sans doute chef de trentaine à ses débuts.

Pierre De VILLEFORT

Chef de trentaine-adjoint du SOL & de la Franc-Garde bénévole (Toulouse – Haute-Garonne)

Pierre Marie Joseph De Villefort est né le 16 mai 1904 à Labarthe (département du Gers). Mobilisé en septembre 1939, il est affecté en mars 1940 à l'O.N.I.A., à Toulouse. Il y reste employé après l'armistice. Chef de trentaine-adjoint du SOL puis de la Franc-Garde bénévole à Toulouse (dépendant de la 5ème centaine). Démissionne en juillet 1943.

Jugé le 1er août 1945 par la Chambre civique de Toulouse, il est condamné à cinq ans de dégradation nationale.

PARTIE III – Ariège

André AMILHAT

SS-Frw. Sturmmann
Légionnaire / Soldat

Promotions :
Légionnaire / Soldat
SS-Frw. Schütze
SS-Frw. Sturmmann[244]

    André Amilhat est né le 25 novembre 1922 à Villenouvelle (département de la Haute-Garonne). Il travaille dans la ferme familiale, à Pamiers. Se brouillant avec son père, et se retrouvant sans situation, il s'engage à la LVF (matricule 4835) le 10 décembre 1941. Monte au front avec le 10ème Bataillon le 11 mai 1942. Blessé par balle le 2 juin 1942 (au poignet gauche et à la cuisse gauche), et reste hospitalisé à Varsovie jusqu'au 25 juillet. Revenu à Versailles, il bénéficie d'une permission jusqu'au 27 août 1942. Revenu à Kruszyna quelques jours plus tard, il est renvoyé à Versailles pour être démobilisé. Son contrat est résilié le 28 septembre 1942.

    Se porte volontaire pour le travail en Allemagne, et envoyé à Watenstedt. Engagé dans la Waffen-SS le 1er septembre 1943[245]. Suit son instruction de base au camp de Sennheim jusqu'au 25 janvier 1944, puis est envoyé dans une école d'artillerie de Prague. Il commença probablement les cours à l'école SS de Kienschlag, en mai 1944, mais ne suivit pas l'intégralité du cursus. Il combat en Galicie avec la Sturmbrigade Frankreich en août 1944, et fut blessé le 21 août 1944.

    Hospitalisé jusqu'à fin octobre 1944, il regagne Greifenberg. Il aurait été envoyé dans une école de cavalerie en janvier 1945. Son parcours à la Waffen-SS est obscur, mais il semble qu'il combat au sein du Sturmbataillon français à Berlin à la fin de la guerre, car il est capturé par les soviétiques en mai 1945[246].

    Jugé le 28 janvier 1946 par la Cour de justice de Toulouse, et condamné à cinq ans de travaux forcés, la dégradation nationale à vie et la confiscation de ses biens.

---

244 Non certain, mais probable, étant donné le fait qu'Amilhat ait suivit des formations de perfectionnement (Kienschlag, etc) et qu'il a participé à la campagne de Galicie.

245 Il se serait engagé alors qu'il purgeait une peine de vingt et un jours (pour absence irrégulière) dans un camp de travail, où de la propagande pour la Waffen-SS fut faite... Déclaration à prendre avec des pincettes !

246 Selon les propres déclarations d'Amilhat, il fut envoyé à Leipzig vers décembre 1944, il aurait déserté, puis fut repris, à nouveau affecté à Wildflecken. Alors qu'il se trouvait à l'école de cavalerie, il profita d'un transport pour déserter à nouveau, et se réfugia à Prague, puis Berlin, où la fin de la guerre le trouve... Quelle imagination !

Guy BAJARD

Secrétaire fédéral des JPF (Ariège), membre de la Milice Française

Guy Jean-Baptiste Bajard est né le 26 juin 1922 à La Charmée (département de la Saône-et-Loire). Nommé secrétaire fédéral des JPF de l'Ariège au printemps 1942[247]. Il adhèra sans doute aux Amis de la LVF, et à la Milice[248], car il participa à l'apposition de tracts à au moins une reprise. Il part en Allemagne comme travailleur volontaire le 9 mars 1943 (devançant l'appel), en partie dans l'espoir de faire libérer son père, officier prisonnier de guerre en Allemagne.

Arrêté le 17 juillet 1945 en gare de Givry, alors qu'il se rendait au mariage d'un ami. Jugé le 18 septembre 1945 par la Chambre civique de Toulouse, il est condamné à cinq ans de dégradation nationale.

Edmond BALUSSOU

Waffen-Grenadier der SS
Franc-Garde permanent (Ariège)

Edmond Irénée Emile Balussou est né le 18 septembre 1923 à Lapenne (département de l'Ariège). Quitte l'école à quatorze ans, et travaille comme cultivateur à Saint-Amadou. En 1944 il travaille à la Poudrerie Nationale à Toulouse, au titre du STO. Engagé dans la Franc-Garde permanente de l'Ariège en mai 1944[249]. Il participa à plusieurs opérations contre les maquis locaux.

Versé à la Waffen-SS, il combattit en Poméranie, et fut fait prisonnier en mars 1945. Rentré en France en octobre 1945, et arrêté à Valenciennes. Jugé le 4 avril 1946 par la Cour de justice de Toulouse, il est condamné à cinq ans de travaux forcés, la dégradation nationale et la confiscation des biens présents et à venir.

---

247 Le document le plus ancien le mentionnant à ce poste date de juin 1942. A noter que Bajard était déjà membre du PPF depuis juillet 1940 au moins (du moins sa vitrine légale « Les Amis de l'Emancipation Nationale)
248 Cité dans une liste de miliciens travaillant en Allemagne à la date du 17 septembre 1943.
249 Il prétend s'être engagé par peur d'être envoyé en Allemagne pour absence illégale.

René BONNEMAISON

Waffen-Grenadier der SS
Franc-Garde permanent (Ariège)
SOL / Franc-Garde bénévole (Toulouse – Haute-Garonne)

René Aimé Paul Bonnemaison est né le 22 décembre 1918 à Toulouse (département de la Haute-Garonne). Il n'est pas mobilisé en septembre 1939, en raison d'une faiblesse de constitution, mais sert dans la Défense passive. Magasinier-expéditeur dans une usine à Toulouse, il adhère au SOL en décembre 1942. Part pour le STO le 2 janvier 1943, et est envoyé Bruck. Revenu en permission en janvier 1944, il parvient à se faire réformer pour raisons de santé, pour ne pas repartir. Il trouve un emploi d'aide-comptable au camp d'aviation de Francazal. Entré dans la Franc-Garde permanente début mai 1944. Il est muté à l'unité de Foix à la fin du mois (avec plusieurs dizaines de miliciens toulousains). Affecté à la seconde dizaine de la première trentaine. Participe à la plupart des opérations contre le maquis.

Replié en Allemagne, il est versé à la brigade « Charlemagne », dans le bataillon d'artillerie. Envoyé en stage de formation d'artillerie en décembre, avec les autres artilleurs. Ils regagnent la division fin février 1945, alors qu'elle est déjà engagée. Blessé par l'explosion d'un projectile, le 3 mars, alors qu'il sommeillait. Se réveille bien plus tard, à hôpital, et finit à celui de Karlsbad.

Il part à Prague en mai 1945, afin de retrouver sa femme tchèque, épousée l'été 1943 durant son séjour STO (avec qui il a eu une petite fille). Il se rend de lui-même à la Sécurité militaire de la ville.

Jugé le 13 mars 1946 par la Cour de justice de Toulouse, et condamné à cinq ans de prison, la dégradation nationale à vie et la confiscation de ses biens.

René BRAUER

Chef de main de la Franc-Garde permanente (Ariège)
Chef de trentaine de la Franc-Garde bénévole (Lavelanet - Ariège)

Promotions :
SOL / Franc-Garde bénévole
Chef de trentaine (Franc-Garde bénévole) : 1943
Chef de main (Franc-Garde permanente) : mai 1944

    René Thiébaut Brauer est né le 23 juin 1901 à Saint-Lô (département de la Manche). Mécanographe à l'O.N.I.A de Toulouse de 1934 à août 1942, date où le couple quitte la ville (à cause de l'état de santé de Brauer), pour l'Ariège, comme contre-maître dans une exploitation forestière à Nalzen. Brauer fut membre du SOL à Toulouse (section de Croix Daurade) puis dans l'Ariège.
    Après la création de la Milice, il devient chef cantonal de la Franc-Garde bénévole de Lavelanet, avec rang de chef de trentaine. Mobilisé dans la Franc-Garde permanente de l'Ariège fin mai 1944, comme chef de main, et affecté à l'école des cadres de Pamiers, comme standartiste téléphonique et planton de garde (des environs du 6 juin à la mi-juillet 1944). Il aurait participé à au moins une expédition anti-maquis, et prit des gardes de nuit à Foix.
    Prend la fuite dans le convoi milicien en retraite à la Libération, et se fait une fracture au pied droit, à Montélimar (en sautant d'un mur). Hospitalisé à l'hôpital de l'Antiquaille à Lyon, il est mis aux arrêts et présenté le 7 novembre suivant à la commission de criblage de Montluc, puis incarcéré à la prison Saint-Paul. Condamné à mort et à la confiscation de ses biens par la Cour de justice de Toulouse, le 22 octobre 1945. La peine sera commuée en travaux forcés.
    Décédé à Toulouse le 27 octobre 1971.

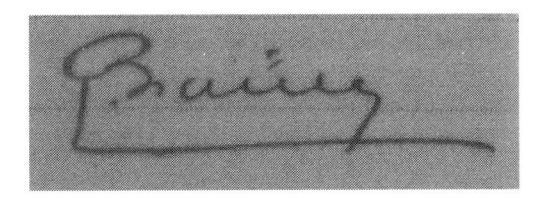

Paul CARALP

Waffen-Rottenführer der SS
Légionnaire / Soldat
Membre du PPF

Promotions :
Légionnaire / Soldat
Waffen-Grenadier der SS : 01.09.1944
Waffen-Sturmmann der SS : 09.09.1944
Waffen-Rottenführer der SS : 01.01.1945

Paul Frédéric Caralp est né le 28 août 1911 à Oran, en Algérie. Membre du PPF depuis 1936, boulanger patissier de métier. En janvier 1941 il entre comme gardien au camp de Rivesaltes, mais est assez vite muté (en mai) à celui du Vernet, en Ariège. Limogé par mesure disciplinaire (il avait laissé évader deux juifs et deux espagnols) en octobre 1941.

Engagé à la LVF (matricule 4905) le 13 décembre 1941[250]. Affecté à la 12ème compagnie, il est porté déserteur (avec plusieurs camarades) à compter du 5 mai 1942. Retrouvé, il est condamné à deux ans de prison par un conseil de guerre. Après six mois de camp disciplinaire, il revient à la LVF, au sein de la compagnie d'état-major du Ier Bataillon. Bénéficie d'une permission du 20 avril au 10 mai 1943. Il sera brièvement hospitalisé (blessé au combat?) du 15 septembre au 2 octobre 1943. Seconde permission du 30 novembre au 20 décembre 1943[251].

Passe à la Waffen-SS, où il est promu au grade supérieur. Il servait au sein de la compagnie d'état-major du Ier Bataillon du régiment SS 58, héritier de son ancienne unité LVF. Il combat en Poméranie, et est fait prisonnier vers le 10 mars 1945.

Jugé le 15 février 1946 par la Cour de justice de Toulouse, et condamné à vingt ans de travaux forcés, la dégradation nationale à vie et vingt ans d'interdiction de séjour (plus tard ramenée à six ans).

---

250 Par besoin d'argent, mais aussi car il se disait ennuyé par la police pour avoir permis deux évasions.
251 Des témoins diront qu'il encourageait les jeunes à s'engager dans la LVF durant sa première permission (passée à Rieucros, en Ariège) et qu'il était fort en gueule, menaçant les habitants récalcitrants à la Collaboration. Mais que lors de la seconde, il se montrait plus discret et ne sortait que le soir (en raison du début des défaites allemandes).

Jean DARVOY

Inspecteur du 2ème Service de la Milice Française (Ariège)

Jean Gaston Jules André Darvoy est né le 21 mars 1921 à Orléans (département du Loiret). Préparateur en pharmacie à Orléans, mobilisé de septembre 1939 à juillet 1940. Démobilisé, il reprend son ancien métier. Condamné à cinq mois de prison par les allemands pour franchissement clandestin de la ligne de démarcation, en janvier 1941 (il portait plusieurs lettres de la part d'amis). Déménage à Castres en août 1941. Afin de ne pas partir au STO, il devient gardien de la paix stagiaire à Paris en avril 1942, affecté à Vanves en décembre de la même année. Le 28 janvier 1944 il bénéficie d'un congé pour maladie, qu'il passe à Issy-les-Moulineaux jusqu'au 6 juin 1944. Ensuite il part pour Aulus-les-Bains, en Ariège.

Passe au maquis de la Crouzette, vers la mi-juillet 1944, car soi-disant il ne veut pas reprendre son poste à Paris. En réalité il fut sans doute chargé de l'infiltrer, car il n'y resta que trois jours et regagna Toulouse avertir Pincemin. Le maquis fut attaqué par les troupes allemandes et françaises le 21 juillet. Darvoy était inspecteur du 2ème Service dans l'Ariège[252].

Darvoy se rend à Castelnau-Durban, pour surveiller le résistant Clovis Dedieu. Le 2 août, ce dernier, ainsi que plusieurs autres, sont arrêtés par Darvoy, Galy et Martinez, au cours d'une opération de grande envergure. Il donne également un plan sur le maquis de la Crouzette, qu'il a fréquenté.

Fuit dans le convoi de la Milice direction Toulouse le 18 août 1944. Il déserte aux alentours de Montpellier (en compagnie de l'inspecteur milicien Martinez), car ne désirant pas passer en Allemagne. Il s'engage dans une unité FFI locale, comme aspirant ! Il est affecté à la compagnie de garde aux prisonniers de guerre. Il combat en Allemagne, au sein de la 2ème compagnie du 1er Régiment de Tirailleurs Marocains (affecté à cette unité à compter du 20 mars 1945), comme caporal-chef responsable d'une pièce de mortiers de 60. Après la fin de la guerre il est secrétaire et comptable de la compagnie. Arrêté le 23 octobre 1945, alors qu'il se trouvait avec son unité à Bourg-en-Bresse.

Jugé le 8 mars 1946 par la Cour de justice de Toulouse, et condamné à sept ans de travaux forcés, la dégradation nationale à vie et la confiscation de ses biens (présents et à venir). Il fera une demande d'engagement pour le Corps expéditionnaire en Indochine, qui restera lettre morte.

---

252 Il prétendit n'être entré à la Milice que vers le 25 juillet 1944, après s'être échappé du maquis de la Crouzette, attaqué par les allemands. Il prétendit être entré en contact avec l'intendant Marty, afin de lui demander de l'aide ! Ce dernier le renvoya alors vers Pincemin, qui le nomma inspecteur.
Histoire invraisemblable, mais qui retint l'attention des policiers chargés de l'affaire Darvoy. En réalité, Darvoy était sans doute membre de la Milice depuis juin ou début juillet 1944.

Émile FARGEAUDOU

Chef de trentaine de la Franc-Garde bénévole (Mirepoix – Ariège)
Secrétaire de section du PPF (Mirepoix - Ariège)

Émile Léon Fargeaudou est né le 7 juin 1917 à Nedde (département de la Haute-Vienne). Chirurgien dentiste, il tient un cabinet à Mirepoix. Combat comme sous-lieutenant dentiste en 1940. Adhère à la LFC puis au SOL. Il est secrétaire de section du PPF de Mirepoix. Devient chef cantonal de la Franc-Garde bénévole de Mirepoix, en octobre 1943[253], avec le rang de chef de trentaine. Il ne recruta qu'une poignée de nouveaux adhérents semble t-il[254].

Appelé pour la relève en Allemagne, son départ permet de faire libérer un ami et collègue à lui, également dentiste[255]. Part pour l'Allemagne le 28 mai 1944, en qualité de chirurgien-dentiste au Stalag XVIII/A, en Autriche.

Rentré en France via l'Autriche et l'Italie, comme requis STO. Il se cache chez ses parents, à Nedde, où il est arrêté par la gendarmerie, le 8 juin 1945. Condamné à quinze ans de travaux forcés par la Cour de justice de Haute-Garonne, le 13 octobre 1945. Commuée en dix ans le 11 novembre suivant, puis à quatre ans le 9 mai 1946.

Georges COMMENGE

Chef de trentaine de la Franc-Garde bénévole (Le Mas d'Azil – Ariège), membre du PPF

Georges Commenge[256] est né le 16 avril 1920 au Mas d'Azil (département de l'Ariège). Ebéniste de métier. Chef de trentaine de la Franc-Garde bénévole au Mas d'Azil[257]. Décrit comme un jeune impulsif, tout excité par le pouvoir que lui confère son poste et son arme. Il était aussi membre du PPF. Participe au quatrième stage organisé à Uriage (25 mai au 4 juin 1943). Démissionne le 28 juin 1943.

Part travailler en Allemagne quelques jours après. Il bénéficie d'une permission en janvier 1944, pour la naissance de son second enfant. Il décide de ne pas regagner l'Allemagne à l'issue de celle-ci. Il se cache chez des amis, puis dans des maisons inhabitées. Intègre le maquis en mai 1944, puis le Corps franc Pommiès fin juillet 1944. Il participera à de nombreuses actions durant l'été 1944, puis aux combats devant Autun et Belfort. Arrêté le 28 novembre 1944 à son domicile.

Jugé le 7 juin 1945 par la Chambre civique de Toulouse, il est relevé de l'indignité nationale.

---

253 Source : interrogatoire de Fargeaudou (qui prétend n'avoir accepté le poste que pour éviter le départ au STO). Mais il est possible qu'il entre en fonction dès la défection de Begué, en mai 1943. Selon Jean Galy, il est nommé à ce poste en février 1944 seulement.
254 Il est mentionné (dans une attestation signée Meyniel) comme membre de la Franc-Garde permanente, au 22 mars 1944. Mais probablement dans le but de ne pas le faire partir pour la relève que réellement incorporé !
255 Le dentiste lieutenant Frédéric Brun, détenu au Stalag XIII/F, à Frankenthal.
256 Son nom est parfois écrit « Commenges », mais de manière plus rare (les listes de port d'arme et le dossier en justice semblent confirmer « Commenge ».)
257 Cité à ce poste le 20 mai 1943. Commenge était toutefois subordonné au chef Péquart.
A noter qu'il fut membre du SOL auparavant, mais on ignore s'il détenait un grade.

André GERBER

Waffen-Unterscharführer der SS
Sergent / Unteroffizier

Promotions :
Légionnaire / Soldat
Caporal / Gefreiter : 21.11.1942
Sergent / Unteroffizier : 20.03.1944
Waffen-Unterscharführer der SS : 01.09.1944[258]

André Gerber est né le 31 janvier 1909 dans le dans le Xème arrondissement de Paris. Apprenti boucher, puis apprenti boulanger (avec son père, à Paris) jusqu'en 1929. Fait son service militaire comme volontaire, durant trois ans, en Algérie et en Syrie. Mobilisé de septembre 1939 à juillet 1940, comme ouvrier boulanger au 22ème C.O.A.

Il travaille ensuite comme docker, à Sète. Condamné à trois mois de prison pour vol de plusieurs kilos de pommes de terre, en juin 1941. Ne trouvant pas de travail après sa libération de la prison de Montpellier, son caractère s'aigrit. Après une dispute avec sa mère[259] (chez qui il vivait – à Sète - avec ses trois enfants, depuis le décès de sa femme), il s'engage dans la LVF le 30 janvier 1942, comme soldat.

Assigné à la 1ère compagnie, avec laquelle il resta (sans doute) jusqu'à juin 1944, date où il fut blessé, et hospitalisé à Borisov[260]. Il fut intégré au sein de la brigade « Charlemagne »[261], avec laquelle il combattit en Poméranie.

Rapatrié avec des prisonniers français en mai 1945, il part habiter chez sa mère, à Goulier (Ariège). Arrêté par deux gendarmes à son domicile le 26 juin 1945. Jugé le 29 août 1945 par la Cour de justice de Toulouse, il est condamné à la peine de mort. Sa peine sera commuée en travaux forcés à perpétuité, et il sera incarcéré à Eysses.

---

258 Encore cité à ce grade au 15 février 1945.
259 Celle-ci hébergeait également des réfugiés alsaciens chez elle. Gerber ayant eu des relations avec une femme de la famille, la mère de Gerber le lui reproche, et ils se disputèrent.
Gerber s'engagea à la LVF sans prévenir sa famille, et ne donna pas de nouvelles durant sept mois. Toutefois, il envoyait de l'argent régulièrement, sans en donner l'origine.
Il déclara également avoir été pris par les allemands en train de franchir la ligne de démarcation, fin janvier 1942, et que ces derniers lui donnèrent le choix entre le camp de concentration et la LVF (douteux)...
260 Selon une autre version qu'il donne, il contracta le typhus et fut hospitalisé dès mai 1944.
261 Il fut, selon ses dires, chauffeur d'une colonne de transports (Fahrschwadron).

Gustave HAVRE

Waffen-Grenadier der SS
Chef de dizaine de la Franc-Garde permanente (Ariège)
Franc-Garde bénévole (Montauban - Tarn-et-Garonne)

Promotions :
Franc-Garde (Franc-Garde bénévole) : février 1944
Franc-Garde (Franc-Garde permanente) : 24.03.1944
Chef de dizaine (Franc-Garde permanente) : juillet 1944
Waffen-Grenadier der SS

      Gustave Jimmy Havre est né le 2 janvier 1925 à Fort-de-France, en Martinique, d'un père officier d'active. Il passe son enfance et son adolescence à suivre son père dans ses différentes mutations à travers le monde[262]. En mai 1939, alors qu'il se trouve à Casablanca, il passe avec succès l'examen d'entrée à l'école militaire de La Flèche. Quitte le Maroc pour la métropole un mois plus tard, et s'installe avec sa famille à Montauban, où son père a été muté.

      Il entre à l'école de La Flèche en septembre 1939, dans l'espoir de passer plus tard par Saint-Cyr et Saumur. L'école est dissoute en mai 1940, devant l'avancée allemande, et les élèves doivent regagner leurs foyers par leurs propres moyens. Il regagne l'école, transférée à Valence, en novembre 1940. Renvoyé de l'école le 6 juin 1941, suite à une plaisanterie ayant mal tournée[263]. Revenu à Montauban, il passe la première partie du baccalauréat. En octobre 1941 il s'inscrit au collège Saint-Théodart de Montauban, pour préparer la seconde partie du bac, option mathématiques, qu'il réussit en juin 1942. Après des vacances d'été à Briançon, il entre au collège d'Etat de Castelsarrasin en octobre 1942, et prépare la partie philosophie. Après un mois et demi de vacances à la campagne, il regagne Montauban en août 1943. Il suit alors des cours par correspondance (physique, chimie, philosophie) jusqu'en février 1944.

      Ayant fait la connaissance du milicien Guy Houard à l'été 1943, et séduit par le programme de la Milice (notamment suite à des réunions et une causerie du propagandiste Filippi)[264], et il s'inscrit comme Franc-Garde bénévole en février 1944[265]. Il s'engage dans la Franc-Garde permanente le 24 mars 1944, et est affecté à l'unité de l'Ariège. Instruit, il participe à des gardes devant le siège de la Milice de Foix et la

---

[262] En Martinique, Beyrouth, Syrie (suit les cours secondaires au collège des Dames Blanches), puis Aix-en-Provence à partir de 1931. En 1933, il est muté au Sénégal, à Saint-Louis (étudie au lycée Faidherbes), à Tanger à partir de 1937.

Havre vient d'une famille militaire :
-Son père, Gustave Havre, engagé volontaire en 1917, combattant trois années en Syrie, fut fait prisonnier en juin 1940, alors qu'il servait au sein du 3ème R.I.C. Il ne sera libéré qu'en 1945.
-Son frère Louis, capitaine des Tirailleurs algériens, six blessures, Chevalier de la Légion d'honneur, deux citations.
-Son frère Raphaël, lieutenant au 43ème R.IC. Blessé trois fois, invalidité à 65%, Chevalier de la Légion d'honneur, Croix de guerre avec deux palmes.
-Son frère Horace, ingénieur chimiste, résistant arrêté alors qu'il franchissait la frontière. A pu s'évader après un long séjour en prison et rejoindre l'Afrique du nord.

[263] Havre ne s'étend pas là dessus. Il explique juste trois élèves furent hospitalisés « suite à quelques amusements déplacés ». Pour sévir, le colonel renvoya neuf élèves, dont Havre.

[264] Il s'explique : « La fréquentation de mes camarades de classe durant mes années scolaires passées en France m'a apporté beaucoup de désillusions. En effet durant mon bas âge on m'avait appris à aimer la France, notre mère Patrie, mais toutes les vertus que l'on m'avait appris à aimer n'existaient pas toujours en réalité. Ainsi, par exemple, certains élèves de la métropole ne voyaient dans les colonies qu'un recrutement de soldats dont on vantait la valeur militaire, d'autres que les bonnes bananes, et enfin certains qu'un moyen d'obtenir dans ces colonies un emploi lucratif.

Cet état d'esprit m'a choqué et j'ai souvent rêvé pour la France d'un gouvernement où chacun serait spécialisé dans sa matière et n'aurait comme premier but que le bien être général de la nation. J'ai d'abord cru que les royalistes étaient les gens désignés pour ce rôle d'autant plus que la Martinique est plutôt de cette tendance. Mais bien vite, en fréquentant ces gens, je me suis aperçu qu'il y avait loin de la coupe aux lèvres. »

[265] Il fournissait également des renseignements pour l'Abwehr, via l'agent René Bandel. Mais on ignore précisément son activité.

préfecture. Il suit le premier stage effectué par l'école des cadres de Pamiers, et en sort début juillet 1944 avec le grade de chef de dizaine. Retourne à l'unité de Foix, et participera à de nombreuses opérations[266].

Le 8 août 1944 il est muté à Vichy. Il rend ses effets militaires, et se met en civil. Après une semaine de repos non-autorisé chez sa mère à Montauban, il tente de rejoindre Vichy en passant par Lyon, où il arrive le 20 août. Mais la Milice locale lui signale que la route est coupée. Finalement, il quitte la ville le 23 août, dans le convoi milicien, composé de près de 800 personnes. Fin septembre il est muté à la 4ème centaine de marche, à Ulm, et est à nouveau équipé et armé, mais est remis simple Franc-Garde, en raison de la pénurie de troupes.

Versé à la brigade « Charlemagne », il est affecté à la 10ème compagnie du régiment SS 57. Il est renvoyé de la Waffen-SS (sans doute courant décembre 1944), après qu'un docteur SS allemand lui ait fait passer une visite médicale et lui ait demander son origine. Havre était sans doute trop foncé pour la SS. Le 28 décembre 1944, Havre est donc envoyé au camp d'Heuberg de la Milice. Tombé malade (otite double et paludisme), il reste à l'infirmerie jusqu'au 20 février 1945. Démobilisé définitivement, les inaptes quittent Heuberg pour Bolzano fin mars 1945, puis Milan (ils sont logés à la caserne Adriatica). Le 22 avril 1945, le chef Darnand demande des volontaires pour le Bataillon milicien engagé contre les partisans. Il se porte volontaire avec un camarade. Devant partir le lendemain, ils ne peuvent rejoindre le bataillon, car la ville est en insurrection. Après s'être réfugiés chez des civils, ils quittent la ville, s'arrêtent trois jours à Binasco, puis Pavi. Ils rencontrent les troupes brésiliennes à Castel San Giovanni, début mai. Ayant rejoint Bologne, dans un camp de transit anglais, pui rejoignent Naples, le 18 mai.

Se présentant au service de la Sûreté aux armées de la ville, se faisant passer pour un requis. Hébergé au centre de passage local, il est arrêté le 17 juin suivant, et avoue son passé.

Jugé le 31 janvier 1946 par la Cour de justice de Toulouse, il est acquitté, mais il subit la dégradation nationale à vie.

---

266 Le 14 juillet 1944, une opération à une trentaine de kilomètres de Foix, où un français et un chinois (?) furent tués.
La récupération de containers parachutés (armes, vivres, etc) dans des lieux reculés.

André ILLAT

Waffen-Grenadier der SS
Légionnaire / Soldat

Promotions :
Légionnaire / Soldat
Waffen-Grenadier der SS[267]

André Bertin Illat est né le 8 février 1923 à Saint-Amadou (département de l'Ariège). Ouvrier agricole à Saint-Amadou, s'engage à la LVF au bureau de Pamiers, le 16 juin 1942. Incorporé à Versailles (matricule 7322) deux jours après. Afin de pouvoir s'engager sans le consentement parental, il prit l'identité de son frère aîné, Émile ! Il effectue son instruction au camp de Kruszyna, et revêt l'uniforme allemand le 31 juillet 1942. Le 5 novembre suivant il est condamné à quatorze mois de prison pour insubordination[268].

Après avoir purgé sa peine dans diverses prisons, il est libéré le 13 septembre 1943 et est incorporé à la 10ème compagnie. Tombé malade, il est admis à l'hôpital de Radom le 25 octobre, puis à l'hôpital de réserve le 8 janvier 1944. Le 19 février suivant il est dirigé sur Versailles, car il bénéficie d'une permission, jusqu'au 14 mars, puis à nouveau du 22 mars au 11 avril 1944[269] (une prolongation de perm', après un bref passage à Versailles). Le 17 avril il rejoint le camp de Greifenberg. Il participe aux combats et la retraite de la LVF en juin-juillet 1944.

Il combattit dans la division « Charlemagne » en Poméranie (versé dans la « compagnie technique »[270] (composée d'inaptes à l'infanterie, selon Illat) en janvier 1945). Blessé en mars 1945 (doigts gelés), et hospitalisé jusqu'à la fin de la guerre. Libéré par les américains à Kulmbach, il travaille comme chez un cultivateur des environs. Se fait rapatrier à Bemberg, et se rend de lui-même aux autorités, à Châlons-sur-Marne.

Jugé le 23 octobre 1945 par la Cour de justice de Toulouse, il est condamné aux travaux forcés à perpétuité et la dégradation nationale. Il sera libéré à la fin de l'année 1948. Il trouva un emploi de ferrailleur à Sarrancollin.

---

267 Il ne détenait à priori aucun grade dans la SS.
En tout cas, vu son parcours peu reluisant à la LVF, il resta simple soldat de manière certain jusqu'à l'été 1944.
268 Illat expliqua à son procès qu'au moment de prêter serment au Führer, il sortit des rangs (avec 44 autres camarades!) et fut puni de 45 jours d'arrêt, avant d'être traduit devant le Conseil de guerre, fin octobre 1942.
Seule la mention « désobéissance » apparaît dans le carnet de service LVD d'Illat...
269 Il fit un usage peu sérieux de son arme durant sa permission, s'amusant à tirer à tort et à travers (en l'air, sur des arbres), notamment dans un café de Labastide-de-Lordat (il avait laisser trainer son fusil dans la salle !). Il aurait ensuite menacer de faire appel aux allemands à la Milice pour brûler le village.
270 Terme donné par Illat. Il s'agit peut-être de la compagnie âtelier.

Achille LOUBET

Directeur général des Chantiers de la Jeunesse Française
Chef départemental de la LFC (Ariège)

Promotions :
Sous-lieutenant : avril 1915
Lieutenant
Capitaine
Commandant de réserve

Achille Marcel René Loubet est né le 1er mars 1893 à Soulan (département de l'Ariège). Appelé au service militaire en 1913, il se trouve à l'école Normale supérieure de Paris au moment de la déclaration de guerre. Intégré au 146ème R.I., à Toul, il suit un cours d'élève-officier. Il en sort sous-lieutenant en avril 1915, et est affecté au 81ème R.I.. Il sert tout le conflit dans cette unité, terminant capitaine. Il reçut quelques vingt-six blessures (en deux fois). Décoré de la *Croix de guerre* avec huit citations (dont deux palmes). Nommé *Chevalier de la Légion d'honneur* sur le champ de bataille le 22 août 1917. Se retire de l'armée en 1925. Titulaire de la *Croix de guerre des T.O.E.*

S'inscrit au Parti Radical Socialiste en 1932. Il dirigera (jusqu'à la Libération) une usine de casquettes à Saint-Girons (environ soixante-quinze employés). Mobilisé dans l'état-major militaire de l'arrondissement de Saint-Girons en septembre 1939, comme commandant. Sur proposition du sous-préfet, il accepte la direction de la mairie de Saint-Girons, le 15 janvier 1941. Nommé chef départemental de la LFC de l'Ariège le 5 janvier 1942. Il transfère le bureau départemental de Pamiers à Foix. D'abord favorable au SOL et à la Milice[271], il finit par s'en éloigner, tout du moins ne lui apporte t-il aucun soutien[272]. Il finit toutefois par devenir suspect aux yeux des collaborationnistes de Saint-Girons[273]. Il est nommé en sus directeur général des Chantiers de jeunesse, le 1er mars 1944[274], succédant au colonel Bernon (il garde toutefois la direction départmentale de la LFC). Il démissionne de ce dernier poste le 7 juin 1944, devant les évènements récents[275], et quitte Vichy pour Saint-Girons. Arrêté à la Libération de Saint-Girons.

---

271 Loubet s'entendait assez bien avec le chef Pincemin (qui fut aussi chef départemental-adjoint de la LFC de l'Ariège). Ils restèrent en relativement bons termes jusqu'à la fin, malgré le durcissement de Pincemin.
Pour preuve, Pincemin proposa Loubet comme préfet de l'Ariège, dans une lettre du 17 janvier 1944 !

272 Loubet mettra en avant le fait qu'il n'y avait quasiment aucun inscrit à la Milice à Saint-Girons.

273 Vers la mi-1943, des tracts furent répandus à Saint-Girons. Sur ceux-ci, une tombe avec une croix surmontée de « Loubet à Chier » (jeu de mots avec le prénom « Achille »).
Durant l'été 1944, Loubet eut l'écho qu'il était la prochaine victime du GAJS (après l'ex-sénateur Paul Laffont). Il ne fut la vie sauve qu'à des fuites au sein du GAJS, et la protection de la Milice (Meyniel).

274 Loubet fut décoré de la Francisque le 24 août 1942.

275 Et également car depuis avril 1944, il avait été décidé que les Chantiers fourniraient un viver de recrues pour le

Jugé le 23 juillet 1945 par la Chambre civique de Toulouse, il est condamné à la dégradation nationale à vie et la confiscation de ses biens à hauteur de 100 000 francs.

Joseph MERTON

Secrétaire départemental de la Milice Française (Ariège) & Chef de centaine-adjoint de la Franc-Garde bénévole (Foix - Ariège)
Secrétaire administratif départemental de la Milice Française (Ariège)

Joseph Louis Aimé Merton est né le 10 février 1918 à Ax-les-Thermes (département de l'Ariège). Clerc de notaire (diplômé en 1937) à l'étude de maître Oustric (tout comme Jérôme Miquel)[276], à Ax-les-Thermes. Démobilisé en 1941, il adhère à la LFC, au SOL, puis à la Milice[277].

Convoqué pour le STO fin 1943, il fait des démarches auprès du chef Meyniel, afin de s'y soustraire. Ce dernier lui propose le poste de secrétaire administratif départemental[278] de la Milice de l'Ariège, entrant en fonction fin janvier 1944. Dupin partant pour Toulouse en avril 1944, Merton prend sa place de secrétaire départemental de la Milice de l'Ariège. A noter qu'il faisait également des liaisons à voiture ou moto entre Foix et Ax[279]. Il avait rang de chef de centaine-adjoint administratif dans la Franc-Garde bénévole.

Suit la Milice en repli à la Libération. Il parvient à éviter l'incorporation dans la Waffen-SS, en mettant en avant sa faiblesse pulmonaire. Envoyé au camp d'Heuberg, regroupant les inaptes. Finit la guerre en Italie du nord, avec le Bataillon Carus. Fait prisonnier à Bolzano.

Condamné à cinq ans de prison et la dégradation nationale par la Cour de justice de Toulouse le 31 janvier 1946.

STO. De plus, le ministère du Travail de Marcel Déat avait une influence grandissante sur les Chantiers.
276 Il est décrit par son employeur comme sérieux et travailleur, ayant à charge sa mère et ses frères et sœurs, dont il était l'aîné. Son employeur expliqua avoir tout fait pour le retenir, allant jusqu'à lui proposer de racheter une étude d'huissier et de greffier.
277 Décrit comme collaborationniste, considérant que la défaite de l'Allemagne serait la pire chose qui puisse arriver à la France. Il avait une certaine influence sur la jeunesse locale, leur faisant de la propagande et les invitant à s'inscrire à la Milice.
278 Ce poste est parfois appelé « secrétaire départemental-adjoint ».
279 Il ne semble pas avoir participé à des opérations ou des arrestations, mais il assistait parfois à des interrogatoires. Le temps de la défaite venant, il semble s'être montré sadique, matraquant les détenus.

Guy MICHAUX

Waffen-Grenadier der SS
Membre de l'Avant-Garde, Franc-Garde permanent (Ariège)

Guy Michaux est né le 22 avril 1925 à Montigny-le-Roi (département de la Haute-Marne). Il s'inscrit à l'Avant-Garde de la Milice, à Pamiers, en juillet 1943. Il exerce alors le métier d'electricien. Volontaire pour le contingent milicien ariégois envoyé en Haute-Savoie, en février 1944. Rentre en Ariège le 6 avril suivant.

Appelé dans la Franc-Garde permanente de Foix le 6 juin 1944, et affecté chargeur de fusil-mitrailleur de la première dizaine (la « dizaine motorisée ») de la première trentaine. Il participa à au moins plusieurs opérations, celle de Roquefixade, mais fut ensuite temporairement invalide durant un mois au moins (à partir de début juillet 1944), en raison d'un accident de side-car, où il fut sévèrement blessé au genou gauche. Décrit comme un élément convaincu, engagé par idéal[280].

Versé à la Waffen-SS, il combat en Poméranie dès février 1945, et finit la guerre au sein du SS-Sturmbataillon Français, à Berlin. Capturé par les troupes soviétiques après la prise de la ville. Il passe par plusieurs camps, et est rapatrié en France en septembre 1945.

Condamné à vingt ans de travaux forcés par la Cour de justice de Toulouse, le 2 janvier 1946.

---

280 Comme le confirme plusieurs témoignages ayant connu Michaux et ses parents, dont celui de Georges Delbart, (docteur ès sciences, membre du Conseil National de la recherche scientifique appliquée, qui aida les internés politiques et les gens pourchassés durant l'occupation) :
« Avec un esprit de solidarité exceptionnels, la famille Michaux affiliée à la Croix Rouge Française fit de sa maison un véritable d'acceuil partageant son toit et ses vivres avec les réfugiés du Nord et en particulier avec plusieurs familles valenciennoises inconnues d'elle auparavant, dont le témoignage a d'ailleurs précédé le mien.
Le jeune Guy Michaux alors âgé d'une quinzaine d'années se dépensait sans compter pour les réfugiés et j'ai pu remarquer en lui un esprit de sacrifice très poussé et une âme pure d'idéaliste qui transparaissait dans son regard droit et franc.
J'ai eu depuis la douleur de savoir que, trompé par une propagande insidieuse, il s'était égaré dans la Milice sans se rendre compte de la duplicité de ceux qui encourageaient la jeunesse dans cette voie ni des conséquences inavouées que pouvaient comporter cet acte.
Le père et la mère de Guy Michaux ont déjà chèrement expiés cette erreur par une longue incarcération préventive que n'ont pas confirmée les tribunaux ; il a lui-même durement payé par des souffrances morales et physiques qui ont ébranlé sa santé. »

Roger RIVIÈRE

Secrétaire fédéral paysan du PPF, membre du GAJS (Ariège)

Roger Paul Rivière est né le 17 avril 1916 à Montauban (département du Tarn-et-Garonne). Cultivateur à Ganac, il effectue son service militaire à partir de 1936, à la 13ème section d'infirmiers militaires, à Clermont-Ferrand (réformé après dix-huit mois de service pour tuberculose pulmonaire).

Secrétaire fédéral paysan du PPF de l'Ariège (il adhère au parti courant 1943), succédant à Casimir Rivière. Il se porte volontaire pour le GAJS[281]. Suit le stage des GA à Paris, du 2 au 8 mai 1944. Affecté avec le chef Blanchard à Foix, à la garde de l'Office de Placement Allemand, à la suite du stage. Avec son chef, il se rendra coupable de plusieurs exactions et délits de droit commun, dont le cambriolage d'un dépôt, qui les mènent tous deux (ainsi que les gestapistes De Haro et Rouch) en prison, le 31 juillet 1944, arrêtés par la police française[282].

Libéré de la maison d'arrêt (avec Blanchard) par la force par les miliciens, le 16 août 1944. Fuit en Allemagne dans le convoi de la Milice. Transformé en travailleur, il est envoyé dans une usine à Berlin, puis à Gotha. Libéré par les américains en Autriche, et rapatrié comme STO. Apprenant à Toulouse qu'il est recherché par la gendarmerie, il se livre de lui-même, pensant n'avoir rien à se reprocher (et ayant aider des personnes à éviter le départ en Allemagne).

Jugé le 15 octobre 1945 par la Cour de justice de Toulouse, il est condamné aux travaux forcés à perpétuité, la dégradation nationale et la confiscation de ses biens. Son pourvoi en cassation sera rejeté le 23 octobre suivant.

---

281 Pour éviter le départ en Allemagne.
282 Il semble que Rivière ait été entrainé dans cette histoire, pensant agir légalement. Il se dira très attristé dans sa correspondance avec sa femme, s'excusant auprès d'elle pour cela.

Jean ROUCH

Chef départemental de la Jeune Légion (Ariège), membre des JPF & de la Milice Française
Chef départemental de la JFOM (Ariège)

Jean Emile Rouch est né le 2 novembre 1922 à Foix (département de l'Ariège). Chef départemental de la JFOM de l'Ariège depuis 1941 (à titre bénévole). Il organisa des équipes sportives et des réunions dans les principales villes du département, et collait des affiches. Envoyé aux Chantiers de jeunesse (musique nationale des Chantiers) de mars à octobre 1942. A son retour, il est sollicité pour devenir commissaire départemental à la Jeune Légion[283] organe de jeunesse de la LFC (rétribué 2800 francs par mois). Il cesse alors toute activité officielle pour la JFOM.

Dans son activité à la LFC, il était bien sûr chargé de la propagande pour la jeunesse (affiches, etc), mais aussi de la confection des colis aux prisonniers, réception et placement des enfants de réfugiés (des Alpes-Maritimes notamment) dans des familles d'acceuil. Appelé au STO le 15 mars 1943[284]. Peu avant son départ il semble qu'il adhéra aux JPF, organe de jeunesse du PPF[285]. Il fut aussi membre de la Milice[286].

En Allemagne il travailla comme manœuvre dans une usine d'aviation à Vienne. Il est élu délégué générale de l'amicale des travailleurs ariégois de Vienne (organisation du foyer, de la bibliothèque et de sorties touristiques). Il « déserte » en juillet 1944, et rejoint le « Bataillon Foch » en Slovaquie, unité de partisans français sous le commandement du lieutenant Georges Barazer De Lannurien. Fait prisonnier par les allemands le 2 novembre 1944, et envoyé au Stalag IV/B. Libéré par l'avancée soviétique le 23 avril 1945.

Jugé le 22 août 1945 par la Chambre civique de Toulouse, il est acquitté.

---

283 Parfois dénommé « commissaire départemental à la Jeune Légion ».
284 Selon plusieurs témoignages il partit comme volontaire.
285 Source : le secrétaire fédéral Julien Meunier. Rouch démentit à son procès avoir adhéré aux JPF...
286 Bien qu'il démente, il est cité par le secrétaire départemental Dupin dans une liste de miliciens ariégois travaillant en Allemagne à la date du 27 septembre 1943. Il est donc possible que Rouch ait adhéré en Allemange.

Henri STORCK

Chef de main de la Franc-Garde permanente (Ariège), membre du PPF

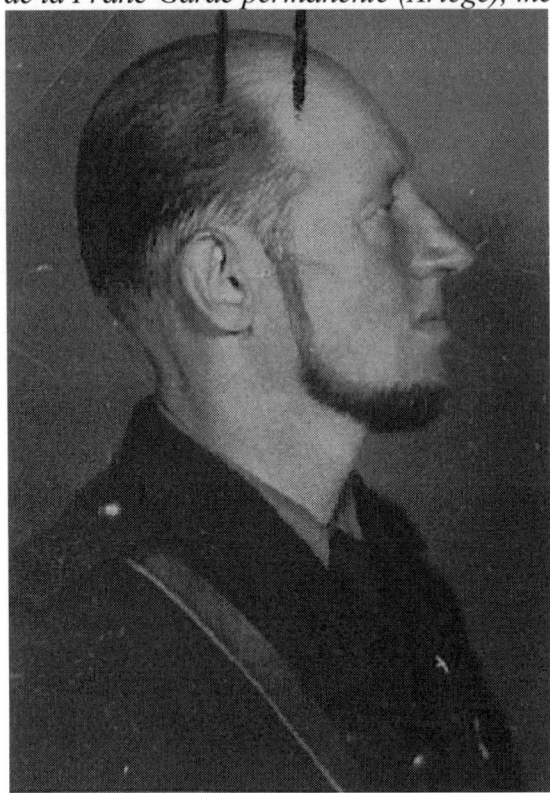

Henri Fernand Storck est né le 11 février 1901 à Sannois (département de Seine-et-Oise). Communiste, il se porte volontaire dans les Brigades Internationales, en Espagne. Il s'inscrit au PPF à son retour en France, en 1938. Mobilisé en 1939 dans une compagnie de transports du 19ème Régiment du Train. Fait prisonnier, il est libéré sanitaire (il était au Stalag X/B) le 2 avril 1942.

Il s'installe aux Cabannes (Ariège)[287], et ouvre une droguerie à Ax-les-Thermes. Il s'inscrit à la Milice sur conseil de Pincemin et Meyniel. Il était réputé pour être un élément exalté et violent[288]. Il sera appelé à l'occasion pour prendre des gardes à la préfecture. Mobilisé dans la Franc-Garde permanente de l'Ariège début juin 1944[289], comme chef de main dans la seconde dizaine de la première trentaine. Il semble avoir participé à la plupart des opérations contre le maquis. Il fait partie de l'équipe qui libère de force les miliciens / PPF Blanchard et Rivière de la maison d'arrêt de Foix, le 16 août 1944.

Fuit dans le convoi de la Milice. Il refuse de servir dans la Waffen-SS, et part pour Sigmarigen retrouver sa femme, et est ensuite affecté dans une usine de Strasbourg. Libéré par l'arrivée des Alliés, il passe à Nancy fin novembre 1944, puis à Paris en janvier 1945. Condamné à dix ans de travaux forcés par la Cour de justice de Toulouse le 10 novembre 1945.

---

287 Il est listé comme secrétaire administratif de la section PPF des Cabannes. Mais cette section n'a existé que sur le papier.
Storck était toutefois un PPF actif, qui se rendait souvent au café Allières (à Foix), repaire des PPF locaux. Il reprochait d'ailleurs à Julien Meunier (le secrétaire fédéral) le manque d'action du parti au niveau local.
A noter que Meunier dira qu'il fut propagandiste du PPF à Orléans et dans les Ardennes (avant guerre donc).
288 Il était d'avis que la Milice ne devait pas faire de prisonniers et fusiller tous les éléments capturés.
Il se signale également par des voies de fait envers certaines personnes, dont un buraliste de Foix, qu'il menaça de mort et de le balancer dans l'Ariège !
289 Il aurait servit quinze jours à Limoges, courant mai 1944...

Jean VERGÈS

Waffen-Grenadier der SS
Chef de dizaine de la Franc-Garde permanente (Ariège)
Franc-Garde bénévole (Puylaurens - Tarn)

Promotions :
Franc-Garde (Franc-Garde bénévole)
Chef de dizaine (Franc-Garde permanente)[290]
Waffen-Grenadier der SS : 11.11.1944

    Jean Vergès est ne lé 29 mai 1922 à Boutenac (département de l'Aude)[291]. Agriculteur dans la ferme familiale, à Puylaurens, et sans doute membre de la Franc-Garde bénévole. Envoyé au STO en Allemagne en juin 1943, et affecté comme ouvrier agricole dans une ferme, à Grefoc.
    Bénéficiant d'une permission en février 1944, et ne désirant pas retourner en Allemagne, il s'engage dans la Franc-Garde permanente, et est affecté à l'unité de Foix à compter du 1er mars 1944. Affecté comme cuisinier de l'unité, sous les ordres du chef de dizaine Soula. Il aura le rang de chef de dizaine.
    Versé à la Waffen-SS, il est d'abord affecté comme cuisinier, puis comme conducteur de chevaux dans le *Fahrschwadron B*. Fait prisonnier par les soviétiques le 5 mars 1945, à Belgard.
    Jugé le 27 février 1946 par la Cour de justice de Toulouse, et condamné à quinze ans de travaux forcés, la dégradation nationale à vie et la confiscation de tous ses biens. La peine sera commuée en cinq ans de prison, et il est libéré sous condition en 1948.

---

290 Il est probable qu'il soit entré comme simple Franc-Garde, ou chef de main.
291 Son jeune frère, Joseph, fut aussi Franc-Garde permanent, à Tonneins, Toulouse puis Castres, et finit également à la Waffen-SS.

Gabriel VIVÈS

Waffen-Grenadier der SS
Chef de main de la Franc-Garde permanente (Ariège)
SOL / Franc-Garde bénévole (Ax-les-Thermes - Ariège)

Promotions :
Franc-Garde (Franc-Garde permanente) : novembre 1943
Chef de main (Franc-Garde permanente) : avril 1944
Waffen-Grenadier der SS : novembre 1944

    Gabriel Laurent Julien Vivès est né le 27 mai 1920 à Ax-les-Thermes (département de l'Ariège). S'inscrit au SOL en octobre 1942, à son retour des Chantiers de jeunesse, sur conseil du chef local Meyniel. Il passe à la Franc-Garde bénévole en février 1943, tout en continuant son métier de menuisier dans une entreprise de teavaux publics.
    S'engage dans la Franc-Garde permanente le 25 novembre 1943[292], tout juste constituée à Foix. Il effectue des tâches de menuiserie et de cuisine. Participe aux opérations de Haute-Savoie, de février à avril 1944. Revenu à Foix, il est promu chef de main par Meyniel. Il servait alors dans la première dizaine de la première trentaine. Mais il ne participa guère à d'éventuelles opérations, car s'étant blessé au pied accidentellement courant juin 1944, il se contenta d'assurer des gardes.
    Fuit en Allemagne dans le convoi milicien en août 1944. Versé à la Waffen-SS, il combat dans l'un des deux peloton de pionniers (régiment SS 57 ou 58, il ne le précise pas) en Poméranie. Fait prisonnier par les russes le 11 mars 1945. Il passera par le camp de Tambov.
    Rapatrié en France par la Croix Rouge, passe par Valenciennes le 18 octobre 1945, puis est envoyé à Toulouse. Jugé le 11 mars 1946 par la Cour de justice, il est condamné à cinq ans de travaux forcés, la dégradation nationale et la confiscation de ses biens.

---

[292] Il avait reçu plusieurs convocations pour le STO, et désirait y échapper. De plus, sa mère était veuve et avec peu de moyens, il se devait de prendre soin d'elle (son frère étant lui parti pour le STO).

PARTIE IV – TARN

Jean ALBARET

Waffen-Grenadier der SS
Légionnaire / Soldat

Jean Albaret est né le 6 juillet 1924 à Lauterecken, en Allemagne. Manoeuvre à Albi[293], il s'engage à la LVF (sous influence du secrétaire départemental Pierre Roux, qu'il fréquentait depuis quelques semaines) le 29 juillet 1943, malgré l'opposition de ses parents. Passe par le C.I.C de Montargis, puis en janvier 1944 il est muté[294] dans l'unité de garde de corps de Fernand De Brinon[295], à Paris (30 rue de Châteaudun) jusqu'en août 1944.

Versé à la brigade « Charlemagne » en septembre 1944 (dans le bataillon d'artillerie), il combat en Poméranie, et probablement dans la poche de Dantzig. Fait prisonnier par les américains début mai 1945.

Jugé le 18 mars 1946 par la Cour de justice de Toulouse, il est condamné à cinq ans de prison, 1000 francs d'amende, la dégradation nationale et la confiscation de ses biens.

Raymond BODET

Waffen-Grenadier der SS
Franc-Garde permanent (Tarn)
SOL, Franc-Garde bénévole (Castelnau-de-Montmiral - Tarn)

Raymond Bodet est né le 14 avril 1918 à Castelnau-de-Montmiral (département du Tarn). Cafetier à Castelnau-de-Montmiral, il adhère à la LFC, au SOL[296] puis à la Franc-Garde bénévole, où il se livre à de la propagande, en distribuant des journaux et tracts, et, à partir de début 1944 à des patrouilles au niveau routier et ferroviaire.

Le 30 mai 1944 il est désigné avec un groupe de miliciens du Tarn (dont le chef Christiaen) pour aller à Tarbes, afin de procéder à de simples opérations de police routière. De retour dans le Tarn, il répond à

---

293 Il désirait plus que tout « servir », et vivotait de petits métiers en attendant. Il fut recalé à la visite d'incorporation pour le 1er Régiment de France.
294 A noter qu'il avait été refusé une première fois à Versailles le 12 avril 1943.
295 Courant mars 1944 il rendit visite à sa sœur en Poitiers. Il était alors en tenue de la LVF (sans doute la tenue française).
296 Sur conseil du général Foucault, qui avait été son supérieur pendant la guerre de 1940.

l'ordre de mobilisation du 8 juin 1944, et rejoint l'unité Franc-Garde permanente de Castres.

Versé à la brigade « Charlemagne »[297], il est fait prisonnier en Poméranie début mars 1945. Jugé le 21 mars 1946 par la Cour de justice de Toulouse, il est condamné à quatre ans de prison et la dégradation nationale à vie.

Bodet (à droite) avec les miliciens tarnais Simon (gauche) et Henri Besset (Centre).

---

[297] Il dira avoir été conducteur d'une unité hippomobile chargée du ravitaillement. Mais cet « alibi » est assez souvent cité par les prévenus, pour tenter d'atténuer leur responsabilité.

Robert CARAGUEL

SS-Frw. Unterscharführer
Membre des JPF (Tarn)
SOL (Tarn)

Promotions :
SOL : novembre 1942
SS-Frw. Schütze : 15.01.1944
SS-Frw. Unterscharführer : octobre 1944

Robert Jean Édouard Caraguel est né le 26 mai 1924 à Buenos Aires, en Argentine. Etudie au collège à Toulouse, puis à Albi[298], où il échoue au bac en juin 1942. Revient se fixer chez ses parents, à Mazamet. Il suit durant quelques mois les cours du Petit Séminaire de Castres[299]. Adhère au SOL en novembre 1942, mais démissionne à la création de la Milice (selon ses dires). Il part aux Chantiers de jeunesse en janvier 1943 à (Luchon, puis à Gap). Revenu à Mazamet en octobre 1943, il subit l'influence de militants locaux (Siguier, Bonhomme, Iché), qui le font adhérer au JPF.

Il quitte le domicile familial le 10 janvier 1944, sans prévenir ses parents[300], et gagne Paris, où il signe un engagement à la Waffen-SS. Envoyé au camp de Sennheim le 13 janvier 1944. Suit sa formation de base au camp de Sennheim jusqu'au 20 mai 1944[301], date où il est affecté comme secrétaire planton dans un bureau d'engagement, à Kassel. Cet emploi ne lui plaisant guère, il est muté à Berlin, à « l'état-major SS » (probablement au *SS-Hauptamt*), comme sentinelle d'un parc de voitures, quartier Grunenwald. Il n'y reste que un mois environ[302].

Suit un stage de *panzergrenadier* à Könitz (Prusse-Orientale), de fin juillet à septembre 1944. A cette date, il gagne Greifenberg, où est assemblée la future division « Charlemagne ». Revenu à l'école de Könitz en octobre 1944, et promu Unterscharführer, il est envoyé dans le Tyrol en novembre-décembre 1944[303], afin d'y suivre des cours de radio. Affecté à la compagnie de commandement du *Waffen-Panzerjäger-Abteilung der SS 33*, comme sous-officier téléphoniste. Combat avec la division « Charlemagne » en Poméranie. Il connaît la débâcle sans fin de l'unité, il semble avoir rejoint le dépôt de Wildflecken par la suite. A la fin de la guerre, il se trouve en Bavière (régiment Hersche ?), et passe à Verone (Italie) à la veille de l'insurrection. Se

---

[298] Un de ses anciens professeurs témoignera : « C'était un enfant très franc et très généreux, mais nerveux, excité, incapable de tenir en place à l'étude et en classe, impuissant à fixer son attention sur son travail et agissant presque toujours sans reflexion, sur le seul mouvement impulsif de sa sensibilité. La guerre l'a excité au plus haut point, il n'avait pas seize ans et il voulait à tout prix s'engager. La défaite a achevé d'exaspérer sa nervosité. [...]
Je l'ai vu, en lendemain de cette déception, trainer son désœuvrement, son ennui, son dégoût d'être inutile dans les rues de Mazamet. Je le réconfortais de mon mieux à chacune de mes visites. Mais je constatais avec tristesse, à la mobilité de ses impressions, qu'il perdait de plus en plus sa maitrise de lui-même et risquait de devenir la proie de cette infame propagande qui, en 1943 et début 1944, empoisonnait littéralement notre jeunesse. »

[299] Il fera part à son père de son désir de s'engager dans l'armée (les Spahis ou les Chasseurs d'Afrique), mais sa demande sera déboutée, faute de besoins. De plus, l'armée d'armistice sera dissoute peu après.
En octobre 1943, à son retour des Chantiers, il voudra s'engager au 1er Régiment de France, mais son père le lui déconseilla formellement, pensant cette unité sous influence allemande.

[300] Il partit en vélo en disant à ses parents qu'il allait assister à un tournoi d'escrime à Castres (depuis quelques jours il s'était montrer très affectueux avec ses parents et sa petite sœur de trois ans). Le soir à 22 heures, un anonyme (sans doute un ami, complice de Robert) vint déposer le vélo devant chez les Caraguel, et sonna à la porte. Les parents trouvèrent également une lettre de Robert, disant qu'il était désolé de leur faire de la peine, mais que son devoir était de servir son pays en partant combattre sur le front de l'est. Il disait aussi s'engager afin de gagner plus de volonté. Il écrit aussi avoir reçu des menaces de mort ces derniers temps, et termine sa lettre en demandant pardon pour la peine.
Le père Caraguel se met en contact avec la police, et surtout avec les PPF Siguier et Bonhomme. Il charge ce dernier de ramener son fils. Mais ce dernier, alors à Paris, refusa à nouveau, faisant à nouveau appel à son devoir.

[301] Il aurait démissionné du PPF par lettre adressée au représentant du PPF à Berlin, en mars 1944.

[302] Vers le 15 juillet 1944, il écrira à son père, disant en avoir assez de Berlin, qu'il ne se trouvait qu'avec des volontaires étrangers (hollandais, danois, russes, croates) et que ses camarades français lui manquent.

[303] Il regagne Wildflecken le 12 décembre 1944.

et met en civil et se fait passer pour un requis du STO, et joint une unité de partisans italiens, dans la région d'Arzignano (Vénétie). Il aurait pris part à des opérations contre les troupes fascistes, début mai 1945.

Il se présente au poste frontière de Bordighera le 5 juin 1945, se déclarant membre de la SS, et est immédiatement arrêté. Jugé le 20 octobre 1945 par la Cour de justice de Toulouse, il est condamné à mort et à la confiscation de ses biens. La peine sera cassée, et commuée en quinze ans de travaux forcés le 20 octobre 1947.

Auguste CHAYNES

Waffen-Rottenführer der SS
Caporal-chef / Obergefreiter

Promotions :
Soldat de deuxième classe : octobre 1938
Caporal / Gefreiter
Caporal-chef / Obergefreiter : 20.03.1944
Waffen-Rottenführer der SS : 01.09.1944

      Auguste Jules Gabriel Chaynes est né le 1er avril 1906 à Gaillac (département du Tarn). Employé de banque à Gaillac, il est renvoyé en 1937, à cause de son intempérance, qui provoqua un incident avec un client. Après avoir travailler quelques mois comme peintre, il souscrit un engagement au 17ème C.O.A., en octobre 1938, comme simple soldat. Il combat en Norvège (groupe d'exploration 196/18) puis à la bataille de la Somme, en 1940. A l'expiration de son contrat, en octobre 1940 (il servait alors au 150ème R.I., à Cahors), il est renvoyé dans ses foyers.
      Il s'engage à la LVF le 13 novembre 1941, au grade de caporal[304]. Affecté à la compagnie d'état-major du IIIème Bataillon[305], il monte au front avec ce dernier le 10 mai 1942. Hospitalisé du 13 août au 9 septembre, pour rhumatismes. Il bénéficie ensuite d'une permission, du 26 septembre au 16 octobre. Muté à la 10ème compagnie le 1er er mars 1943. Il bénéficia de deux autres permissions (28 août au 19 septembre 1943 ; 17 juin au 7 juillet 1944). Il fut décoré de la *Croix de guerre légionnaire*.
      Versé à la brigade « Charlemagne », et affecté à Greifenberg, au régiment de réserve Hersche[306]. Démobilisé le 9 février 1945, et transformé en ouvrier agricole, à Constance, après avoir séjourner une dizaine de jours à Sigmaringen. Arrêté par les américains le 27 avril 1945, et renvoyé en France, en qualité de travailleur STO, le 20 mai suivant.
      Arrêté à Lourdes le 11 juin 1945 (en compagnie de l'ex-LVF Roger Eveno). Il était sur le point de passer en Espagne selon son camarade[307]. Condamné à mort et la dégradation nationale par la Cour de justice

---

304 Semble t-il par idéal militaire et pour la solde (il était père de six enfants) plus que par idéal politique.
305 Chargé notammment des écuries et du ravitaillement.
306 Il déclara avoir été démobilisé en décembre 1944 (peut-être est-ce seulement la date de son trasnfert au régiment de réserve ?).
307 Chaynes prétendit qu'il n'était à Lourdes seulement car il avait fait le vœu d'y aller si il revenait vivant du front. C'est tout à fait plausible, car il était descendu à l'hôtel sous sa véritable identité, et fut arrêté car la police contrôla

du Tarn le 22 mars 1945, il est jugé le 29 août 1945 à Toulouse, et condamné à une peine de travaux forcés.

René ESCOUTE

Chef de main de la Franc-Garde permanente (Tarn)
Chef de trentaine de la Franc-Garde bénévole (Puylaurens – Tarn)

René Jean Marie Escoute est né le 5 juillet 1892 à Puylaurens (département du Tarn)[308]. Vétéran de la guerre 14-18, il fut peut-être décoré de la *Croix de guerre*. Membre du PSF avant-guerre. Devient chef cantonnal de la Milice de Puylaurens, après la démission de Du Lac, en février 1943. Il avait rang de chef de trentaine.

Rejoint la Franc-Garde permanente à Castres lors de la mobilisation, comme chef de main. Le 18 août 1944 il revient à Puylaurens, à son domicile, afin de prendre des affaires et des armes, et rejoint Castres (sans sa femme toutefois).

Il se trouve en Italie du nord à la fin de la guerre[309], dans le bataillon milicien Carus. Rapatrié dans le Tarn et incarcéré à Saint-Mitre.

Jugé le 21 février 1946 par la Cour de justice de Toulouse, et condamné à trois mois de prison, la dégradation nationale à vie et la confiscation de ses biens à hauteur de 50 000 francs.

Décédé le 12 août 1964 à Puylaurens.

---

les listes de noms des clients…
308 Son fils, Pierre, fut milicien puis membre de la division « Charlemagne ».
309 Il dira avoir démissionné de la Milice le 15 octobre 1944, et avoir été affecté dans une usine jusqu'en février 1945, date où, accusé de sabotage, il fut contraint de s'enfuir et de rejoindre la Milice en Italie du nord. Il dira être passé dans les rangs des partisans italiens presque immédiatement !

Liévin KINON

Waffen-Oberscharführer der SS
Adjudant / Feldwebel

Promotions :
Sergent / Unteroffizier
Adjudant / Feldwebel : 01.10.1943
Waffen-Oberscharführer der SS : 01.09.1944

    Liévin Kinon est né le 4 mars 1905 à Hautmont (département du Nord). Sous-officier de carrière (15ème Régiment d'infanterie, à Albi), il quitte l'armée en 1934. Il occupera ensuite divers emplois (usine, Compagnie méridionale d'alimentation, manœuvre à la Viscore albigeoise). Mobilisé dans un régiment de tirailleurs algériens en 1939-1940.

    Déçu par sa femme[310], et par besoin d'une situation, il s'engage dans la LVF (matricule 4365) comme sergent le 19 novembre 1941. Affecté à la 12ème compagnie, puis à la compagnie d'état-major du IIIème Bataillon en avril 1942, avec laquelle il monte en ligne. Muté à la 9ème compagnie le 5 juin. Blessé au combat (à la tête d'un groupe de combat, où plusieurs hommes furent tués ou blessés), il est hospitalisé du 26 juin au 10 juillet.

    Revenu en ligne, et affecté à la 10ème compagnie. Quitte le front le 31 décembre 1942, car bénéficie d'une permission, qu'il passe à Albi et Toulouse, jusqu'au 2 février 1943[311]. Il bénéficiera d'une autre permission du 27 octobre au 16 novembre 1943, après avoir été promu adjudant et décoré de la *Croix du mérite de guerre avec glaives* le 15 novembre 1943. De retour dans l'unité, il est affecté au camp de Greifenberg, au 14ème Groupe d'Instruction, comme *Spiess*.

    Versé à la Waffen-SS, et affecté dans le bataillon d'artillerie en formation. Il rejoint la division « Charlemagne » déjà en ligne fin février 1945, mais comme tous les artilleurs, il combattra comme fantassin. Capturé par les troupes soviétiques en mars 1945.

    Jugé le 23 février 1946 par la Cour de justice de Toulouse, et condamné à vingt ans de travaux forcés, la dégradation nationale à vie et vingt ans d'interdiction de séjour.

---

310 Celle-ci se mit en couple avec un autre homme assez vite. Quand Kinon l'apprit, il cessa toute correspondance avec elle.

311 Des amis de Kinon lui ont demander s'il avait des regrets de s'être engager, il répondit avec les larmes aux yeux : « Je reconnais avoir fait une bêtise, si c'était à recommencer, je ne m'engagerais pas. », et avait conscience qu'il était trop tard pour faire marche arrière.

René MARRAGOU

SS-Frw. Schütze

René Henri Joseph Marragou est né le 1ᵉʳ décembre 1919 à Castres (département du Tarn). Mobilisé de septembre 1939 au 4 juin 1940, date où il est fait prisonnier par les allemands à Dunkerque. Il s'évade deux jours après, et parvient à rejoindre Castres, et se faire démobiliser. Employé au mess du 3ᵉᵐᵉ Régiment de Dragons, puis comme ouvrier terrassier dans une entreprise. Part pour le STO en Allemagne en 1942, et affecté comme ouvrier soudeur dans une usine de Munich.

S'engage dans la Waffen-SS le 25 septembre 1943. Il fait son instruction au camp de Sennheim, et fait office de coiffeur. On ignore s'il a combattu en Galicie, mais c'est tout à fait probable. Versé à la brigade « Charlemagne », il aurait été démobilisé le 20 décembre 1944, mais serait resté au camp de Wildflecken comme aide-cuisinier civil, jusqu'en avril 1945.

Arrêté le 16 janvier 1946 (sur dénonciation d'une voisine) à Cransac (Aveyron), chez son père. Jugé le 15 mars 1946 par la Cour de justice de Toulouse, et condamné à cinq ans de prison, la dégradation nationale et la confiscation de ses biens (présents et à venir).

Joseph MESSAOUD

Légionnaire / Soldat

Joseph Messaoud est né le 19 mars 1925 à Cagnac (département du Tarn), d'un père algérien et d'une mère française. Manoeuvre à Saint-Michel-Labadie, il se porte volontaire pour le travail en Allemagne en juillet 1942. Rapatrié sanitaire en mai 1943. Il repart un mois après, car son frère a également été requis pour le STO.

Revenu en France début janvier 1944, il s'engage dans la LVF (matricule 12 467) à Toulouse le 7 février 1944. Affecté au 13ᵉᵐᵉ Groupe d'Instruction à Greifenberg. Monte au front le 31 mai 1944, sans doute dans la 7ᵉᵐᵉ compagnie[312]. Combat probablement à Bobr, et est fait prisonnier par les soviétiques le 29 juin 1944

Passé par les camps de Poulat, puis Tambov. Libéré début octobre 1945, il est arrêté par les autorités françaises à Wedding, le 11 octobre, alors qu'il circulait en uniforme allemand dans la ville, attendant le départ de son convoi pour la France.

Jugé le 28 février 1946 par la Cour de justice de Toulouse, il est condamné à sept ans de travaux forcés, la dégradation nationale à vie et la confiscation de ses biens. Il écrira au juge d'instruction sa volonté de s'engager dans le Corps expéditionnaire pour l'Indochine. Son pourvoi en cassation est rejeté quelques jours après. Libéré sous condition le 27 août 1948.

---

312 Car il a connu l'aspirant Russel, chef d'une des sections de la compagnie.

Roger PECHER

Waffen-Grenadier der SS
Membre du PPF, Franc-Garde permanent (Tarn)

Roger Pecher est né le 30 juin 1926 à Malines, en Belgique. Devant l'invasion allemande de mai 1940, il fuit avec sa famille. Installés à Fousilhon (près de Béziers), ils s'installent à Albi en 1943. Adhère au PPF en mai 1944, il rejoint la Franc-Garde permanente de Castres le 3 juillet 1944. Envoyé en stage à l'école des cadres de Pamiers le 29 juillet.

Se replie dans le convoi milicien en déroute à la Libération. Versé à la brigade « Charlemagne », il monte au front en Poméranie. Blessé par des éclats d'obus le 25 février 1945, il est hospitalisé à Kosling, puis à Luneburg. Guéri, il rejoint les restes de la division à Neustrelitz, le 12 avril 1945. Versé au Bataillon de travailleurs, car inapte à porter les armes. Capturé le 2 mai 1945 à Schwerin.

Jugé le 12 février 1946 par la Cour de justice de Toulouse, et condamné à six mois de prison. La Cour s'accord à le remettre à la justice belge, afin qu'il réponde de faits potentiellement plus graves (ce qui est peu probable, vu le parcours de Pecher).

Ricardo SUAREZ

Légionnaire / Soldat

Ricardo Suarez est né le 5 février 1925 à Santander, en Espagne. Ouvrier mineur à Carmaux, il s'engage à la LVF à Albi le 28 décembre 1943[313]. Incorporé au C.I.C le 5 janvier suivant. Le 4 mars il est dirigé sur paris afin d'assurer le service d'ordre. A compter du 5 avril il est affecté au Groupe Mobile des Gardes et Communications à Paris. Son contrat est résilié le 26 mai 1944 à Montargis, pour inaptitude physique.

Part en Allemagne comme travailleur volontaire[314], dans une usine Heinkel de Cassel, puis à Linz et enfin Vienne. Libéré par l'avancée alliée, il regagne Carmaux le 29 mai 1945. Jugé le 12 juillet 1945 par la Cour de justice de Toulouse, et condamné à vingt ans de dégradation nationale.

---

313 Il venait d'être chasser du domicile familial pour avoir entretenu une liaison avec une femme déjà mariée.

314 Il prétendra avoir été arrêté par les allemands, et emmené de force en Allemagne, car il n'avait aucun papier d'identité à présenter (car soi-disant la police française l'avait arrêté pour trafic d'armes quelques jours avant, et avait garder ses papiers).
Ce qui nous fait dire qu'il ment est le fait qu'il prétend avoir été transformé en travailleur libre quelques jours seulement après son arrivée en Allemagne...

Émile VALLA

SS-Frw. Schütze

Émile Valla est né le 7 février 1924 à Saint-Juéry (département du Tarn). Métallurgiste à Saint-Juéry, il se porte travailleur volontaire pour le travail en Allemagne en juillet 1942[315], et affecté à une usine de Chemnitz.

A l'automne 1943[316], l'officier SS français Gamory-Dubourdeau fait une conférence de propagande en vue de recruter des volontaires pour la Waffen-SS, Valla se laisse convaincre. Formé au camp de Sennheim, il bénéficie d'une permission du 2 au 24 février 1944, qu'il passe chez lui à Saint-Juéry[317]. Il était semble t-il sympathisant du PPF.

Il combat en Galicie en août 1944, au sein du Ier bataillon de la Sturmbrigade Frankreich, comme agent de liaison motocycliste. Il aurait déserté vers la fin des combats, avec six camarades, et furent repris à la frontière polono-slovaque par la Feldgendarmerie, qui les laissa repartir à condition qu'ils rejoignent leur unité. Capturés par des partisans, ils auraient été affectés à des travaux des champs. Les allemands attaquant le village où ils se trouvent, ils en assurent la défense, en compagnie de locaux. Capturé par les allemands, le 25 septembre 1944. Condamné à mort par un tribunal militaire allemande de Cracovie, le 16 décembre 1944, pour désertion. Son exécution fut retardée en vue d'un complément d'information. Incarcéré à Cracovie, il est ballade de prison en prison vers l'ouest, fuyant l'avancée de l'Armée Rouge. Le 12 avril 1945, date où il est libéré par les troupes américaines, il se trouvait au camp de condamnés à mort, à Rotenfeld[318].

Rapatrié en France, il arrive à Saint-Juéry le 28 mai 1945. Arrêté le 23 juin suivant, chez sa sœur à Albi. Jugé le 11 septembre 1945 par la Cour de justice de Toulouse, il est condamné à quinze ans de travaux forcés, la dégradation nationale et la confiscation de ses biens.

---

315 Dans l'espoir de faire libérer son frère Jean, prisonnier de guerre au Stalag VII/A à Munich.
   Son frère ne sera finalement pas libéré, et il n'aura même pas une permission pour aller le voir.
316 Le 23 septembre 1943 selon les dires de Valla. Mais il se trompe peut-être, car Gamory-Dubourdeau s'engagea dans la Waffen-SS dans ces eaux-là...
317 Il prétendit à son procès qu'un sous-officier allemand resta avec lui (et coucha dans une chambre chez lui) la durée de sa permission ! Hautement improbable...
   Il prétendit aussi avoir déserter (vers mars 1944) de Sennheim, et avoir été repris à la frontière par les autorités françaises et remis aux allemands. La peine de quarante jours de cellule lui fut alors infligée à Sennheim...
318 Toute l'histoire de Valla est à prendre avec précaution. Selon l'auteur, il est tout à fait possible qu'il n'ait « déserté » qu'en mars 1945, au moment de la débâcle de la division « Charlemagne » en Poméranie, et qu'il fut effectivement capturé par des partisans polonais à ce moment là.

Joseph VERGÈS

Waffen-Grenadier der SS
Franc-Garde permanent (Lot-et-Garonne ; Haute-Garonne ; Tarn)
Franc-Garde bénévole (Puylaurens - Tarn)

Promotions :
Franc-Garde (Franc-Garde bénévole)
Franc-Garde (Franc-Garde permanente) : 22.02.1944
Waffen-Grenadier der SS : 11.11.1944

Joseph Vergès est né le 2 janvier 1924 à Boutenac (département de l'Aude). Agriculteur à Puylaurens dans la ferme familiale. Adhère à la Franc-Garde bénévole sous influence de son père. Ne désirant pas partir pour le STO, il signe un engagement pour la Franc-Garde permanente le 22 février 1944[319].

Suit quatre à six semaines d'instruction au château de Tonneins, puis demande sa mutation à Toulouse. Il reste un mois dans l'unité toulousaine, avant de demander à être muté à l'unité Franc-Garde de Castres. Il participa à au moins une opération, celle contre le maquis de la Montagne noire.

Versé à la Waffen-SS en novembre 1944, et affecté à la 4ème compagnie (armes lourdes) de l'un des deux régiments d'infanterie (Vergès ne précise pas lequel), comme conducteur de chevaux. Fait prisonnier durant la débacle, le 6 mars 1945, par une troupe polonaise.

Jugé le 27 février 1946 par la Cour de justice de Toulouse, et condamné à quinze ans de travaux forcés, la dégradation nationale à vie et la confiscation de tous ses biens.

---

319 Son frère Jean signa également un engagement vers la même période, et fut affecté à l'unité de Foix. Quand à son second frère, Clément, il était trop jeune et se contenta d'être Avant-Garde.

Partie V – Tarn-et-Garonne

Gérard AZAM

Secrétaire fédéral du PPF (Tarn-et-Garonne)

Gérard Azam est né le 22 février 1900 à Beaumont-de-Lomage (département du Tarn-et-Garonne). Secrétaire fédéral du PPF du Tarn-et-Garonne en 1942-1943. Il était originaire de Caussade.

Jugé le 24 mai 1945 par la Chambre civique du Tarn-et-Garonne, et condamné à l'indignité nationale à vie et la confiscation de tous ses biens.

Jacques BAYARD

Chef-adjoint du 2ème Service de la Milice Française (Tarn-et-Garonne)

Jacques Gabriel Joseph Bayard est né le 23 novembre 1907 à Montauban (département du Tarn-et-Garonne). Son père, officier d'active, est tombé au feu le 14 novembre 1915. Employé de banque à la Caisse d'Epargne depuis ses dix-sept ans. Il travaillait toutefois en dehors du service, pour subvenir à ses besoins. Mobilsié d'août à septembre 1939, il fut réformé en raison de son épilepsie.

Il adhère au SOL en mai 1942, comme chef de dizaine. Nommé chef-adjoint du 2ème Service[320] du Tarn-et-Garonne début février 1943[321]. Il organise une expédition à Verhlac-Tescou, afin de subtiliser un dépôt d'armes clandestin. Pour cela, il est arrêté avec une vingtaine de ses hommes. Vite relâché, il est temporairement suspendu vers le 9 avril 1943. Mais dans les faits, ils continuent tous trois à officier au sein de la Milice, ce qui provoqua la colère du préfet. Il démissionne le 9 mai 1943 (prétextant des raisons de santé), car choqué que les armes aient été données aux autorités allemandes.

Il se met en contact avec la résistance (le lieutenant FFI Chéron) en avril 1944, fournissant rapports sur l'activité des partis collaborationnistes. Nommé délégué départemental du Service des Sociétés Secrètes pour le Tarn-et-Garonne le 1er mai 1944, cela lui permet de renseigner au mieux la résistance. Il sera muté dans les Pyrénées-Orientales en juin, et continue le même travail.

Arrêté par deux jeunes FFI le 20 août 1944 à Montauban, et conduit à la caserne Doumerc. Condamné à dix ans de travaux forcés par la Cour de justice du Tarn-et-Garonne le 29 mai 1945.

Décédé le 17 janvier 1966 dans le XIème arrondissement de Paris.

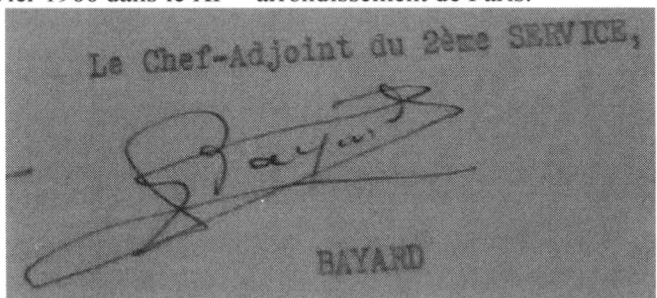

---

[320] De janvier 1943 à mai 1943 le poste de chef du 2ème Service semble inoccupé. C'est donc Bayard qui fait office de chef par défaut.

[321] Cité à ce poste dans plusieurs documents datant de mars 1943 et le 7 mai 1943.

Poste qui convenait peu à sa personnalité, car décrit comme « naïf et crédule, s'enthousiasmant pour un rien ».

André BLANQUET

Chef de dizaine de la Franc-Garde permanente (Tarn-et-Garonne)

André Blanquet est né le 18 août 1914 à Lodève (département de l'Hérault). Cultivateur, membre de la Milice à Sérignac (domaine de Bonneville), il fut chef de dizaine de la Franc-Garde permanente (trentaine Féral) du Tarn-et-Garonne, de juin à août 1944. Fuit en Allemagne dans le convoi de la Milice à la Libération.

Jugé par contumace par la Chambre civique du Tarn-et-Garonne le 30 avril 1945, et condamné à l'indignité nationale.

Francis BOUQUILLARD

Chef de trentaine du SOL (Montauban - Tarn-et-Garonne)

Francis Marie Émile Bouquillard est né le 30 novembre 1901 à Limoges (département de la Haute-Vienne). Industriel fabriquant de conserves alimentaires, il dirigeait l'usine Bouchet (une cinquantaine d'employés), à Montauban. Mobilisé à titre spécial en 1939, il reste assigné à son usine. Il avait adhéré au PSF.

Inscrit à la LFC dès sa création, puis au SOL, dont il sera chef de trentaine. Démissionne en janvier 1943, car la tournure politique du mouvement ne lui plait pas.

Arrêté chez lui le 20 août 1944. Condamné à l'indignité nationale par la Chambre civique du Tarn-et-Garonne le 12 décembre 1944. Une pétition signée par tout son personnel sera adressée à la justice pour sa défense[322].

Décédé le 19 janvier 1973 à Montauban.

---

322 Il avait un frère lieutenant FFI, et un neveu qui fut arrêté à Sarlat et déporté par les allemands.

Georges De CAMBIAIRE

Chef de trentaine de la Franc-Garde permanente (Tarn-et-Garonne)
Chef de centaine du SOL & de la Franc-Garde bénévole (Montauban – Tarn-et-Garonne)

Promotions :
Quartier-Maître
Second Maître cannonier
Maître cannonier
Chef de centaine (SOL ; Franc-Garde bénévole)
Chef de trentaine (Franc-Garde permanente)

Georges Marie Joseph De Cambiaire est né le 16 novembre 1909 à San Sebastien, en Espagne. Il étudie au collège Saint-Théodard, à Montauban, puis au lycée de Rochefort, mais ne passe pas le baccalauréat. Il prépare ensuite l'école d'hydrographie au lycée de Bordeaux. Admis dans l'école, il alterne entre les périodes d'études et les périodes de stage de navigation. Part pour le service militaire en 1932, et est affecté à la base marine de Toulon. Nommé quartier-maître, il se ré-engage à la suite de son temps légal. Libéré en avril 1939.

En août 1939 il est nommé directeur du groupe « La Mutuelle du Mans » à Montauban[323]. Mobilisé en septembre 1939, il passe par plusieurs batteries côtières (Rochefort, île de Ré, Sablonceaux), comme Maître cannonier. Fait prisonnier par les allemands à La Pallice, il est libéré assez vite, et est démobilisé le 11

---

323 Décrit comme « moyen, plutôt maigre, portant souvent des pantalons militaires avec bas blancs, le teint un peu bronzé. Peu de scrupules et assez vaniteux ».

août 1940.

Chef de la 1ère centaine du SOL puis de la Franc-Garde bénévole[324] du Tarn-et-Garonne (arrondissement de Montauban)[325]. Il dirigea lui-même l'enlèvement d'au moins deux dépôts d'armes clandestins, en 1942 puis 1944. Participa aux opérations de Haute-Savoie (départ au château de Ferron, le 27 février 1944, afin de suivre un stage préliminaire. Ils reviennent vers le 23 mars), avec rang de chef de trentaine[326]. Versé à la Franc-Garde permanente début juin 1944. Victime d'un grave accident de voiture le 29 juin 1944[327], il reste hospitalisé (clinique Denis, à Villebourbon) jusqu'à la Libération.

Evacué par chemin de fer le 14 août 1944. Ne voulant pas passer en Allemagne, il s'arrête à Montpellier, et se réfugie chez sa mère. Arrêté par la police le 22 août 1944. Condamné à vingt ans de travaux forcés, la dégradation nationale à vie et la confiscation de ses biens par la Cour de justice de Toulouse le 24 janvier 1946. Il sera incarcéré à Eysses.

Décédé le 24 juillet 1980 à Montpellier.

---

324 Qui ne comptait effectivement qu'une petite trentaine de membres en 1943.

325 Mentionné comme adjoint du chef départemental Descous, dans un rapport de police du 13 août 1943, concernant l'activisme de la Milice à Montauban.
   Cette information est sans doute erronée, car les carnets de compte officiels de la Milice, à l'été 1943, certifient que le poste de chef départemental-adjoint est à cette date vacant !
   Toutefois, De Cambiaire assura un très court intérim de chef départemental, en avril 1943, durant l'arrestation d'Ayral.

326 Source : témoignage du pseudo-milicien Henri Gamel. De Cambiaire déclara à son procès n'avoir eu aucun grade.

327 Le conducteur était le chef départemental-adjoint Alaux, qui, voulant essayer la nouvelle voiture, roula bien trop vite. La voiture fit une embardée à quatre kilomètre de Montauban.

Jean CAMBOT

Waffen-Grenadier der SS
Wachmann (KriegsmarineWerftpolizei)
Légionnaire / Soldat

Promotions :
Légionnaire / Soldat : janvier 1943
Wachmann (*KriegsmarineWerftpolizei*)
Waffen-Grenadier der SS : novembre 1944

Jean Antonin Cambot est né le 30 janvier 1921 à Montauban (département du Tarn-et-Garonne). Sorti de l'école à treize ans, il entre comme apprenti forgeron à Saint-Sulpice-Laurière, jusqu'à ses seize ans. Entre à la SNCF comme auxiliaire (grâce à son père) en 1937. Engagé dans l'armée à Tarbes à 1941.

Démobilisé (il servait alors au 3ème Régiment de Hussards, à Montauban)[328] en novembre 1942, il part pour le domicile de sa mère. Mais celle-ci ayant un amant, ce dernier entre en conflit avec Cambot, et le met à la porte[329]. Engagé à la Légion Tricolore, il débarque à Guéret le 8 janvier 1943, puis Versailles (il y reste trois semaines), puis envoyé au camp de Deba, en Pologne. Il est renvoyé dans ses foyers le 28 avril 1943, à cause de son casier judiciaire. Mis à la porte par son père à son retour en France, il demande un emploi à la LVF, qui lui conseille de s'engager dans la *KriegsmarineWerftpolizei* (police maritime allemande)[330], à La Rochelle.

Son unité est cantonnée à l'ancienne usine Hispano, à Saintes[331]. Parmi son activité, la garde d'ouvriers manutentionnaires (vérifier les ausweis), et il « donna » aussi des cheminots soupçonnés de sabotage. Il arrêta également un homme, qui avait insulté les allemands et les légionnaires français. Cambot touchait une solde de 4000 francs par mois. Il se replie avec son unité en août 1944, et aurait fait le coup de feu contre le maquis.

Repliée en Allemagne, l'unité est cantonnée Vesermunde durant sept semaines, deux semaines à Zeven, et peu de temps à Wilhelshaven. Leur rôle fut uniquement des travaux de déblaiement. Démobilisé le 11 décembre 1944, après un court séjour à la brigade SS « Charlemagne »[332]. Devient forgeron à Ilmenau, puis chauffeur (dans une fabrique de ouate de verre) à Dornfeld à partir du 28 mars. Après l'arrivée des alliés, il se mêle à un convoi de requis du STO, le 18 avril, et parvient à rentrer en France. Arrivé à Montauban, il est reconnu dans la rue, et lynché par la foule.

Jugé le 8 octobre 1945 par la Cour de justice de Toulouse, il est condamné aux travaux forcés à perpétuité et la dégradation nationale à vie.

---

328 Il aurait fait l'objet de sanctions et de plusieurs reproches pour fautes graves.
A noter qu'il fut condamné à de la prison avec sursis à deux reprises (mars et mai 1942) pour vol. La première fois, supportant mal la vie militaire, il avait emporté la valise à provisions d'un camarade, et s'était enfui de son unité, s'égarant jusqu'à Limoges, où il fut arrêté !
329 Ou tout simplement lui « conseille » de s'engager à la Légion Tricolore... C'est tout à fait possible, étant donné que la mère de Cambot et son amant (capitaine de l'armée française) sont partis en Allemagne (travailleurs volontaires ?) en avril 1943.
330 Dirigée par les lieutenants Denis et Jean Guénin (devenu officier de la division « Charlemagne »). Constituée d'environ 300 Français. Durant leur temps libre, il était demandé aux hommes de parcourir la ville, et d'obtenir des renseignements divers et variés.
331 Vêtus de bleu marine, casqués, porteurs d'un écusson tricolore. Ils avaient également des chambres réquisitionnées dans des hôtels.
332 Cambot déclara avoir refuser de servir à la Waffen-SS. Mais il n'a sans doute guère eu le choix car l'unité fut versée en bloc à la « Charlemagne » courant novembre 1944. Il a donc fort probablement fait un court séjour au sein de cette unité.

Louis COSTES

Secrétaire départemental du SOL (Tarn-et-Garonne)

Louis Jean Costes[333] est né le 21 décembre 1901 à Pommevic (département du Tarn-et-Garonne). Travaille depuis l'âge de quatorze ans au château de Bèze. Il en devient le régisseur à l'âge adulte (le propriétaire étant alors De Bideran). Costes fut secrétaire départemental du SOL du Tarn-et-Garonne[334], et démissionna avant la fin de l'année 1942[335].

Arrêté le 19 septembre 1944 par la gendarmerie, il est interné à la caserne Andreossy puis au camp de Septfonds. Jugé le 14 décembre 1944 par la Chambre civique du Tarn-et-Garonne, et condamné à cinq ans d'indignité nationale.

Gaston COURDY

Waffen-Grenadier der SS
Franc-Garde permanent (Tarn-et-Garonne)

Gaston Joseph Courdy est né le 4 décembre 1910 à Montbartier (département du Tarn-et-Garonne). Cultivateur à Montbartier, il fut membre du SOL puis de la Franc-Garde bénévole, ainsi que des Amis de la LVF. Rejoint la Franc-Garde permanente de Montauban à la mobilisation de juin 1944. Participa à plusieurs opérations (dont celle contre le maquis de Montricoux), et mena personnellement une arrestation de deux suspects dans son village d'origine[336]. Décrit comme un milicien fervent[337].

Combat en Poméranie au sein de la division « Charlemagne », il est fait prisonnier par les troupes soviétiques près de Belgard le 5 mars 1945. Passe par divers camps, en Russie jusqu'au 10 septembre 1945, puis est rapatrié en France.

Jugé le 29 mars 1946 par la Cour de justice de Toulouse, et condamné à vingt ans de travaux forcés, la dégradation nationale à vie et la confiscation de ses biens.

Décédé à Toulouse le 10 février 1983.

---

333 Prénom non certain. Mais un seul « Costes » apparaît sur la liste des personnes condamnées par la Cour de Justice de Montauban (AD de Haute-Garonne, 3808 W 19).
334 Occupait le poste au 1er mai 1942.
335 Salignon entre en fonction au 20 janvier 1943 au plus tard, on en déduit qu'il a succédé à Costes.
336 Suspects immédiatement relâchés par le capitaine allemand commandant la garnison locale. Le capitaine expulsa d'ailleurs Courdy de la localité.
337 Il déclara à une dame : « Vous ne savez pas ce que c'est que la guerre, mais quand vous aurez vu des personnes pendues vous verrez. »
A noter que Courdy déclara à son procès ne s'être occupé que de la buvette au casernement de la Franc-Garde. Ce qui est en partie vrai, un témoin confirma qu'il s'occupait

Robert CRINER

Chef de centaine du SOL & de la Franc-Garde bénévole (Caussade - Tarn-et-Garonne)

Robert Criner est né le 31 octobre 1910 à Villemomble (département de la Seine). Ingénieur physicien au laboratoire central de Caussade, il est mobilisé en septembre 1939. Le 5 mai 1940 il est détaché à la mission française d'achat, à Bienne.

Chef de la 6ème centaine du SOL puis de la Franc-Garde bénévole du Tarn-et-Garonne (arrondissement de Caussade)[338]. Il démissionne fin mars 1943 (car inquiet de la tournure pro-allemande), entrainant avec lui une bonne partie des membres de sa centaine, qui fut dissoute dans la foulée.

Arrêté le 22 août 1944. Jugé le 25 mai 1945 par la Chambre civique du Tarn-et-Garonne, il est condamné à l'indignité nationale, mais en sera relevé ultérieurement.

Jean-Pierre DECHAMBE

Franc-Garde permanent (Tarn-et-Garonne)
Secrétaire départemental de la LVF (Tarn-et-Garonne), membre du PPF, Franc-Garde bénévole

Jean-Pierre Dechambe[339] est né le 21 mai 1914 à Oran, en Algérie. Membre du PPF et Franc-Garde bénévole de la 1ère centaine du Tarn-et-Garonne. Nommé secrétaire départemental de la LVF du Tarn-et-Garonne vers mars 1944[340], Il rejoint la Franc-garde permanente (simple Franc-Garde) de Montauban en juin 1944 avant la Libération.

Condamné à mort par contumace le 2 juillet 1945 par la Cour de justice de Toulouse.

---

338 Parmi les cantons sous la tutelle de la centaine Criner : Caussade, Septfonds, Saint-Antonin, etc.
339 Son nom est parfois écrit « Dechambre ». Il s'agit d'une erreur.
340 Signe un document à ce poste le 3 avril 1944. Il n'était entré en fonction que depuis très peu de temps, remplaçant Quéreilhac.

André DELFOUR

Waffen-Grenadier der SS
Franc-Garde permanent (Tarn-et-Garonne)
SOL / Franc-Garde bénévole (Lafrançaise - Tarn-et-Garonne)

André Louis René Delfour[341] est né le 30 août 1912 à Lafrançaise (département du Tarn-et-Garonne). Fait prisonnier en juin 1940 par les allemands. Il parvient à s'évader durant l'hiver 1941-1942 et rentre chez lui à Lafrançaise, et reprend son travail de cultivateur.

Adhère au SOL puis à la Franc-Garde bénévole. Répond à l'appel de mobilisation du 8 juin 1944, et rejoint l'unité Franc-Garde permanente de Montauban. Il participa à la plupart des opérations contre les maquis du département.

Replié en Allemagne et versé à la Waffen-SS (régiment SS 58). Capturé en Poméranie, le 10 mars 1945, après s'être cacher plusieurs jours.

Jugé le 20 mai 1946 par la Cour de justice de Toulouse, et condamné à vingt ans de travaux forcés, la dégradation nationale à vie et la confiscation de ses biens.

Décédé le 24 mai 1972 à Montauban.

---

341 Son état-civil ne porte que « Louis René » comme prénoms. Pourtant, il est bien cité comme « André » dans son dossier Cour de justice.

Pierre FABRE

Chef de dizaine de la Franc-Garde permanente (Tarn-et-Garonne)
Chef de trentaine-adjoint de la Franc-Garde bénévole (Montauban - Tarn-et-Garonne)

Promotions :
Chef de trentaine-adjoint (Franc-Garde bénévole)
Chef de dizaine (Franc-Garde permanente)[342] : juin 1944

Pierre Jules Fabre est né le 2 février 1902 à Graissesac (département de l'Hérault). Greffier au tribunal de commerce de Montauban, il adhère au SOL dès sa formation, puis passe à la Milice, sans doute comme chef de trentaine-adjoint. Il fit un stage à l'école des cadres SOL de Tarbes.

Incorporé dans la Franc-Garde permanente en juin 1944, avec peut-être le grade de chef de dizaine. Replié en Allemagne, il est reconnu inapte à Ulm, en octobre 1944. Il intègre le bataillon milicien Carus, qui finit la guerre en Italie[343]. Capturé à Tirano avec ses camarades.

Jugé le 4 mars 1946 par la Cour de justice de Toulouse, et condamné à dix-huit mois de prison, mille francs d'amende, la dégradation nationale à vie et la confiscation de ses biens (présents et à venir) jusqu'à l'occurence de moitié.

Marcel GALAN

Waffen-Grenadier der SS
Franc-Garde permanent (Tarn-et-Garonne)

Marcel Galan est né le 8 novembre 1923 à Caylus (département du Tarn-et-Garonne). Orphelin depuis son plus jeune âge, il est placé à l'Assistance Publique. Adopté par une famille en 1925. Employé agricole depuis 1937. Il s'engage dans la Marine le 18 juin 1942. Démobilisé en novembre 1942, suite à la dissolution de l'armée d'armistice. Il retourne travaille comme domestique agricole dans le Tarn-et-Garonne. Appelé aux Chantiers de jeunesse de juillet à novembre 1943.

Jugeant son salaire d'ouvrier agricole insuffisant, et désirant aider ses parents adoptis, très pauvres, il s'engage dans la Franc-Garde permanente le 26 mai 1944. Il est instruit jusque début juillet 1944, date où sa trentaine (chef Féral) est envoyée à Angoulême.

Déclaré apte pour la Waffen-SS, et intégré à la brigade « Charlemagne » (sous menace de mines de sel). Combat en Poméranie, au sein de la troisième section de la 6ème compagnie du régiment SS 58, puis dans la poche de Dantzig. Evacué par mar, rejoint la division « Charlemagne » à Neustrelitz, et est hospalisé trois semaines en raison d'une entorse à la cheville. Capturé le 3 mai 1945.

Jugé le 30 avril 1946 par la Cour de justice de Toulouse, il est condamné à six mois de prison et cinq ans d'indignité nationale.

---

342 Ses grades sont incertains. Un témoin dira qu'il fut chef de trentaine-adjoint (et un autre chef de centaine-adjoint, mais c'est fort peu probable, car à Montauban le chef de centaine-adjoint fut Féral). Fabre corrigea en disant avoir été « chef de dizaine adjoint » (sic).
Ce qui semble sûr, c'est que Fabre, au moment du passage à la Franc-Garde permanente, a été dégradé en raison du fait qu'il a été réformé du service militaire.

343 Fabre dira avoir été reconnu inapte au service armé à Ulm, et avoir ensuite été affecté comme bucheron à Stettin, avant de dire plus loin qu'il fut capturé à Tirano à la fin de la guerre. Il se contredit nettement.

Paul HECKENROTH

Waffen-Rottenführer der SS
Caporal / Gefreiter

Promotions :
Légionnaire / Soldat : 10.11.1941[344]
Caporal : 01.08.1944
Waffen-Sturmman der SS : 01.09.1944
Waffen-Rottenführer der SS : 01.01.1945

Paul Louis Jules Heckenroth est né le 6 septembre 1912 à Montauban (département du Tarn-et-Garonne). Quitte l'école à l'âge de treize ans pour travailler comme manœuvre. Il travaille ensuite dans la bâtiment, de avril 1930 à novembre 1931. Il occupe ensuite un emploi de secrétaire au Syndicat d'Initiative de Cambo-les-Bains, de 1932 à 1935, jusqu'au décès de son père en 1935.

Revenu à Montauban, il occupera ensuite plusieurs emplois de manœuvre et de laveur de voitures. Il occupa en 1935 le poste de trésorier du Secours populaire du Tarn-et-Garonne, où il fut accusé d'avoir détourné 500 francs[345]. Il s'inscrit ensuite dans les Jeunesses Patriotes, puis au PSF de 1936[346] à 1940, dont il fut exclu pour avoir contracter des dettes au jeu.

Exempté de la mobilisation en décembre 1939 (il avait été exempté de service militaire pour turberculose pulmonaire en 1932). Il est toutefois mobilisé dans le service auxiliaire du 170ème R.I à Toulouse, du 3 juin au 26 juillet 1940. Reprend son emploi de laveur-graisseur de voitures à Citroën. Quitte Montauban pour Souillac en octobre 1941[347], travaillant à l'électrification des voies ferrées. Ayant entendu de la formation de la LVF, il gagne Toulouse pour s'engager au bureau local , le 10 novembre 1941.

Affecté à la 10ème compagnie (section hors rang, comme deuxième tireur du fusil anti-char), puis comme cuisinier à la roulante (en raison de sa faible constitution physique). Passe brancardier en juillet 1942. Malade, il est hospitalisé à Gomel de mars à juin 1943. Bénéficia de deux permissions, en décembre 1942 et octobre 1943. Passe à l'infirmerie bataillonnaire en janvier 1944, puis à l'infirmerie régimentaire en mai (servant sous la direction du commandant Lelongt). Bénéficie d'une dernière permission du 26 mai au 15 juin 1944, qu'il passe chez lui à Montauban[348]. Ayant transité par Greifenberg, il semble avoir rejoint la LVF vers le 8 juillet 1944, en pleine débâcle.

Versé à la Waffen-SS en septembre 1944, il reste à Wilfdflecken jusqu'à une date inconnue, puis est hospitalisé à Bronzel jusqu'au 7 mars 1945, puis rejoint la caserne de Greifenberg, comme infirmier à la 3ème compagnie du Bataillon de marche. Fait prisonnier le 2 avril 1945 par les américains à Richtenhausen.

Jugé le 17 décembre 1945 par la Cour de justice de Toulouse, il est condamné à cinq ans de travaux forcés, la dégradation nationale à vie et la confiscation de ses biens.

Décédé à Mont-de-Marsan le 23 mai 1972.

---

344 Nommé 1ère Classe le 01.11.1942.
345 Heckenroth était souvent en situation difficile et sans emploi.
346 Il adhéra brièvement au Parti Communiste de juillet à novembre 1936.
347 Sa mère et son beau-père étaient partis aux vendanges, le laissant sans argent. Il vendit donc quelques objets appartenant à sa mère, et craignant sa colère, parti pour Souillac !
348 Sa mère lui avait pardonné son vol, mais lui reprochait de s'être engagé dans l'armée allemande.

Auguste ITIÉ

Waffen-Grenadier der SS
Franc-Garde permanent (Tarn-et-Garonne)

Auguste Itié est né le 24 avril 1900. Facteur des P.T.T à Bourg-de-Visa. Membre de la LFC, du SOL puis de la Milice (il profitait de ses tournées de facteur pour faire de la propagande), il se porte volontaire pour la Franc-Garde permanente, en février 1944, et part en Haute-Savoie. Il aurait été seulement vaguemestre durant les opérations. Après une permission passée chez lui en avril 1944, il fut sans doute affecté à l'unité Franc-Garde départementale.

Replié en Allemagne en août 1944, il est versé à la brigade « Charlemagne », comme palefrenier au *Fahrschwadron B*[349]. Fait prisonnier par les russes en mars 1945.

Jugé le 19 décembre 1945 par la Cour de justice de Toulouse, il est condamné à cinq ans de travaux forcés et la confiscation de ses biens (sauf en ce qui concerne sa pension d'invalidité à la suite de ses blessures de guerre).

Vartan KUREGIAN

Franc-Garde permanent (Tarn-et-Garonne)
SOL / Franc-Garde bénévole (Moissac – Tarn-et-Garonne)

Vartan Kuregian est né le 14 février 1885 à Tilflis, en Géorgie, dans une famille arménienne. Il combattit dans les armées russes blanches les premières années de la révolution bolchevique, après avoir combattu contre les allemands, de 1914 à 1917 (ses deux frères furent tués au combat). Il fut grièvement blessé à la tête en 1915. Réfugié en France après la révolution bolechvique, laissant tous ses proches derrière lui.

Réfugié à Moissac après l'armistice de juin 1940, il travaillait alors comme employé pour un grossiste de fruits et légumes.Il adhère à la LFC en 1941, et au SOL dans la foulée. Désirant être membre de la Milice, sa candidature est initialement refusée, en raison de son statut d'étranger. Mais à force d'insistances, elle est acceptée, le 4 novembre 1943. Sa principale motivation étant son anti-bolchevisme, choqué qu'il fut par les horreurs de la guerre civile russe[350]. Toutefois, il se refuse à faire de la politique pure, ou même à participer à des opérations anti-maquis, comme celle de Haute-Savoie.

Appelé à l'ordre de mobilisation de juin 1944, il refuse, répondant : « Je viendrai quand le peuple sera en révolution pour mettre ordre jusqu'à l'arrivée de l'armée régulière ». Il reçoit un ordre plus insistant le 15 juillet. Il s'y plie, et rejoint l'unité Franc-Garde permanente de Montauban le 24 juillet 1944. Il participa à plusieurs opérations d'importance secondaire.

Fuit dans le convoi milicien à la Libération, mais il abandonne ce dernier dans l'Ardèche, et se rend aux FFI locaux, se déclarant prêt à être passer par les armes. Il se justifie en arguant que la politique franco-française ne l'a jamais intéressé, qu'il fut toujours anti-allemand, et qu'il ne fut milicien que pour contrer le désordre et la révolution.

Jugé le 24 mai 1945 par la Cour de justice du Tarn-et-Garonne, il est condamné à dix ans de travaux forcés.

---

349 Il dira n'avoir pu être affecté à une unité d'infanterie car il était borgne (depuis 1921 au Maroc).
350 « Il a vu le gâchis en Russie, il ne veut pas le voir en France. Des familles entières fusillées, le sang qui coulait, tous ces souvenirs sont imprimés dans son cerveau » écrira le médecin de la Cour de justice en 1945.
Selon tous les témoins, il est décrit comme un parfait honnête homme, toujours prêt à aider son prochain.

Émile MAUGNIE

Chef-adjoint du 2ème Service de la Milice Française (Tarn-et-Garonne)

Émile Jean Maugnie est né le 24 mars 1918 à Montauban (département du Tarn-et-Garonne). Il commence à travailler comme clerc de notaire à l'âge de dix-huit ans. Ses parents ayant acheter un commerce d'article de chasse et de pêche, place Victor Hugo à Montauban, il travaille dans l'entreprise familiale.

Mobilisé d'octobre 1938 à avril 1941, il servit au sein du 117ème R.A.L, puis au 16ème R.A.D. Avec cette unité il participa à la campagne de 1940. Il participa à la bataille de Dunkerque, et fut l'un des rares survivants du « Sirocco », torpillé le 31 mai. Après une heure de nage, il fut repêché par une barque. Il ne reste que peu de temps en Angleterre, et est rapatrié en France, à Evreux. Après l'armistice il sert au 24ème R.A (à Agen) puis au 404ème R.A. (à Ramonville-Sainte-Agne). Démobilisé le 30 avril 1941, il revient à Montauban, se marie, et reprend la boutique familiale.

Adhère à la Milice en mars 1943 (comme simple Franc-Garde), pour éviter de partir au STO. Chef-adjoint du 2ème Service de la Milice Française du Tarn-et-Garonne de fin mars[351] au 18 mai 1944. Il exerçait ses fonctions à titre bénévole. Il participa à plusieurs enquêtes ayant abouti à des arrestations, la surveillance des fonctionnaires (policiers et professeurs notamment) de la ville, des cafés, ainsi que la récupération de sept contenaires parachutés à Réalville, en avril 1944[352]. Il démissionne le 18 mai 1944, en même temps que son supérieur, Houard.

Ayant refuser de répondre à l'appel de mobilisation de la Milice de juin 1944, il part se cacher à Lavilledieu. Revenu à Montauban le 18 juillet, il est reconnu par deux miliciens, et est mis aux arrêts[353]. Il s'évade de la prison de la Milice le 16 août 1944 (avec la complicité du chef Féral), et essaye de gagner le maquis, sans succès, faute de renseignements[354].

Jugé le 19 décembre 1944 par la Cour de justice du Tarn-et-Garonne, il est condamné à trois ans de prison et l'indignité nationale.

---

351 Toutefois il officiait pour le 2ème Service depuis quelques temps avant.

352 Afin de faire croire à une grande activité de leur Service, Maugnie et Houard dénoncèrent un dépôt d'armes qu'ils avaient eux-mêmes constitués avec leurs propres fusils de chasse ! Mais ils se gardèrent bien de « donner » leur trouvaille.

353 Accusé de complicité dans l'attentat qui coûta la vie au chef milicien d'Artenset, certains miliciens voulaient lui faire la peau...
Le résistant Armand Delrieu (qui connaissait Maugnie depuis des années, mais ne s'était jamais dévoilé ouvertement de ses opinions) se servit de Maugnie comme d'un appât pour attirer d'Artenset dans le guet-appens mortel : Maugnie vint trouver Delrieu avec sa lettre de démission de la Milice, vers le 10 juin 1944. Delrieu dévoila sa qualité de résistant, puis l'envoya donc en lieu sûr, à Lavilledieu, puis posta la lette de démission de Maugnie. Il fit ensuite semblant de vouloir « donner » Maugnie à la Milice, et avertir d'Artenset. Ainsi, il conduisit d'Artenset et Renard dans le traquenard (avec l'aide du milicien retourné Sarret).

354 La Milice s'est présentée le jour même à son domicile (sous la direction du chef Brilles), pensant l'y trouver. A défaut elle fait main basse sur 50 000 francs et sa collection de timbres (après avoir menacer de faire exploser la maison!). Mais le butin sera rapporté le lendemain.

Bernard MAURICE

Secrétaire départemental de la LVF / Légion Tricolore (Tarn-et-Garonne)
Adjudant / Feldwebel

Bernard Albert Jean Maurice est né le 11 octobre 1898 à Troyes (département de l'Aube). Fait ses études au lycée de Troyes, puis à Vésoul. En 1916 il reprend la distillerie de son père, décédé. Mobilisé en 1917 au 87ème R.A.L., à Dijon. Instruit à l'école d'aviation de Chartres. Son instruction terminée, il est versé à une escadrille (Spa 93 GC 15). Quatre victoires à son actif. Décoré de la *Croix de guerre* avec quatre citations et de la *Médaille militaire*.

Démobilisé en 1920 (au grade d'adjudant), il revient à Vésoul chez sa mère. Mais ayant des revers de fortune, il se ré-engage dans l'aviation (il avait été nommé officier de réserve), en 1922. Sert à Istres, comme moniteur, puis à Chartres (22ème Régiment d'aviation) à partir de 1925. Quitte l'armée en 1926, et entre comme pilote d'essai à la Maison Henriot, à Villacoublay. Ré-intègre l'armée en juillet 1930, affecté au au 21ème Régiment d'aviation, à Nancy. Démissionne en avril 1932, et devient moniteur à l'aéro-club de Luxeuil.

Mobilisé en septembre 1939, et affecté comme moniteur au Centre d'instruction de Montpellier. En mai 1940 il est affecté au centre de renseignements de La Poste du quartier Saint-Aubin. Démobilisé en décembre 1940. Il avait comme projet de passer en Angleterre, mais ne put le réaliser, par manque de fonds. Il devient directeur adjoint du Centre des permissionnaires de Luchon, avant d'être démobilisé définitivement en août 1941.

Engagé à la LVF (matricule 2792) le 22 septembre 1941[355] à Toulouse, avec le grade d'adjudant. Incorporé à la 8ème compagnie[356], il monte en ligne, mais est évacué pour pieds gelés dès le 16 novembre 1941, et rapatrié à Breslau. Réformé à Breslau le 21 mars 1942, il rentre à Versailles, et son contrat est résilié le 23 avril.

Peu après son arrivée à Toulouse, il est nommé secrétaire départemental de la LVF du Tarn-et-Garonne. Quitte ce poste à une date non connue[357]. Devient gardien à la Poudrerie Nationale, à Toulouse, en mars 1943. S'étant blessé à la main, il s'occupe d'assurances pendant six mois[358], puis entre comme magasinier au camp d'aviation militaire de Francazal, en avril 1944. Il ravitaillait clandestinement en essence le maquis de Saint-Lys d'avril à juin 1944. Il passe les dernières semaines de l'occupation dans cette formation FFI.

Arrêté le 20 août 1944, et incarcéré à la prison Saint-Michel, puis au camp de Noé, d'où il est libéré le 3 mai 1945. Jugé le 15 mars 1946 par la Cour de justice de Toulouse, il est acquitté.

---

355 Il dira s'être engagé car attiré par l'éventualité de la formation d'une escadrille aérienne de la LVF.
356 On ignore son rôle, peut-être *Spiess*, ou chef de section.
357 Encore actif au 24 août 1942.
358 Arrêté par la police allemande en mars 1944, pour trafic d'armes et distribution de tracts (il était gaulliste militant). Il ne resta que trois jours en prison.

Henri MÉRENS

Membre de la Milice Française (Tarn-et-Garonne)

Henri Charles Maurice Mérens est né le 26 février 1882 à Agen (département du Lot-et-Garonne). Vétéran de la guerre 1914-1918, *Chevalier de la Légion d'honneur*, il fut membre de l'Action Française jusqu'en 1936. Notaire honoraire et directeur de l'hospice privé de Caussade, il adhère à la Milice comme simple membre, mais ne pas preuve d'une grande activité.

En février ou mars 1944, les chefs Pissard et Gilles cherchent à reconstituer la 6ème centaine de la Franc-Garde bénévole du Tarn-et-Garonne (sans titulaire depuis le printemps 1943). Ils se rendent donc chez Mérens pour lui proposer le poste[359]. Mais ce dernier se montra héstant et n'accepta pas franchement la proposition, ou bien laissa trainer les choses.

Jugé le 5 mars 1945 par la Chambre civique du Tarn-et-Garonne, et condamné à cinq ans de dégradation nationale. Décédé le 23 octobre 1949 à Caussade.

Jean MEYNIEL

Chef de trentaine du SOL & de la Franc-Garde bénévole (Caussade - Tarn-et-Garonne)

Jean Olivier Meyniel[360] est né le 31 décembre 1903 à Murat (département du Cantal). Directeur de société à Caussade. Il était en 1940 affecté comme secrétaire du capitaine Debruères, commandant du quartier-général de la direction des étapes de la XVIIème Armée.

Chef de trentaine[361] du SOL puis de la Franc-Garde bénévole à Caussade. Il démissionne en avril 1943 au plus tard, jugeant que le chef régional et les chefs départementaux sont des incapables.

Se réfugie chez son frère en Auvergne, du 14 juillet au 23 septembre 1944. Il se rend de lui-même au Comité de Libération local, qui le laisse en liberté. Jugé en août 1945 par la Chambre civique de Toulouse, il est relevé de l'indignité nationale.

---

359 Mérens ayant un statut de notable, il pouvait faire un bon chef de centaine, selon les chefs miliciens.
360 Semble t-il aucun lien de parenté avec Jean Meyniel, chef départemental-adjoint de la Milice de l'Ariège.
361 Aucun grade n'est cité dans son dossier en justice (simplement « chef SOL »). Mais étant donné que le chef de l'arrondissement de Caussade était le chef de centaine Griner, on en déduit que Meyniel était chef cantonal de la ville.

Henri MONTAUT

Adjudant-chef (Légion Tricolore)

Henri Montaut est né le 25 novembre 1904 à Serres-sur-Arget (département de l'Ariège). S'engage en 1924 au 1er Régiment de Chasseurs d'Afrique, à Rabat. Il combat avec brio en 1940 (alors affecté au G.R. 42), pour preuve sa *Croix de guerre* avec trois citations.

Quelques temps après l'Armistice, il rejoint le 8ème Cuirassiers, à Châteauroux. De janvier à mai 1941 il est affecté au camp Sainte-Marthe, à Marseille, et y dirige les volontaires pour l'armée en Afrique du nord. Envoyé au Levant (à Alep) fin mai 1941. Rapatrié en France en novembre 1941, et mis en congé d'armistice. Il possédait le grade d'adjudant-chef.

Installé à Nègrepelisse avec sa famille, il s'engage dans la Phalange Africaine fin 1942. Envoyé à Guéret, au dépôt de la Légion Tricolore, il fait un stage d'une dizaine de jours, puis résilie son contrat, après que l'on ait tenter de le convaincre de signer un engagement pour la LVF.

Travailleur volontaire en Allemagne[362] d'avril 1943 à avril 1945, dans une entreprise de transports. Les américains les libèrent le 4 avril 1945, et Montaut et ses camarades sont mis à la disposition d'un officier français, afin de l'aider à trouver les membres locaux du NSDAP.

Jugé le 31 août 1945 par la Cour de justice de Toulouse, il est condamné à cinq ans de travaux forcés et la dégradation nationale.

Hector ROQUES

Chef de trentaine de la Franc-Garde bénévole (Bouillac - Tarn-et-Garonne)

Hector Roques est né le 24 mars 1916 à Sarrant (département du Gers). Cultivateur à Bouillac, il adhère à la Milice fin octobre 1943, sur influence du chef Faubin (chef de la 5ème centaine). Ce dernier le proposa chef de trentaine, en février 1944 semble t-il[363]. Roques n'étant plus très intéressé par la Milice, il décide de démissionner en écrivant à Faubin. Ne recevant pas de réponse, il demande à ce dernier d'enregistrer sa démission.

Convoqué par l'ordre général de mobilisation, Roques refuse d'y répondre. Craignant des représailles, il se réfugie chez son ancien patron, courant juillet 1944. Il rentre chez en août, et se porte volontaire pour faire partie du groupe FFI local.

Arrêté le 9 septembre 1944 par les FFI de Beaumont-de-Lomagne. Jugé le 13 décembre 1944 par la Chambre civique du Tarn-et-Garonne, il est condamné à l'indignité nationale, malgré une pétition en sa faveur de camarades résistants locaux.

---

362 Selon Montaut, il fut pris dans une rafle policière à Toulouse, le 1er avril 1943, et forcé de partir en Allemagne. Là-bas, il fit douze jours de camp de concentration, avant de devoir se porter volontaire pour travailler à l'extérieur... Version peu probable, sa femme ayant bien toucher une allocation familiale à partir de juin 1943...

363 Il est possible que Roques ait dit cela pour se dédouaner à son procès.

Jean SALIGNON

Chef du 1ᵉʳ Service de la Milice Française (Tarn-et-Garonne)
Secrétaire départemental du SOL & de la Milice Française (Tarn-et-Garonne)

Jean Paul Salignon est né le 6 juin 1907 à Nîmes (département du Gard). Cultivateur à Sistels, il est mobilisé en 1939-1940, comme observateur au 117ème R.A.A. Secrétaire départemental du SOL puis de la Milice du Tarn-et-Garonne du 20 janvier[364] à fin mars 1943[365]. Il effectua le premier stage à l'école d'Uriage. Il devient chef du 1ᵉʳ Service en avril 1943 (à son retour du stage), poste qu'il occupe jusque début juillet[366]. Il démissionna de la Milice car en conflit avec ses supérieurs, du fait de leur honnêteté douteuse.

Regagne son travail d'agriculteur à Sistels, et ne s'occupe plus de politique. Arrêté par le maquis de Cuq le 11 juin 1944, en raison de son passé, il est libéré deux jours après. Il rejoint ce maquis sous le pseudonyme de « Larousse ». Participa aux combats d'Astaffort.

Arrêté le 16 octobre 1944 dans le Jura, alors qu'il servait dans une unité FFI (Brigade légère du Lot-et-Garonne). Jugé le 9 juillet 1945 par la Chambre civique de Toulouse et condamné à la dégradation nationale à vie.

---

364 Il est toutefois possible qu'il entre en fonction plus tôt (ou à un autre poste du bureau départemental), car les témoignages de ses voisins semblent confirmer qu'il quitta Sistels pour Montauban dans le courant de l'année 1942...
365 Signe un document à ce poste le 17 février 1943.
366 Il quitte la Milice en juillet 1943 au plus tard (ou juin selon ses propres déclarations), car après cela il n'apparaît plus dans les cadres du département.

Jean SQUILBIN

Waffen-Grenadier der SS
Légionnaire / Soldat

Jean Maurice Armand Squilbin est né le 27 décembre 1920 à Chaignay (département de la Côte d'Or). Engagé le 4 février 1941 au 62ème RAC, à Manouba (Tunisie). En permission fin octobre 1942, il ne peut rejoindre son corps à cause du débarquement allié de novembre 1942. Envoyé à Draguignan, où il est démobilisé.

Revient travailler dans l'exploitation familiale, à Verdun-sur-Garonne[367]. Il est possible qu'il ait adhéré à la Milice[368]. Il veut rejoindre la gendarmerie, mais son manque d'instruction l'en empêche. Ayant reçu plusieurs convocations pour le STO, et influencé par son père, il franchit la porte du bureau de la LVF de Toulouse, en août 1943.

Part à Versailles le 10 août, et au camp de Kruszyna une diraine de jours après. Son instruction se termine fin décembre 1943, et est il affecté à une compagnie du IIIème Bataillon[369]. Il fera une permission remarquée à Verdun-sur-Garonne, en mai 1944, y arrivant le premier jour en uniforme allemand. Sa permission se termine le 22 mai, et il regagne son unité.

D'août à novembre 1944 il est à l'instruction à Saalesch[370]. Il est ensuite affecté au camp de Wildflecken, avec le reste de la brigade SS « Charlemagne ». Après un stage d'artillerie à Josefstadt, il est affecté au premier groupe de la 1ère baterie du *Waffen-Artillerie-Abteilung der SS 33*[371]. Les artilleurs rejoignent la division « Charlemagne » alors qu'elle est déjà engagée, début mars 1945. Il semble que Squilbin ait fait partie du bataillon Français SS ayant combattu dans la poche de Dantzig, car il fut évacué par mer sur Copenhague avant l'encerclement final. Arrêté par les autorités françaises à Neustrelitz.

Condamné à dix ans de travaux forcés et la dégradation nationale par la Cour de justice de Toulouse, le 17 novembre 1945.

---

367 Son père (et deux de ses frères) est Maurice Squilbin, milicien notoire (et membre du PPF), puis Franc-Garde permanent, ayant participé à nombre d'opérations dans le Tarn-et-Garonne, sous la direction des chefs Brilles et Durand. L'une des sœurs, Madeleine, fut arrêtée, torturée et abattue par les FFI le 24 août 1944.

368 Non certain, mais on était en tout cas collaborationniste chez les Squilbin. Jean lui-même se chargeait de menacer les gens un peu trop anti-allemands. Comme durant une séance de cinéma à Verdun-sur-Garonne, où les actualités allemandes furent sifflées par le public, et où Squilbin intervint auprès du chef de la gendarmerie (lui aussi présent dans la salle) et le menaca pour qu'il fasse immédiatement cesser les perturbations.

369 Il aurait passé quatre mois hospitalisé à cause d'une pneumonie...

370 Il prétendit avoir été réfractaire au passage à la SS, et faillit purger une peine de six mois de prison à cause de cela. Peine qu'il n'aurait pas purgée en raison de sa santé.

371 Il n'a pas été possible de savoir si Squilbin possédait un modeste grade de caporal (ou sous-officier) dans la LVF ou la SS. A priori non.

Guillaume THAU

Franc-Garde permanent (Tarn-et-Garonne)
Chef de trentaine de la Franc-Garde bénévole (Verdun-sur-Garonne - Tarn-et-Garonne)

Promotions :
Chef de main (SOL / Franc-Garde bénévole)
Chef de trentaine (Franc-Garde bénévole) : 13.12.1943
Franc-Garde (Franc-Garde permanente) : juin 1944

Guillaume Thau est né le 18 novembre 1892 à Bessens (département du Tarn-et-Garonne). Adjudant de carrière en retraite, il s'installe comme agriculteur à Bessens en 1940. Il adhère à la LFC. Chef de main du SOL, promu chef de trentaine de la Franc-Garde bénévole de Verdun-sur-Garonne[372] le 13 décembre 1943. Rejoint la Franc-Garde permanente à Montauban en juin 1944.

Replié en Allemagne, il n'est pas versé à la SS en raison de son âge. D'abord affecté à Heuberg, puis à Sigmarigen, comme huissier.

Jugé le 4 mars 1946 par la Cour de justice de Toulouse, il est condamné à deux ans de prison, la dégradation nationale à vie, 1000 francs d'amende et la confiscation de ses biens (présents et à venir) à hauteur de moitié.

Décédé le 4 août 1974.

Hippolyte VIATGÉ

Chef de trentaine-adjoint du SOL & de la Franc-Garde bénévole (Montauban – Tarn-et-Garonne)

Hippolyte Viatgé est né le 21 octobre 1913 à Toulouse (département de la Haute-Garonne). Chef d'une entreprise de maçonnerie à Montauban, entre au SOL en avril 1942, comme chef de trentaine-adjoint (secondant le chef Bouquillard). Il garde le même rang dans la Franc-Garde. Il démissionne en octobre 1943, par crainte des menaces sur sa personne. Il sera « relancé » par ses anciens camarades pour reprendre du service. Mais désirant pouvoir porter une arme, il se ré-inscrit en avril 1944. Il participa à au moins une opération de récupération d'armes parachutées, à Bressols.

En juin 1944 il reçoit la visite à son domicile des chefs Espirac et De Cambiaire, pour l'enjoindre à rejoindre la Franc-Garde permanente. Il refuse catégoriquement. Le 12 juillet 1944, il reçoit une lettre recommandée. Arrêté par la Milice le 18 juillet 1944, il est gardé au lycée Michelet jusqu'au 17 août, date où il parvient à s'évader, au moment où la Milice plie bagages. Arrêté à son domicile par la police le 5 septembre 1944.

Condamné à sept ans de travaux forcés, la confiscation de ses biens et l'indignité nationale à vie par la Cour de justice du Tarn-et-Garonne le 29 mai 1945.

---

372 Dépendait de la 2ème centaine (Labastide-Saint-Pierre).

Edmond VIGNALS

Légionnaire / Soldat

Edmond Vignals est né le 2 novembre 1910 à Montauban (département du Tarn-et-Garonne). Adhérent des Jeunesses Radicales Socialistes (section de Moissac) depuis 1936. Mobilisé en 1939-1940. Il trouve ensuite deux emplois, comme opérateur de cinéma, et employé au Bureau central militaire de Montauban (en qualité d'auxiliaire) de l'été 1940 à mai 1941, date où il est licencié suite à une compression de personnel. Il travaille ensuite pour une société de mise en place de lignes hautes tentions (il est électricien de métier).

A nouveau licencié en octobre 1941, et sans ressources, il part à Toulouse pour s'engager à la LVF, courant novembre. Il parvient à se faire réformer (soi-disant pour sa mauvaise dentition), et est renvoyé en France. Arrive chez lui à Moissac, fin janvier 1942.

Au mois de mai de la même année il se présente à l'Office de Placement Allemand de Royan[373], et contracte un contrat de travailleur en Allemagne pour un an. Envoyé dans une usine de Watenstedt, en qualité de perçeur. Il renouvellera son contrat par la suite. Les américains débarquent le 13 avril 1945. Il est rapatrié en France dans un convoi de requis. Arrêté par la police à sa sortie du train.

Jugé le 28 août 1945 par la Cour de justice de Toulouse, il est condamné à deux ans de prison et la dégradation nationale.

---

373 Il résidait avec sa femme (chez la mère et le frère de celle-ci) à Royan depuis quelques semaines, dans l'espoir de travailler dans la pêche en mer.

Pierre VIGOUROUX

Lieutenant-colonel (Légion Tricolore)

Pierre François Vigouroux est né le 24 octobre 1886 à Puymirol (département du Lot-et-Garonne). Participe au conflit 14-18, décoré de la *Croix de guerre* avec trois citations. Il avait rang d'*Officier de la Légion d'honneur*.

En 1939-1940 il commande la 42ème demi-grade de Chasseurs Alpins. Après l'armistice de juin 1940 il commande le centre démobilisateur de Carpiagne, dans les Bouches-du-Rhône. Il favorisa le départ des militaires polonais pour l'Afrique du nord. Mis en retraite le 24 octobre 1940, il se retire à Marseille, et adhère à la LFC. Il part habiter Montauban en décembre 1941, dans la propriété de sa femme, qu'il aide à exploiter.

S'engage à la Légion Tricolore le 20 juillet 1942, sur la demande du général Galy, son camarade à Saint-Cyr, qui avait été son colonel durant la campagne de 1940. On lui confie le commandement administratif du dépôt de la Légion Tricolore. Il démissionne le 16 novembre 1942, suite à l'invasion de la zone libre par les allemands (il était également inquiet de l'influence PPF sur la Légion, et du fait que ses membres devaient éventuellement passer à la LVF). Sa démission étant refusée, il est mis en congé d'office. Il la renouvelle le 10 décembre suivant, en écrivant au colonel Puaud, qui l'accepta.

Il ne s'occupe plus de politique jusqu'à la Libération, cachant même des réfractaires du STO dans sa propriété. Jugé le 6 novembre 1945 par la Chambre civique de Toulouse, il est relevé de l'indignité nationale.

René VIGUIÉ

Chef de dizaine de la Franc-Garde permanente (Tarn-et-Garonne)

René Pierre Viguié est né le 24 septembre 1922 à Donzac (département du Tarn-et-Garonne). Appelé aux Chantiers de Jeunesse le 3 septembre 1942, et affecté dans un camp ariégois. Dissous par les allemands en février 1943, le camp est muté à Saint-Germain-des-Prés (Dordogne). Appelé pour le STO le 8 mai 1943, il quitte le camp et se réfugie chez sa grand-mère, à Gimbrède (Gers). Recherché par la gendarmerie, et ne voulant pas ennuyer ses parents, il se décide à regagner les Chantiers de Jeunesse, à la mi-juillet[374]. Appelé à passer la visite médicale STO à Périgueux, le 22 août, il est déclaré inapte pour le service en Allemagne, mais bon pour celui en France.

Envoyé sur les chantiers de l'Organisation Todt, à Paradou. Renvoyé par les allemands au sous-groupement d'Arles (ceux-ci ne voulaient pas le garder car estimant qu'il faisait partie de la classe 1942, il aurait du faire son service en Allemagne), qui le limoge et le redirige sur son Chantier de Jeunesse de Dordogne. Libéré des Chantiers début novembre 1943, il regagne Montauban. Adhère à la Milice le 15 février 1944, sur influence de Boissard, où il est employé comme veilleur de nuit dans sa distillerie.

Appelé dans la Franc-Garde permanente de Tonneins quelques jours après, il gagne le château, où il est instruit jusqu'au 8 mars 1944, puis est envoyé à Vichy. Il participa probablement aux opérations de Haute-Savoie[375]. Revenu à Lamagistère le 6 avril 1944, il reprend son travail de magasinier à l'usine Boissard. Convoqué par l'ordre de mobilisation générale, il rejoint Montauban le 20 juin 1944[376]. Intégré avec le rang de chef de dizaine[377], il fait partie de la trentaine envoyée à Angoulême au maintien de l'ordre, du 8 juillet au 1er août 1944[378].

Fuit en Allemagne avec le convoi milicien, il semble avoir été réformé du service milicien actif en septembre 1944, en faisant une demande auprès des chefs De Perricot et Peribère. Travaillera quelques temps près de Nuremberg, à la construction de tranchées, puis est envoyé à Ulm. Il refuse également -à priori- d'être incorporé dans la Waffen-SS, et est condamné à vingt-cinq jours de cellule, du 19 novembre au 13 décembre. Affecté au camp d'Heuberg, qui regroupe tous les inaptes miliciens. Il « déserte » le 15 janvier 1945 (profitant d'un jour de quartier libre) et rejoint Fribourg. Il passe les derniers mois de la guerre dans une école de l'Organisation Technique, à Bad Krozingen[379]. Vers le 10 avril, une partie de l'OT évacue pour Lansberg.

Arrive à Evian-ls-Bains (via Genève) par train, le 1er mai 1945. Il se rend de lui-même à la gendarmerie[380], qui le considère comme suspect et l'interne. Après avoir connu plusieurs camps d'internement, il arrive à Toulouse le 12 juillet 1945, et est emprisonné au camp de Noé. Condamné à vingt ans de travaux forcés et la dégradation nationale par la Cour de justice de Toulouse le 17 novembre 1945.

---

374 Il avait entendu l'appel du Maréchal Pétain, début juillet 1943, certifiant qu'aucun réfractaire au STO ne serait poursuivi pénalement si il revenait dans la légalité.

375 Il ment probablement en déclarant qu'il parvient à se faire déclaré inapte, et être resté à Vichy durant un mois, travaillant sur des installations électriques.
Le milicien Gamel (résistant infiltré) déclarera que Viguié faisait partie de la troupe envoyée en Haute-Savoie.

376 Soi-disant sous la menace, car Renard et un car de miliciens étaient venus le prendre jusque chez lui.

377 Non certain, mais au moins un ex-prisonnier de la Milice déclara qu'il avait ce grade.

378 Viguié déclara avoir été employé principalement aux cuisines, durant son temps à la Franc-Garde permanente. C'est un mensonge, il est prouvé qu'il participa à plusieurs opérations, dont celles de La Française et de Corbarieu. Des prisonniers déclareront aussi que Viguié faisait respecter strictement le règlement.

379 Les explications de Viguié, courtes et confuses, ne permettent pas d'en savoir bien plus.
Là encore, il se dédouane comme il peut, en disant n'avoir rejoint cette unité que par hasard, en ayant rencontré un Français dans un bar de Fribourg, après sa « désertion », et qu'il n'accepta la proposition de rejoindre l'OT que dans le but de pouvoir rentrer plus vite en France !

380 Il avait entendu l'allocution du général De Gaulle du 6 avril 1945, qui disait que ceux qui n'avaient pas de dénonciations sur la conscience ou de sang sur les mains pouvaient se rendre aux autorités sans crainte.

"COLLABORATION"

GROUPEMENT DES ENERGIES FRANÇAISES POUR L'UNITÉ CONTINENTALE

9, RUE DE MARIGNAN
PARIS-VIIIe

LE NUMÉRO : 5 FR. MAI-JUIN 1944

• RÉNOVATION FRANÇAISE • RÉCONCILIATION FRANCO-ALLEMANDE • SOLIDARITÉ EUROPÉENNE •

Nos principes d'action

par JEAN WEILAND

Le 30 avril dernier se tenait à VICHY un congrès réunissant les dirigeants de tous les Comités " Collaboration " de zone Sud, en présence des représentants de Monsieur Pierre Laval, Chef du Gouvernement ; de Messieurs Abel Bonnard, Ministre Secrétaire d'État à l'Éducation Nationale ; Maurice Gabolde, Garde des Sceaux ; Marcel Déat, Ministre Secrétaire d'État au Travail et à la Solidarité Nationale ; Philippe Henriot, Secrétaire d'État à l'Information et à la Propagande ; du Général Bridoux, Secrétaire d'État à la Défense ; de Joseph Darnand, Secrétaire Général au Maintien de l'Ordre ; de plusieurs membres de l'Ambassade d'Allemagne et du corps diplomatique. MM. Ernest Fornairon, Secrétaire Général ; Jean Weiland, Vice-Président et Directeur Général ; Jacques Schweizer, Chef des Jeunes de l'Europe Nouvelle, et de Salvagnac, Président du Comité de Toulouse, prirent successivement la parole.
Voici le discours de M. Jean Weiland.

Excellences,
Messieurs,

S'IL est un désir dont j'ai, depuis longtemps, ardemment souhaité la réalisation, c'est bien celui de voir, réunis autour de nous, ces Français courageux et dévoués qui ont accepté de représenter en zone Sud notre Groupement et d'en répandre la doctrine.

Ce jour est arrivé. Je m'en réjouis sincèrement, et je vous rends grâces, messieurs, d'avoir répondu à notre appel.

FONDÉ au lendemain de la défaite, autorisé au début de l'année 1941, le Groupe COLLABORATION, comme l'on disait alors, s'est rapidement et facilement développé en zone occupée.

Ce n'est que plus tard, à la suite d'une autorisation arrachée à l'amiral Darlan, qu'il a pu pénétrer en zone libre.

Mais l'existence de la ligne de démarcation, les nombreux obstacles mis à son développement par une administration rétive, la quasi-impossibilité de correspondre, de voyager, et par conséquent d'avoir des contacts directs, la conception un peu spéciale que l'on a eue longtemps, dans cette partie de la France, à l'égard des problèmes de l'heure, un certain esprit d'indépendance aussi, il faut bien le dire, tout ceci avait contribué peu à peu à donner à notre Groupement en zone Sud une physionomie assez différente de celle que nous lui avions donnée en zone Nord.

JE vais tenter, messieurs, de vous démontrer tout d'abord que nous ne pouvons avoir, au Nord comme au Midi, à l'Est comme à l'Ouest, qu'une seule et même conception lorsque nous sommes placés en face de ce dilemme : la France veut-elle mourir ou veut-elle vivre ?

Si nous sommes d'accord sur les principes, nous le serons aussi, j'en suis certain, sur les méthodes.

ON a prétendu parfois que notre doctrine manquait de consistance et que nos directives étaient imprécises. Mais ceux qui nous adressent ce reproche ont-ils pris connaissance de nos statuts, de nos déclarations, lisent-ils notre Bulletin, s'inspirent-ils de nos circulaires ?

Comment la doctrine d'un mouvement auquel ce précurseur qu'est Fernand de BRINON a donné son patronage, et qui, à peine créé, a voulu comme président l'apôtre qu'est Alphonse de CHATEAUBRIANT, peut-elle être taxée d'imprécision ?

Alphonse de CHATEAUBRIANT qui, publiant en plein Front populaire sa *Gerbe des forces*, monument de clairvoyance et de prescience, montrait déjà à la France la voie dans laquelle nous nous efforçons depuis trois ans et demi de la ramener.

L'OCCASION est une déesse qui ne s'assied pas, écrivait un jour M. Abel BONNARD.

Le président LAVAL, au cours des sombres mois qui ont suivi la débâcle de juin 40, sut, par son labeur patient et silencieux, préparer cette occasion qui s'offrit à la France de la façon la plus inespérée en cette fin de journée d'octobre 1940, lorsque le vainqueur de Verdun, devenu le Chef de la France meurtrie, saisit la main que lui tendait le Führer.

Stupéfaits, trop de Français ont regardé sans comprendre, tant était ancrée en eux cette hantise des faibles : la peur d'être dupes. La grandeur du geste leur échappait ; sa portée — qui aurait dû leur donner le vertige — les laissait insensibles.

OH ! je sais bien que l'amertume de la défaite, l'opiniâtreté désespérée de l'Angleterre, l'habileté de sa propagande, la révélation du colosse bolchevick, le mirage de la puissance américaine, et puis aussi les boutiques trop souvent vides, les foyers sans charbon, expliquent le renforcement de cet état de bouderie de mauvais joueurs, que beaucoup de nos compatriotes ont manifesté sitôt la partie perdue.

Mais les autres, ceux qui, après avoir été accablés par les malheurs de la patrie, commençaient à se ressaisir parce qu'ils entrevoyaient tout ce que l'avenir contenait de promesses pour une France qui s'engageait résolument dans la voie que lui traçaient les magnifiques messages du Maréchal, ceux-là ne tardèrent pas à déchanter lorsqu'ils s'aperçurent de quelle manière ces messages étaient appliqués.

En octobre 1940, tous les espoirs étaient permis, mais c'est du 13 décembre que date l'histoire de nos plus grands malheurs.

DANS une causerie que j'ai faite, devant l'auditoire de nos premiers adhérents, quelques jours à peine après le 13 décembre 1940, je disais ceci :

« Beaucoup se demandent encore ce que c'est au juste que cette collaboration dont ils appréhendent un certain effet unilatéral, ainsi qu'elle présente plus d'avantages pour une France vaincue que pour une Allemagne victorieuse. Nous leur démontrerons quels bienfaits la France peut en retirer. Dans l'immédiat : relèvement de nos industries ; résorption du chômage ; retour de nombreuses séries de prisonniers ; allégement sensible des charges et des difficultés inhérentes à l'occupation.

« Dans un avenir prochain : débouchés assurés à nos produits industriels et agricoles ; association de la France à l'immense travail du rééquipement de l'Europe et de l'Afrique ; stabilisation de notre monnaie par son intégration dans le système financier européen ; participation de la France à l'établissement et à l'organisation d'un ordre européen nouveau, meilleur et plus juste, qui doit nécessairement suivre cette guerre…

« Et si l'Allemagne y gagne cette sécurité que lui apporterait une France rénovée, dont les aspirations seraient définitivement tournées vers les œuvres constructives de paix et non vers de stériles pensées de revanche, ne croyez-vous pas qu'elle favoriserait le relèvement de notre pays par une collaboration loyale ?

« Voici six mois presque jour pour jour — ajoutais-je — la France, après une défaite sans précédent, signait l'armistice avec l'Allemagne.

« Depuis lors, l'attitude du vainqueur, sa modération, ont forcé l'admiration des plus prévenus, des plus sceptiques.

« Mais des bouches méchantes ou perverses ont soufflé. Elles ont soufflé dans le pays. Elles ont soufflé jusque dans l'entourage même du Chef clairvoyant qui, après avoir déposé les armes, afin que tout ne fût pas perdu, avait décidé de saisir la main tendue du vainqueur afin que tout fût sauvé.

« Deux mois après l'entrevue de Montoire, la collaboration allait prendre son plein sens. La France allait en ressentir les premiers bienfaits.

« Une entrevue tout aussi importante était sur le point de consacrer les résultats obtenus au cours de négociations dont le moins qu'on puisse dire est que leur aboutissement améliorait sensiblement, pour la France, les conditions de l'armistice.

« Mais, en échange, l'Allemagne ne nous demandait-elle pas une coopération militaire, l'aide ou la remise de notre flotte ?

« Non, même pas : elle nous offrait de collaborer à la reconstruction de l'Europe

« Aussi, contre la collaboration redoutée, la cavalerie de Saint-Georges a donné.

« Et dans un dernier sursaut, ceux qui ne peuvent se résoudre, parce que leurs intérêts s'y opposent, à ce qu'une nouvelle France surgisse de ses ruines, ont fait échouer l'œuvre ébauchée.

« Vous voyez qu'il faut balayer, qu'il faut briser une fois pour toutes ces résistances criminelles, d'où qu'elles viennent.

Ces lignes sont, je le répète, de fin décembre 1940.

Ce n'est pas sans amertume que je les relis.

DANS une récente conférence, Dominique SORDET l'a lumineusement démontré : la Démocratie, qui s'écroulait avec notre défaite militaire, a repris les armes le 13 décembre. A cette date les forces actives et passives de la démocratie française sont passées sous l'autorité directe de l'Angleterre et des États-Unis. Et ceci nous donne la clef de toutes les catastrophes que nous avons vécues depuis trois ans.

Je ne résiste pas à la tentation de vous lire un passage de cette splendide conférence :

« Le mouvement de résistance qui commençait à s'organiser mettait en évidence une des constantes de la diathèse jacobine : le refus du réel. Non seulement les croyants de la démocratie, mais aussi tous les Français marqués profondément par l'empreinte de la démocratie — et c'était le cas de beaucoup de Français depuis de Gaulle jusqu'à Maurras — tous ces Français refusaient le réel, les uns en le fuyant, les autres en le niant. Quant aux prébendiers de la démocratie, que leur en coûtait-il de jouer le tout pour le tout ? L'encre de l'armistice n'était pas séchée, que le mot d'ordre courait partout : « On remet ça ! »

« Dire de cette deuxième guerre qu'elle est née d'un sursaut du sentiment national, c'est méconnaître absolument son véritable caractère, c'est lui conférer un prestige et une dignité qu'elle ne mérite en rien. »

J'AI dernièrement évoqué à la radio le bilan de Montoire. Voici les détails que donne Inter-France sur la cascade de catastrophes que la France a vu s'abattre sur elle depuis le 13 décembre 1940.

Avant l'armistice : La guerre de 1939-40 et la défaite de juin ont eu pour la France de lourdes conséquences, sans toutefois que notre puissance militaire fût totalement détruite. L'Allemagne n'avait nullement contesté la souveraineté de l'État français sur l'ensemble du pays. La France avait conservé tout son Empire colonial.

La flotte commerciale française avait perdu un peu moins du quart de son tonnage global.

Depuis l'armistice : La France a perdu, du fait des agressions anglo-américaines et de la dissidence nord-africaine, toute son armée, toutes ses forces coloniales, toute son aviation, toute sa flotte de guerre. Elle a perdu presque tout son Empire colonial.

La quasi-totalité de sa flotte de commerce lui a été ravie par les anglo-américains.

Depuis l'armistice, les agressions anglo-américaines, aériennes, militaires et navales, ont causé la mort de plus de 20.000 Français, militaires et civils ; près de 30.000 autres Français ont été blessés, et environ 1 million ont été sinistrés, ou bien ont dû abandonner leurs villes et leurs domiciles.

ET que dire du bilan moral ? Après l'écroulement du régime plouto-démocratique, le peuple français, réalisant presque l'unanimité nationale derrière le Maréchal Pétain et le président Laval, aspirait à une rénovation totale de notre politique intérieure et extérieure.

Trois ans et demi après l'armistice, la France, retournant à ses errements, offre le spectacle d'un peuple en pleine décomposition morale et spirituelle, en proie aux fantasmes de son imagination en délire, déchiré par des factions haineuses, acharné à sa propre ruine et glissant, par le terrorisme et le brigandage, à l'anarchie et à la guerre civile.

Le 13 décembre 1940, une conjuration avait voulu abattre Pierre Laval, artisan de Montoire.

Le 13 novembre 1943, une nouvelle conjuration a tenté — à l'insu de Pierre Laval — de rompre la solidarité franco-allemande, rétablie par la force des choses, et de réintégrer la France dans le camp des démocraties, en restaurant solennellement l'Assemblée Nationale, responsable de la déclaration de guerre de 1939.

Le coup était trop gros pour réussir, et le résultat, diamétralement opposé de celui qu'escomptaient les conjurés, fut l'éloignement de la plupart des éléments nocifs et le renforcement du Gouvernement par les éléments sains que vous connaissez.

Mais le mal fait à la France demeure.

**

SI donc la tâche nous apparaissait rude, au lendemain de la défaite, alors que nous tentions de rassembler les Français restés clairvoyants ou devenus lucides, combien plus pénible s'offre-t-elle à nous aujourd'hui, alors qu'il s'agit de sauver ce qui peut, ce qui doit être encore sauvé !

Nous avions déjà raison à France-Allemagne, lorsque nous écartions délibérément tout ce qui divisait, pour ne rechercher que ce qui pouvait, dans tous les domaines, rapprocher ces deux Nations complémentaires que la géographie a placées côte à côte, lorsque nous luttions pour écarter le spectre d'une guerre que nous savions perdue d'avance.

Nous avions encore raison, hier, lorsque nous affirmions que la France avait tout à gagner et rien à perdre en pratiquant une politique de collaboration.

Est-ce parce que nous n'avons été suivis que par une minorité que nous nous déclarons vaincus ?

Tant qu'il y aura encore une parcelle d'espoir, nous n'abandonnerons pas la partie.

***

Nous l'avons déclaré à maintes reprises : le choix que nous avons fait n'a pas été basé sur de successives et contradictoires hypothèses ; il n'est pas conditionné par les péripéties de la gigantesque lutte. Et le destin de la France n'est pas l'enjeu d'une partie de poker.

Alphonse de Chateaubriant a proclamé naguère :

« La seule vraie question est celle-ci : non pas qui sera le vainqueur, mais qui mérite de l'être. »

Et René Pichard du Page vous disait ici même, en juillet dernier :

« Les sentiments qui nous animent, n'étant pas liés au succès de l'Axe, survivraient même à son impossible échec. »

Philippe Henriot, reprenait cette idée dans son éditorial du 31 mars :

« Depuis un certain temps, disait-il, toutes les radios étrangères se donnent beaucoup de peine pour nous démontrer que l'Allemagne a déjà perdu la guerre. Elles énumèrent ses pertes, calculent la surface des pays qu'elle a abandonnés sur le front de l'Est, parlent plus brièvement de Cassino, annoncent le débarquement et elles en profitent pour affirmer que, dans ces conditions, ceux qui restent fidèles à la politique de Montoire sont ou bien des dupes, ou bien des vendus. Nous connaissons cette rengaine !

« Faut-il une fois encore rappeler à ceux qu'elle ébranle que la politique du Gouvernement français, loin d'être axée sur les aléas ou les contingences du conflit actuel, est basée sur des constantes politiques telles que, même si l'Allemagne devait être battue — et la démonstration reste à en faire — nous n'aurions rien à changer à la ligne que nous avons choisie et que nous ne suivons que parce qu'elle nous paraît la seule qui soit conforme aux intérêts permanents de notre pays. »

Un seul critérium, disais-je moi-même au micro de Radio-Paris : l'intérêt français.

La France a été profondément ulcérée par la défaite. L'occupation représente pour nous une charge pesante, une contrainte pénible et le rappel permanent de cette défaite. Nul ne saurait le nier.

Il ne s'agit pas d'aimer ou de ne pas aimer les Allemands, la question n'est pas du ressort du sentiment.

Mais il s'agit de défendre un patrimoine commun et, en défendant l'Europe, de défendre la France.

C'est cette conscience de la solidarité continentale qu'il importe de réveiller.

Je constate depuis bien longtemps que l'hostilité marquée au rapprochement franco-allemand ne procède pas, le plus souvent, de la rancune de la défaite ou d'une sentimentalité nationale exacerbée.

Ces sentiments sont exploités par ceux qui couvrent trop souvent du pavillon tricolore la marchandise communiste.

C'est parce que l'Allemagne est le seul barrage contre le bolchevisme qu'elle s'est attirée la haine de tous ces super-patriotes.

Voyez ce qui se passe dans cette Afrique du Nord, livrée par nos chefs félons aux Anglo-Américains et où, aujourd'hui, Marty et Grenier parlent en maîtres, au nom de Staline.

L'intérêt de la France était-il, oui ou non, de se ranger aux côtés de ceux qui luttent contre un fléau qui menace de submerger l'Europe, ou de faire un tremplin au bolchevisme ?

***

Voici donc, messieurs, que se dégage la voie rectiligne que nous avons suivie depuis Montoire, quels que fussent les obstacles qui l'obstruaient parfois.

Je ne vous ferai pas l'énumération des moyens que nous avons employés pour tenter d'éclairer une opinion souvent abusée et je n'entrerai pas dans le détail de notre activité. Les rapports annuels de notre Secrétaire général, publiés dans notre Bulletin, vous ont déjà renseignés à ce sujet.

Mais je voudrais néanmoins vous donner quelques aperçus d'une action qui, pour n'être pas spectaculaire et s'exercer le plus souvent en profondeur, n'en est pas moins réelle.

On a parfois dit de notre mouvement qu'il est apolitique. C'est une erreur.

Lorsqu'on a fait le choix que je vous ai indiqué tout à l'heure, on est politique.

Lorsqu'on a résumé son programme dans la formule :

Rénovation Française
Réconciliation Franco-Allemande
Solidarité Européenne

on est politique.

Mais nous ne sommes pas un *parti* politique, au sens trop longtemps attaché à ce mot. Les questions de boutique, les questions de personnes, la cuisine intérieure, ne nous intéressent pas.

L'action seule compte.

Les révolutionnaires nationaux, quelle que soit la couleur de leur chemise, veulent la même chose. Le jour où ils cesseront d'aller au combat en ordre dispersé, la Révolution sera sans doute sur le point de se faire.

L'union de tous les Français est un idéal : l'union de tous ceux qui savent comment refaire la France est un programme : c'est le nôtre.

**

Sur le plan de la Rénovation Française, notre action est nette ; nous favorisons tout ce qui est susceptible d'aider, dans tous les domaines, au redressement de la France ; nous combattons tout ce qui s'y oppose.

Certains nous ont reproché de ne pas être assez révolutionnaires, d'être trop pro-Laval.

Nous ne sommes pas pour un homme, nous sommes pour une politique. Et le Chef du Gouvernement fait actuellement précisément la politique que nous préconisons.

Ceux qui accusent le président Laval de manque d'autorité qui, méconnaissant les immenses difficultés de sa tâche écrasante, critiquent avec légèreté tout ce qu'il fait et qui, prodigues de conseils, savent si bien ce qu'il devrait faire, ceux-là font inconsciemment le jeu des adversaires de cette politique.

Nous avons conçu différemment notre rôle, et c'est pourquoi nous vous avons si souvent demandé de nous signaler des faits qui vous paraissent être les obstacles à l'action gouvernementale ou au but que nous poursuivons, sans toutefois tomber ni dans l'exagération, ni dans la délation.

Nous vous avons prié de contrôler soigneusement vos informations en vous abstenant scrupuleusement de tout esprit partisan ; nous vous avons recommandé de ne jamais oublier que le linge sale des Français doit être lavé par des Français.

Nous n'ignorons pas que les fonctionnaires français, comme l'a écrit Dominique SORDET, assurent depuis trois ans tous les services de l'arrière de l'armée de la résistance. Demeurés, dans leur immense majorité, intègres et désintéressés, les fonctionnaires français étaient devenus, non l'armature de l'État, mais l'armature du régime.

Comment s'étonner de l'attitude de l'administration, lorsqu'un gouvernement alors tombé aux mains d'une amicale de généraux et de financiers, publiait le 17 juillet 1940 un décret suspendant les garanties traditionnelles qui sont, pour les fonctionnaires, la juste contrepartie de leur pauvreté. Ce décret est à l'origine de la résistance des fonctionnaires, auxquels un gouvernement unanime aurait pu facilement, au lendemain de la débâcle, fixer la ligne du devoir.

Comme le dit encore Dominique SORDET :

« A la question de savoir dans quel camp est la France, dans celui des démocraties ou dans celui de la révolution européenne, il n'est fait, à partir du 13 décembre 1940, que des réponses embarrassées. »

Comment donc s'étonner que l'administration française soit restée l'un des derniers bastions de la démocratie, puisqu'on lui a enseigné qu'elle a tout à redouter d'une révolution européenne ?

Comment être surpris lorsqu'on constate qu'en matière de ravitaillement ou dans les désignations de la main-d'œuvre pour l'Allemagne, par exemple, les directives gouvernementales ont été systématiquement sabotées ?

Un peu partout, l'administration a organisé le désordre et la disette, attisant le mécontentement par des tracasseries sournoises. Un peu partout, elle a encouragé le maquis et le terrorisme.

Grace à l'aide que beaucoup d'entre vous nous ont donnée, nous avons obtenu, dans la lutte contre les sabotages de l'administration, des résultats positifs. Comme conséquence de nos interventions, des améliorations ont été constatées, des sanctions ont été prises.

Vous n'ignorez pas que le président Laval a adressé, le 20 janvier 1943, à tous les préfets des deux zones une circulaire les incitant à nous aider dans notre action. Cette circulaire n'est, bien souvent, pas sortie du Cabinet du Préfet, et elle est ignorée de la plupart des fonctionnaires.

Il ne tient qu'à vous, messieurs, de la faire surgir des cartons poussiéreux dans lesquels elle dort.

Partout où les dirigeants de nos Comités ont su s'imposer, les fonctionnaires récalcitrants ont battu en retraite!

* * *

MAIS pour refaire une âme et un cœur à la France, des décrets ne peuvent suffire.

Alphonse de CHATEAUBRIANT nous expliquait, voici peu de semaines, que le Français est à la merci des idéologies comme des injonctions de l'étranger, parce qu'il n'a plus d'images. L'imagination est à la base de l'action, elle crée des miracles. Sans imagination, le Français a vu petit et court, son horizon s'est rétréci, il n'a plus aspiré qu'au progrès matériel.

En créant des Sections, auxquelles peuvent s'inscrire tous ceux de nos membres que leurs affinités littéraires, artistiques, scientifiques... incitent à se grouper et qui, souhaitent de prendre contact avec le monde extérieur, avec l'Europe ; en leur donnant aussi l'occasion de revenir aux traditions abandonnées, aux exaltations des époques qui ont fait de la patrie une grande et noble collectivité, nous avons cherché à ramener nos compatriotes aux sources même de la vie et de la pensée, à les débarrasser des conceptions figées par un siècle et demi d'aberrations.

NOTRE Section Économique et Sociale, grâce à l'activité et à la personnalité de ses dirigeants, est rapidement devenue prépondérante. Nous admettons comme acquis qu'il n'y aura pas de Rénovation Française sans l'instauration d'un véritable socialisme.

Nous sommes persuadés que la manière la plus efficace de lutter contre le communisme est de réaliser, en France, un socialisme national, adapté à la forme de l'État, à l'économie, aux traditions, aux psychologies.

Mais nous savons aussi qu'on n'y parviendra pas par des demi-mesures, ni sans de profondes réformes de structure.

Les travaux de notre Section Économique et Sociale constituent déjà une contribution sérieuse à l'étude des problèmes européens qui vont se poser immédiatement après la guerre.

Deux principes essentiels l'ont guidée :

Le premier est négatif : Tout système révolutionnaire qui, quelles que soient les améliorations apportées à l'échange, en conserverait le principe, irait à un échec plus ou moins rapide.

Le second est positif : Le but de l'économie socialiste doit être la satisfaction des besoins des consommateurs, non des besoins solvables, mais des besoins réels. Ce qui nous amène obligatoirement à critiquer les destructions de richesses basées sur les nécessités comptables d'un ordre économique périmé. Tant qu'un seul homme aura froid et faim, il sera inhumain de détruire la moindre parcelle de nourriture, de vêtement ou d'objet de première nécessité.

Nous proclamons la faillite des systèmes basés sur la diminution de la production dont l'aboutissement fatal est la ruine de chacun par la ruine de tous. Notre Section Économique a estimé qu'elle devait hardiment prendre la tête de la tendance la plus logique qui découle des constatations faites quant à l'origine des événements mondiaux, celle qui consiste à rompre brutalement avec le passé et même avec le présent.

Tout le monde est d'accord sur le fait que c'est l'impasse économique qui a déclenché la guerre ; c'est pourquoi notre Section Économique a considéré qu'il était nécessaire en tout premier lieu de construire une nouvelle économie en lui subordonnant les points de vue politique, juridique, moral et social.

Nos différentes commissions, prenant comme bases de départ les principes du véritable socialisme énumérés dans la seconde partie du manifeste paru à notre Bulletin, ont étudié chacune pour leur compte les répercussions profondes des réformes de structure dont le but est de faire coïncider la prospérité de l'individu avec celle de la communauté, car un peuple ne peut être considéré comme prospère qu'à partir du moment où tous ses membres participent de cette prospérité.

La conclusion de nos commissions de l'Agriculture, du Bâtiment, de l'Industrie ont été formelles : les moyens de prospérité de la Communauté doivent être constamment contrôlables et contrôlés, donc dirigés par les gouvernants de cette communauté qui délèguent une partie de leur puissance aux offices de production. Il serait, en effet, inadmissible de laisser ces moyens de production entre les mains de personnes ou d'institutions susceptibles de considérer les intérêts de la communauté comme devant être assujettis à la consolidation de leurs propres profits ou possessions.

Il en résulte que la propriété des moyens de production, mise ainsi au service de la communauté, ne peut plus constituer une puissance ou une domination, puisque pour une production donnée elle devient le patrimoine de la profession tout entière dont la responsabilité vis-à-vis de l'État incombe à l'Office de Production intéressé ou à la Corporation correspondante.

Notre Commission de l'Agriculture a précisé d'autre part que la concurrence qui, hier, ruinait les paysans, ne pourra plus être demain le fixateur des prix. Sur ce point une profonde réforme s'impose puisque, au même titre que la production industrielle, la production agricole devra conditionner la richesse nationale en participant à la création de la monnaie gagée sur la production.

Il faudra donc qu'existent des organismes de prise en charge des produits dont le rôle s'étendra à la formation et au contrôle des prix de façon à créer un rapport de valeur entre les produits. Il en résultera une stabilité et une uniformité valables pour la France entière, la ville et la campagne, d'où une stabilité inconnue jusqu'ici du métier de paysan assurant désormais à la France un élément primordial de son équilibre et de sa richesse.

Notre Commission de l'Organisation Sociale du Travail a posé comme principe qu'aucun individu n'a de droits sans devoirs vis-à-vis de la communauté. De ce fait, le devoir du travail incombe à tous, de telle sorte que chacun a droit à sa part du travail de même qu'à sa part dans la production globale, c'est-à-dire du revenu national. Chaque individu vivant au sein de la communauté nationale acquiert *ipso facto* le droit à la vie assuré par le versement, de sa naissance jusqu'à sa mort, d'une quote-part du revenu national.

Cette interdépendance rend chaque membre de la Communauté étroitement solidaire de tous les autres membres. Elle ne pourra être réalisée dans toute sa plénitude que si le travail est réparti entre tous les individus valides de telle sorte qu'il devienne une nécessité sociale, voire une obligation, avec comme contre-partie, la disparition définitive du chômage quelle que soit la conjoncture économique et le développement des techniques de production.

Cette organisation sociale du travail ne pourra être laissée, comme certains se le figurent encore, à l'initiative privée. En effet, les richesses produites seront après la guerre et en raison directe de la main-d'œuvre, de l'outillage et surtout de l'énergie électrique, d'une telle abondance qu'une crise fantastique de surproduction est à prévoir dans les pays qui conserveront le régime capitaliste.

Afin qu'il y ait du travail pour tous, il sera indispensable de le répartir entre tous les hommes valides et cette répartition impliquera un organisme tout-puissant. Elle sera la base de l'organisation sociale future du continent et nécessitera la création d'un « service social du travail ». Il serait trop long de vous donner aujourd'hui des précisions sur tous ces détails, qu'il vous suffise de savoir qu'au sein de cette organisation socialiste intégrale, la valeur humaine de l'individu a été non seulement sauvegardée, mais encore considérée de telle sorte que sa libération progressive des servitudes du travail en est restée le but constamment poursuivi.

Dès le moment où les tâches communautaires ont été accomplies, rien ne s'oppose à l'élévation constante du niveau intellectuel, culturel et spirituel de l'individu.

L'accession à la propriété des biens à l'usage de l'individu ou de la famille constitue la récompense certaine à laquelle peut et doit prétendre chaque membre de la Communauté.

Dans le système que préconise notre Section Économique, la propriété privée, fruit du revenu de travail, est inviolable et sacrée, d'où résulte une sécurité absolue qui entraîne une possibilité inouïe d'expansion de la culture et des arts.

Mais cette sécurité du lendemain dont chaque être humain sera bénéficiaire après l'instauration d'un socialisme d'abondance ne pourra être complète qu'à la condition expresse que le problème de l'habitat rural et citadin soit résolu dans le cadre du minimum vital assuré par la collectivité. L'État doit intervenir d'une manière durable et efficace si l'on veut résoudre définitivement et totalement le problème crucial du logement.

Le financement de la construction en France, par exemple, de 300.000 logements par an ne constituera jamais un obstacle en économie socialiste où la monnaie est gagée par la production des biens de consommation et des services.

Toutes ces réformes que je ne puis qu'exposer hâtivement ont pour corollaire : une monnaie gagée sur la totalité de la production et des services. Telle que l'envisage notre Section Économique, cette monnaie ne doit être qu'un instrument de transmission permettant à la production, à toute la production, y compris les services collectifs, de passer à la consommation indéfinie. Par contre, son renouvellement et son accroissement seront assurés d'une façon permanente par la production qui augmentera sans cesse.

Nous arrivons à cette conception nouvelle et révolutionnaire, mais logique, que la richesse n'est pas du tout représentée par les signes monétaires, mais par la quantité et la qualité de la production des hommes et que nous ne devons plus revoir cette anomalie monstrueuse et stupide d'un pays envahi par une production soi-disant excédentaire, donc par la vraie richesse, et acculé, malgré cela et à cause de cela, à la faillite.

Dans cette nouvelle société, la sécurité matérielle et morale d'une part, et d'autre part l'assurance contre tous les risques étant implicitement garanties à chaque individu, l'épargne n'aura d'autre rôle que celui de permettre d'acquérir, par des paiements échelonnés ou différés des objets d'un prix excédant les possibilités immédiates de chacun.

Ce bref résumé ne peut que vous donner un aperçu du travail sérieux qui a été réalisé par notre Section Économique. On peut en tirer une conclusion certaine, c'est qu'une civilisation est morte et qu'une autre civilisation est en train de naître, préfigurée par le développement prodigieux de la technique, que l'homme avait créée pour diminuer sa peine et qu'il considère maintenant comme un insupportable fardeau, parce qu'il n'a pas su trouver la forme de société qui convient aux temps modernes.

Notre Section Économique a silencieusement édifié une structure nouvelle, nous la remercions chaleureusement pour cette élaboration magistrale.

°

Il est malheureusement difficile à nos membres de province de participer aux travaux de nos Sections, qui se réunissent à Paris. Ceux de nos membres de province, que ces questions intéressent, pourront néanmoins se mettre en rapports avec le Secrétariat de nos sections qui leur communiqueront les résultats des travaux, et recevra volontiers leurs suggestions.

D'autre part, nous envisageons d'envoyer dans différentes villes des conférenciers spécialement chargés de mettre nos membres au courant des conclusions de nos séances.

°

Nous n'avons pas manqué de susciter aussi la formation d'une section de Jeunes, car c'est, en somme, pour la jeunesse que nous bâtissons et nous estimons qu'elle a bien son mot à dire.

Notre Section des « Jeunes de l'Europe Nouvelle », sous l'impulsion de son chef,

---

" Quand la tragédie actuelle aura pris fin, et que grâce à la défense du continent par l'Allemagne, et aux efforts unis de l'Europe, notre civilisation sera définitivement à l'abri du danger que fait peser sur elle le bolchevisme, l'heure viendra où la France retrouvera et affirmera sa place. Cette place sera fonction de la discipline qu'Elle aura montrée dans l'épreuve, et de l'ordre qu'Elle aura su maintenir chez Elle."

" L'Europe n'aurait que faire d'une France divisée, oublieuse de ses traditions et de ses vertus, tandis que l'Occident attend beaucoup d'une France unie et fidèle, groupée autour de son chef légitime et de son drapeau."

PHILIPPE PÉTAIN.
28 Avril 1944

---

mon ami Jacques Schweizer, saura, j'en suis certain, lorsque tous ses membres auront compris la nécessité d'une coordination de leurs efforts avec les nôtres, devenir, dans la discipline et dans l'action révolutionnaire, une pépinière de chefs.

L'esprit qui anime la plupart d'entre eux m'en est un sûr garant.

Il ne tient qu'aux Jeunes de l'Europe Nouvelle d'être un jour l'aile marchante de notre mouvement, et c'est à eux, les aînés,

qu'incombe la tâche de leur tracer la route vers un lumineux avenir.

°

Le problème de la réconciliation franco-allemande est l'un de ceux vers lesquels — mon ami Ernest Fornairon vous le disait tout à l'heure — je me suis toujours senti attiré.

Jamais je n'ai pu me résoudre à considérer comme inéluctables les périodiques hécatombes, et j'ai toujours cherché à faire partager, autour de moi, en Allemagne comme en France, ma conviction qu'une solution pouvait être trouvée.

Que l'on ait admis ou non la légitimité des revendications du peuple allemand, il fallait être fou pour se mettre en travers je disais

de celle qui apparaissait comme la plus juste : le retour au Reich d'une ville foncièrement allemande et l'abolition de ce couloir qui coupait en deux, arbitrairement, un grand pays.

Il eût fallu être bien sûr de la justesse de sa cause, de la force de ses armes et du niveau moral de son peuple, pour affronter de sang-froid une nation à laquelle ses chefs avaient forgé, avec une armature d'acier, une âme d'airain.

Et lorsqu'on savait que ce peuple voisin, s'il avait des aspirations et des besoins naturels, parce que vivant à l'étroit sur un sol pauvre, réclamait avec sa place au soleil un peu du superflu des peuples riches, avait aussi le désir ardent de vivre en bonne intelligence avec son voisin de l'Ouest ; lorsqu'on avait suivi les étapes d'une propagande intérieure qui tendait à faire disparaître, une fois pour toutes, chez les Allemands, ce préjugé que la France était l'ennemi héréditaire ; lorsqu'on avait été le témoin des résultats de cette propagande et que l'on entendait l'intellectuel, le paysan, l'ouvrier, parler avec sympathie de cette France que la plupart du temps ils ne connaissaient que par ce que les livres, journaux et conférences leur en avaient appris, alors on mesurait l'erreur de ces politiciens qui préféraient la folle incertitude des armes à la sage réalité des accords.

La poignée de Français avertis et clairvoyants, mais hélas, que remplissait d'angoisse la folle politique anglo-française, a vécu, en ces journées de fin août 1939, des heures particulièrement douloureuses.

Nous étions comme ces voyageurs, conduits à une vitesse vertigineuse par un chauffeur ivre ou dément vers le gouffre qu'ils aperçoivent, et qui ne peuvent faire un geste pour éviter la catastrophe.

S'il était bien fixé sur la force de cohésion et la puissance matérielle que représentait l'Allemagne, aucun de nous n'avait de doutes, par contre, sur le lourd handicap que donnait à la France ces années de relâchement et d'abandon qu'une funeste politique venait de lui faire traverser.

À tous les événements que les Français qui savaient auront tant de lors divagué, nos dirigeants restent restés abstentionnistes sourds. Mieux, ils qualifiaient d'alarmistes ou de germanophiles, tous ceux qui les mettaient en garde contre le risque d'une aventure armée contre l'Allemagne, ceux qui les mettaient en garde contre le risque d'une aventure armée. Quiconque affirmait qu'on pouvait traiter s'entendre avec l'Allemagne et éviter la guerre était vilipendé, et persécuté catastrophe était suspect, et persécuté.

Tout cela vint. La France, trahie par ses politiciens, ses diplomates, et ses journalistes, inféodés à l'Angleterre, se précipitait, les yeux bandés, vers l'abîme.

Bien souvent, au cours de la drôle de guerre, je me suis demandé par suite de quelle fatalité tous les essais de rapprochement avec l'Allemagne avaient été voués à l'échec, alors qu'en moi-même j'ai toujours senti qu'il fallait relativement peu de choses pour les rendre réalisables.

Dans le bel article, intitulé : « *Et in pace et in bello amici* », qu'a publié Otto ABETZ, pendant les hostilités, dans les *Cahiers Franco-Allemands*, il se demande avec loyauté si ces Français et ces Allemands qui voulaient amener une meilleure entente entre nos deux peuples ne cherchaient pas, plutôt que de servir la paix, à mettre la paix au service de leur propre pays.

« Nos amis Français, écrivait-il, ne pensaient-ils pas, lorsqu'ils parlaient de paix, au rétablissement en Allemagne d'un climat moral faisant accepter passivement au peuple allemand le *statu quo* de Versailles ? Et ne pensions-nous pas, nous Allemands, lorsque nous parlions de paix, à voir apparaître en France des conditions morales facilitant un acquiescement français à la révision du traité de Versailles ? Il fallait choisir.

N'y a-t-il pas eu depuis lors, entre Allemands et Français de bonne foi, un semblable tragique malentendu ?

Devant la modération dont a fait preuve, au lendemain de notre défaite, l'armée d'occupation, mais surtout après l'entrevue de Montoire, tous les espoirs semblaient permis.

Pourquoi donc, en dépit de tous les efforts des Français acquis à l'idée de collaboration, les rapports franco-allemands ne se sont-ils pas davantage améliorés ?

La bouderie française devant certaines nécessités de l'occupation, la déception et la méfiance allemandes justement provoquées par certaines attitudes françaises et la persistance dans l'erreur ne suffiraient pas à l'expliquer.

Je pense que, si au lieu de songer aux profits que l'une ou l'autre de nos deux nations pouvait tirer de la collaboration, si, au lieu d'envisager le problème des rapports franco-allemands sous un angle égoïste, nous nous élevions les uns et les autres sur le plan européen, nous nous rapprocherions sans doute de sa solution.

La solidarité des peuples qui composent l'Europe n'est pas un vain mot ; le danger qui les menace est le même pour tous ; c'est leur civilisation commune que défend le soldat allemand dont l'ouvrier français aide à forger les armes.

L'Europe de demain reste inconcevable sans la participation de la France, de même que l'avenir de la France apparaît tout aussi inconcevable sans une Europe nouvelle.

Le jour où Français et Allemands auront la nette perception de leur solidarité, le jour où ils auront compris qu'ils sont indispensables les uns aux autres, le jour surtout où ils sentiront qu'ils ont une patrie commune : l'Europe, alors la réconciliation franco-allemande sera chose faite.

Pour l'instant, l'un des rôles particulièrement utiles que notre position officielle nous permet de jouer, consiste à aplanir, chaque fois que faire se peut, les difficultés qui surgissent entre l'administration française et l'autorité allemande. Dans plusieurs départements, nos représentants ont su se rendre indispensables, pour le plus grand bien de la population. Ils ont fait de leur Comité le rouage dont ni l'Administration française, ni l'Administration allemande ne peuvent plus se passer.

* *

En faisant avec vous ce rapide tour d'horizon, j'ai tenté, messieurs, de vous faire toucher du doigt l'œuvre patriotique, au premier chef, que nous avons entreprise, et à laquelle nous vous avons associés.

Si je suis d'accord avec l'un de vous, qui m'écrivait récemment qu'une centralisation excessive est détestable, je suis persuadé, par contre, qu'une décentralisation ne peut s'opérer que lorsque tous ceux qui participent à une action commune sont bien pénétrés d'une même doctrine et décidés à appliquer les mêmes méthodes. Un mouvement comme le nôtre ne peut avoir qu'une doctrine et — compte tenu de certaines nuances dues au régime différent des deux zones — qu'une méthode.

La direction, dans les circonstances actuelles, d'un mouvement qui s'est assigné les buts de COLLABORATION est en effet trop délicate, elle nécessite des informations trop précises, les décisions à prendre sont souvent trop lourdes de conséquences, pour que, comme en régime parlementaire, chacun veuille faire prévaloir son opinion sur le meilleur procédé à employer.

Nous ne pensons pas excéder les limites de nos attributions en demandant à tous un minimum de discipline et en faisant appel au sentiment, que vous avez certainement, de cette nécessité de l'union — et même de l'unanimité — en face des graves périls qui menacent encore notre pays.

Ceci ne veut pas dire que nous refusions d'examiner toutes les suggestions. Bien au contraire, nous souhaitons qu'un contact beaucoup plus intime s'établisse entre vous et nous. Mais il doit être entendu que les principes qui sont à la base de notre action n'entrent pas en discussion.

Lorsque la tempête se sera apaisée, lorsque, après avoir taillé, le monde devra recoudre, alors sera mise en lumière l'utilité de nos efforts.

L'une de nos raisons d'être, et non la moindre, est de tout faire pour placer notre pays dans la situation la plus favorable au moment du traité de paix.

En France, par son inlassable action, en Allemagne, par le fait même de son existence, COLLABORATION aura contribué à créer le climat grâce auquel pourra se développer cette plante fragile, dont la graine est semée, et qui porte en elle l'espoir de l'Europe en un meilleur avenir.

**

Trois attitudes s'offraient donc aux Français après que leurs chefs militaires eurent reconnu l'amère, mais implacable nécessité de déposer les armes.

Se réfugier dans une farouche, mais inutile résistance.

Attendre, pour prendre position, la tournure des événements.

Remplir loyalement les conditions d'un armistice que la France avait sollicité.

Vous avez pressenti, messieurs, que la première de ces attitudes — vers laquelle le poussaient, sans risque pour elles, les sirènes judéo-anglo-saxonnes — menait notre pays tout droit à la catastrophe.

Vous avez repoussé, comme indigne de vous, la deuxième, qui paraissait sans doute commode à tous ceux pour qui la France semblait hors de jeu.

Et vous qui vouliez ardemment le relèvement de la France, vous avez compris que ce peuple qui avait cruellement souffert de la défaite, à qui pesait l'occupation, qui attendait avec une légitime impatience le retour de ses prisonniers, ne pouvait se sauver qu'en suivant résolument la voie que lui traçaient le Maréchal et le président Laval.

On l'avait trop oublié lorsqu'elle se déroulait loin de nos frontières, la guerre n'était pas terminée, et la France, proie facile pour ceux qui n'avaient pas été capables de lui apporter une aide militaire lorsqu'elle était dans leur sillage, ne devait pas se relever trop vite.

Après s'être emparée de notre Empire, avoir entrepris la destruction de nos ports, de nos établissements industriels, de nos villes, réussi l'anéantissement de notre flotte, l'Angleterre, tablant sur les lassitudes, les découragements et les amertumes des Français, les croyant mûrs pour entrer dans le chemin où les poussaient les apatrides réfugiés derrière les micros de Londres et d'Alger, l'Angleterre arma ceux qu'elle excitait à la lutte intérieure.

La libération, c'est-à-dire le changement d'occupant, ne doit sans doute réussir que si elle a pour corollaire la guerre civile. Il ne suffit pas que les Français soient tués par les bombes « alliées », il faut qu'ils se massacrent entre eux!

COLLABORATION a déjà payé un lourd tribut au terrorisme. Trop de fidèles camarades sont tombés!

Et combien je partage le souci que beaucoup d'entre vous ont manifesté, celui de se sentir mieux protégés.

Croyez que nous ne négligerons aucun moyen pour assurer, dans toute la mesure du possible, votre sécurité et celle de nos membres.

L'un de ces moyens est une coopération aussi étroite que possible avec la Milice.

En zone nord, où la Milice est en voie d'organisation, ses délégués sont entrés, de préférence, en contact avec les dirigeants de nos Comités, et elle a souvent trouvé, parmi nos adhérents, les cadres tout indiqués.

**

Vous vous êtes parfois plaints, messieurs, d'être méconnus, critiqués, voire calomniés.

Il n'est pas sans ironie, pour un homme d'action, de s'entendre reprocher, par ceux qui font peu, de ne rien faire, et pour un idéaliste, d'agir par intérêt.

Certains, qui se croient « dynamiques » parce qu'ils confondent agitation avec action, et bruit avec travail, nous ont — entre autres — reproché de collectionner des académiciens âgés et des colonels fatigués. C'est injuste, mais ce n'est pas méchant.

L'un de ces académiciens, dont l'esprit est resté plus jeune que celui de bien des jeunes, Abel HERMANT, écrivait dernièrement :

« Je ne vous apprendrai pas que la délation sévit en France comme aux plus sombres jours de l'Empire romain, et qu'elle est l'ouvrière « spécialisée » de nos discordes.

« Elle les crée, puis les entretient. Symptôme alarmant, certes, mais le mal porte son remède. Délation, le mot ne vous dit peut-être pas grand'chose ? Tacite n'est pas votre auteur de chevet ?

« Et calomnie ? C'est quasiment du même au même, la délation étant de préférence mensongère.

« Vous avez bien vu le Barbier à la Comédie-Française ? ou à l'Opéra-Comique ? Le grand air de don Bazile : « Le pauvre diable, terrassé comme un coupable » ; la tirade en prose de Beaumarchais : « La calomnie, monsieur ? j'ai vu les plus honnêtes gens près d'en être accablés... »

« Comme toutes les tirades, celle-ci gonfle le danger.

« Ceux qui reçoivent des lettres anonymes mesurent la bêtise de leurs contemporains, ceux qui en écrivent ne pourraient connaître que leur mépris, mais ils ne le soupçonnent pas.

« La bêtise est insondable, et c'est justement la raison de ma confiance : elle est le vaccin, j'allais écrire l'auto-vaccin de la calomnie.

« Pour calomnier avec efficacité, il faudrait être doué d'une imagination diverse et inépuisable, qui se renouvelle chaque jour : les délateurs ou calomniateurs ne se renouvellent même pas d'un siècle à l'autre.

« Leur grand cheval de bataille, ou le seul, c'est de prétendre que celui qu'ils veulent perdre est « stipendié ». Cela servait déjà du temps des Romains.

« Tenez, un peu plus près de nous, Renan. Savez-vous ce qu'on a raconté de lui dans les salons bien pensants, quand il a publié *La vie de Jésus* ? Que, pour écrire ce livre damnable, il avait reçu un million de la banque Rothschild. Est-il plus bête que ceux qui ont inventé cela ? Oui, sans doute, ceux qui l'ont cru.

« Renan ne s'en est point ému. Il dit : « J'ai laissé imprimer sans réclamation que j'avais reçu un million de M. de Rothschild pour écrire *La vie de Jésus*. Je déclare d'avance que, quand on publiera le fac-similé du reçu, je ne réclamerai pas. »

« Voilà comment les gens d'esprit répondent aux imbéciles, et il n'en faut pas plus pour les neutraliser, comme on dit. Et quand nos imbéciles seront neutralisés, la France sera bien près d'entrer en convalescence.

**

JE vous ai dit tout à l'heure que nous avions pleinement conscience, en nous rangeant délibérément aux côtés de ceux qui protègent l'Europe contre l'hégémonie rouge, de remplir une mission foncièrement patriotique.

Un éminent journaliste parisien, dont je ne vous dirai pas le nom, car il ne signe pas ses articles, écrivait récemment : « Où sont les traîtres ? »

« Quelques amateurs de politique qui, depuis trois ans, affectent de siéger au plafond, ont quelquefois dit que les gaullistes et les révolutionnaires nationaux de Paris se faisaient pendant, et qu'après tout, les uns et les autres travaillaient à ce qu'ils croyaient être le bien de la France, par des méthodes évidemment différentes, et après avoir misé sur des tableaux opposés. Nous n'aimons pas beaucoup cette métaphore empruntée aux champs de course ou aux salles de jeux. Jamais le choix des collaborationnistes résolus, de ceux tout au moins pour qui la jonction avec l'Europe ne s'est jamais entendue sans la construction d'un ordre nouveau, jamais ce choix n'a procédé d'un calcul des chances. Mais enfin, nous comprenons que, pour les honorables spectateurs auxquels nous faisons allusion, il ait été plus commode de penser ainsi.

« Eh bien, qu'ils fassent le compte. Où en sont les gaullistes et qu'ont-ils apporté de positif à la France ? C'est à eux que nous devons la perte de l'Afrique, le rapt de l'Empire par les Américains et les Anglais, la destruction de notre flotte, et tout ce qui s'en est suivi. Ils sont les auteurs responsables de toutes les trahisons intérieures, et sans eux il n'y aurait point en France une situation de guerre civile. Non seulement, ils ont dépouillé la patrie de ses possessions d'outre-mer les plus essentielles à sa vie, non seulement ils ont fait couler le sang français, non seulement sur leurs indications et parfois avec la participation de leurs hommes, nos villes sont ruinées et notre vie économique paralysée, mais c'est à eux que l'on devra l'introduction du bolchevisme en Afrique du Nord, en Méditerranée, en attendant que, dans les fourgons patriotiques de Giraud et de de Gaulle, il débarque sur le sol français. Il y est d'ailleurs déjà, et il y parle à ses alliés sur un ton de commandement.

« Aucune garantie d'aucune sorte n'a été obtenue par de Gaulle du côté anglo-américain. Son Comité d'Alger n'a pas été reconnu à Londres, ni à Washington, et il en a été réduit à se livrer, pieds et poings liés, aux agents de Staline, le meurtre de Pucheu en est le sanglant témoignage. Une dépêche Reuter nous a appris que la tutelle serait maintenue après le débarquement, qu'on ne laisserait pas M. de Gaulle gouverner la France libérée, qu'il aurait à se tenir aux ordres.

« Précaution contre les bolchevistes, c'est possible, mais pour y parer, de Gaulle va achever de se donner à eux. Il est pris au plus gluant des pièges et ne s'en dépendra point.

« Voilà ce qui s'appelle représenter la France et défendre ses intérêts. Même si les alliés étaient vainqueurs, la France n'a rigoureusement rien à espérer. La trahison ne paye pas les traîtres, elle ne saurait même leur fournir, à terme, le semblant d'excuse d'un service éminent rendu à leur pays. Ajoutez à cela que, pour complaire aux divers maîtres qu'il sert, le gaullisme n'a cessé de miner de l'intérieur l'autorité de l'État français, de ronger ce qui nous restait d'unité, de porter au paroxysme les divisions et les querelles. De sorte que la France, même officiellement orientée vers l'Europe, n'a pu se prévaloir jusqu'à présent d'un concours vraiment actif et efficient.

« Or quelle politique les révolutionnaires nationaux ont-ils préconisée depuis 1940 ? Celle d'un remembrement des esprits et des cœurs, celle du loyalisme à l'égard d'un gouvernement légal, celle qui d'abord eût fait une France compacte et cohérente. Condition première de toute action collective et de toute politique valable. Ensuite, ils ont demandé qu'on cessât de ruser, de jouer au plus fin, et de maquignonner. Le sort de notre pays était trop évidemment lié à celui de l'Europe pour que nous puissions hésiter sur le choix ; le service rendu par l'Allemagne à l'Europe était trop éclatant pour que nous hésitions sur notre devoir, qui était de l'aider, modestement, par notre travail et par notre discipline.

« En même temps que nous rendions service à l'Europe et à l'Allemagne, nous assurions à la France des chances renouvelées. Et aujourd'hui encore, après tant de trahisons, de sottises et de folies, ces chances continuent d'exister. Elles sont proportionnelles à l'importance persistante de notre pays, dans la crise militaire décisive où nous sentons bien que le continent va entrer. Stratégiquement, le territoire français est la position-clef de l'Occident. Politiquement, il en va à peu près de même. Si depuis 1940 nous avions été honnêtement aux côtés de l'Europe, sans doute n'aurions-nous rien perdu de ce qui nous a été arraché par la trahison, sans doute serions-nous par la force des choses, devenus une très grande Nation, la seconde du continent, n'hésitons pas à le dire. Nous n'en sommes plus là, mais si ce printemps nous trouvait enfin moins occupés de complots et de dissensions que de mettre en ordre notre économie et notre Administration, que d'obéir à un gouvernement enfin décidé à ne plus permettre les atermoiements et les tergiversations, si nous refoulions, avec la Milice, le banditisme et le terrorisme, si nous répercutions en toutes les consciences les arguments salubres de Philippe Henriot, si nous faisions front selon l'esprit communautaire devant les malheurs qui nous menacent, si nous accomplissions, chacun à notre rang, la part d'effort qui nous revient, il est probable qu'aussitôt il nous en serait tenu généreusement compte.

« Au degré de péril où se trouve l'Europe elle ne peut plus tolérer de dissidence, ni même les réticences. La sanction de toute duplicité serait une diminution certaine de notre souveraineté. Son accroissement récompenserait au contraire un loyalisme efficace. Nous persistons à penser que, même si l'on veut s'en tenir étroitement au seul intérêt français, il n'y a pas d'autre attitude à tenir. A plus forte raison si l'on a le juste sentiment des solidarités continentales, de la communauté de destin qui nous lie à l'Allemagne, et fait dépendre de la victoire européenne toute l'espérance révolutionnaire.

**

LES volontaires français de la Légion contre le bolchevisme l'ont bien compris, eux qui ont porté magnifiquement, sur la Bérésina, le drapeau tricolore et qui détiennent aujourd'hui, selon la parole du Maréchal, une partie de l'honneur militaire français.

Nous qui avons été les premiers volontaires de l'ordre nouveau, nous avons conscience d'être les dépositaires de son honneur civique.

La France ne peut sans doute pas encore, dans son ensemble, se rallier aux principes révolutionnaires.

Elle y viendra. Mais en attendant, il était bon, il était nécessaire qu'une minorité cohérente proclame son attachement à ces principes et sa résolution de les faire aboutir.

SI les Français avaient compris Montoire, si la politique alors amorcée était passée dans les faits, nous ne connaîtrions pas aujourd'hui la menace de l'invasion.

Que nous réserve l'avenir immédiat ?

Pilonnage accentué de nos centres vitaux, débarquements, lâchages massifs de parachutistes ?

Toutes les hypothèses sont permises.

Les parades foudroyantes de la Wehrmacht se produiront, certes, mais dans tous les cas notre pays risque de payer fort cher la faute qu'il a commise en donnant à croire aux « libérateurs » qu'une insurrection générale coïnciderait avec la première tentative d'invasion.

Plus de disputes byzantines lorsque Hannibal est aux portes ! Trêve aux rivalités, aux ambitions, aux questions de personnes !

Sachons dominer nos préventions, sacrifier nos préférences, devant l'immensité du péril.

L'Europe, que défendait presque seul le soldat allemand, commence à mobiliser toutes ses forces. Elle vaincra.

Il n'est pas possible que la France reste spectatrice passive, ou même réticente, à l'heure où, sur les champs de bataille, va se décider son destin.

Jean WEILAND.

LES statuts de notre Groupement précisent qu'il a été créé :

1° Pour rassembler les Français de bonne volonté qui souhaitent sincèrement établir une France nouvelle dans une Europe nouvelle.

2° Pour réaliser ce dessein tel qu'il a été exposé dans les divers messages du maréchal Pétain.

3° Pour soutenir la politique extérieure et intérieure de la France telle qu'elle a été définie dans le message du chef de l'État du jeudi 10 octobre 1940, et au besoin pour la défendre.

4° Pour établir dans les rapports franco-allemands cet esprit de collaboration tel qu'il a été défini et préconisé par l'entrevue de Montoire et pour faire mieux connaître aux Français l'Allemagne réelle.

Votre rôle est donc :

— d'aider sans réticence tout gouvernement faisant loyalement une politique de collaboration ;

— de dénoncer et de combattre tous ceux qui s'opposent à cette politique ;

— de tout mettre en œuvre pour hâter l'instauration d'un vrai socialisme ;

— de favoriser le relèvement moral de la France et de seconder notamment l'effort de la Milice et de toutes les forces du maintien de l'ordre dans leur lutte contre le terrorisme et le communisme ;

— de faire passer dans les faits l'esprit de collaboration en vous efforçant d'aplanir les difficultés susceptibles de le compromettre ;

— d'éveiller et de développer chez nos membres le sentiment de la solidarité et l'esprit communautaire en les incitant à donner, dans leurs rangs, l'exemple de l'union ;

— de dominer tout esprit partisan et de sacrifier même vos préférences personnelles, pour ne voir, toujours, que le but à atteindre.

C'est un rôle magnifique, et vous vous y emploierez, j'en suis sûr, de toutes vos forces, car vous voulez que vos enfants, et les enfants de vos enfants, vivent dans une Europe enfin unie et pacifiée, où le génie de notre France régénérée pourra librement s'épanouir.

J. W.

ALLOCUTION PRONONCÉE PAR M. J. DE SALVAGNAC,

Grand mutilé de guerre ; Président du Comité de TOULOUSE et Délégué régional, au nom des Délégués de la Zone Sud, à l'occasion du Congrès de VICHY, le dimanche 30 avril 1944.

Messieurs,

C'EST un grand honneur que m'a fait M. Weiland, directeur général de COLLABORATION, quand il a bien voulu me demander de prendre la parole aujourd'hui.

Ce n'est pas sans émotion que j'apporte le salut fraternel de nos camarades de la zone Sud aux animateurs de notre groupement.

Et, je voudrais, d'abord, puisque cette séparation administrative subsiste, dire et préciser que, pour nous, il n'y a jamais eu de zone divergente car seule, existe la FRANCE, avec son âme et son cœur : PARIS !

Et c'est convaincu de cette vérité première, que notre mouvement naquit un jour entre les hommes de bonne volonté qui, s'étant affrontés sur les champs de bataille de 1914, estimèrent que les luttes fratricides — suivant le mot même du grand LYAUTEY — déclenchées pour les avantages des démocraties financières, devaient être, une fois pour toutes, révolues entre la France et l'Allemagne.

Vous fûtes, monsieur Weiland, comme le rappelait tout à l'heure, dans l'exposé de vos mérites et de vos efforts, notre secrétaire général, M. Ernest Fornairon, l'animateur et le propagandiste lucide de ce rapprochement entre nos deux pays, et votre participation à la création, en 1935, du Comité FRANCE-ALLEMAGNE en fut alors le premier aboutissement.

Hélas! cette clairvoyance naissante — malgré tous les espoirs qu'elle portait en elle — ne put empêcher la guerre de 1939.

Ce ne fut qu'après l'Armistice que, poursuivant votre but, vous avez, enfin, réalisé votre grand rêve humain de réconciliation-compréhension franco-allemande et donné corps au mouvement COLLABORATION.

Depuis, avec des alternatives diverses, il a poursuivi sa rude tâche.

Pourtant, un espoir immense était né au lendemain de la défaite, quand le Maréchal, chef de l'Etat, nous disait dans son magnifique message du 30 octobre 1940 :

« C'est librement que je me suis rendu à l'invitation du Führer. Je n'ai subi de sa part aucun diktat, aucune pression. Une collaboration a été envisagée entre nos deux pays.

« C'est dans l'honneur et pour maintenir l'unité française — une unité de dix siècles — dans le cadre d'une activité constructive du nouvel ordre européen, que j'entre aujourd'hui dans la voie de la collaboration.

« Cette collaboration doit être sincère. Elle doit être exclusive de tout esprit d'agression. »

HÉLAS, malgré sa volonté si nettement exprimée, les mêmes forces qui nous avaient déjà précipités dans la guerre, à nouveau coalisées d'une façon latente d'abord, puis ouverte ensuite, paralysèrent encore son action.

Le drame du 13 décembre 1940 allait se produire et, malgré la courageuse opposition du Président LAVAL, les avantages obtenus se trouvèrent ainsi sans lendemain.

Notre directeur général vous a dit, tout à l'heure, l'effroyable méfait qu'évoquait cette date et la suite tragique qu'elle amena pour le pays.

Devant de tels à-coups vous avez, messieurs, persévéré et maintenu haut votre drapeau.

COLLABORATION, comme il vient de vous l'être rappelé, put arracher au ministère Darlan l'autorisation de s'étendre dans ce qu'on appelait alors la zone libre et qui, en effet, le fut beaucoup trop, de paralyser et de détruire les quelques chances qui restaient encore à la France.

Malgré les obstacles, quelques promoteurs purent, dans nos régions, mettre en marche l'idée motrice de cette collaboration.

Barrée souvent par une administration hostile, discutée par les uns, suivie par les autres, elle s'imposa enfin et, aujourd'hui, vous avez devant vous la preuve indiscutable, par le nombre et la qualité des dirigeants des Comités et sous-Comités de cette zone, que notre mouvement est bien vivant.

Il n'est pas, à l'heure actuelle, un département où nous n'ayons, sinon un Comité officiellement constitué, du moins des sous-Comités locaux, et, partout, dans les campagnes les plus reculées, des adhérents, des sympathisants.

Si, sous l'action de la crainte ou de la lassitude, un déchet s'est produit dans les adhésions, il est permis de penser qu'à défaut du nombre, il reste la qualité.

Et c'est une satisfaction de constater que dans beaucoup de régions de cette zone, dont celle de Toulouse, COLLABORATION, de tous les mouvements nationaux, groupe toujours le plus d'adhérents.

Je ne veux pas clore cette parenthèse locale sans dire aussi que, particulièrement, la section toulousaine des Jeunes de l'Europe nouvelle, sous la ferme et courageuse direction de leur chef, Mlle Marie de Maiafosse, est la plus active des organisations de jeunesses nationales et qu'elle a apporté aide et dévouement méritoire à la population sinistrée, lors des récents bombardements de la banlieue toulousaine.

CETTE situation acquise nous a permis d'organiser et de réussir de grandes manifestations qui font époque dans le trouble et l'indifférence actuelle et je m'excuse de rappeler entre autres, puisque j'en ai été l'organisateur et l'auteur, ces conférences récentes, sous le signe : « Serons-nous bolchevisés ? » qui, commencées dans le plus grand cinéma de Toulouse, le dimanche 12 décembre 1943 — et malgré les incidents perturbateurs de la nuit précédente — devant deux mille personnes, se continuèrent dans toutes les préfectures de la région, devant de nombreux publics.

Certaines publications nous font l'honneur de reproduire de larges extraits de nos articles. C'est fort bien. Mais qu'elles nous fassent la grâce de mentionner aussi la source à laquelle elles ont puisé...

M. le professeur Grimm, M. le docteur Bran, directeur du Comité franco-allemand de Berlin, ont bien voulu venir — et reviendront encore — nous dire, dans presque toutes nos villes, les raisons essentielles qui font que, envers et contre tous, l'Europe enfin se fera.

Partout donc l'idée est en marche et parce qu'elle est logique, elle poursuit hardiment son chemin.

Pour cela même il est, plus que jamais, nécessaire que l'unité du mouvement se maintienne et s'affirme.

SOUS la conduite du Comité directeur de Paris, en la personne de M. Weiland, notre directeur général, auquel — au nom de tous nos camarades délégués de la zone Sud — je suis heureux de rendre un public hommage, nous devons nous sentir unis et prêts pour les décisions que les circonstances proches peuvent l'amener à prendre.

Ainsi, placé sous le signe de l'Intelligence et de l'action raisonnée, **COLLABORATION** doit rester plus que jamais le seul groupement de toutes les énergies françaises, aidant à cette réconciliation nécessaire franco-allemande et les événements de demain, par la force des choses, finiront bien par nous donner raison.

Et nous aurons d'autant plus raison que, libres de notre choix, dédaigneux des avantages qui auraient pu nous être proposés par l'adversaire, nous suivons courageusement notre route, douloureusement jalonnée par trop de nos camarades assassinés, parce que justement nous savons qu'au bout de cette route est la survie de la **FRANCE**.

Mais cette survie ne peut être acquise seulement par un phénomène miraculeux.

Elle dépend de la bonne volonté et de l'action de tous et, jusqu'à présent, cette action et cette bonne volonté ont été pratiquement négatives.

Et le fait d'avoir jusqu'ici bénéficié d'un préjugé favorable ne suffit plus actuellement devant l'ampleur des fautes accumulées, à écarter de nous l'immanquable et dure raison de ces mêmes fautes.

Il devient donc d'urgente nécessité — que cela plaise ou non — de modifier une attitude d'action et de faits, dont les résultats ont été pour notre pays si nettement désastreux.

Hélas ! aujourd'hui, la position de la France n'est plus comparable aux grandes et constructives réalités du lendemain de l'Armistice.

La guerre que nous aurions pu aider à localiser s'étend, sa réalité se rapproche tous les jours davantage de nous et va nous frapper plus durement encore.

Dans l'immense ruée dévastatrice que nous avons follement déclenchée le 3 septembre 1939 sur la route du malheur, pourtant la Providence plaçait une chance exceptionnelle.

Si je la rappelle encore, c'est parce qu'elle conditionne et explique tout et qu'il n'est pas possible d'oublier cette date fatidique du 13 décembre 1940 et la suite des malheurs qu'elle amena.

Réalité tragique, aggravée de l'effroyable menace que le bolchevisme fait peser sur nous.

SERONS-NOUS bolchevisés ?
Certainement, si l'Europe perdait la guerre.

Il ne paraît pas que les Anglo-Américains — qui sont du reste les alliés des Soviets — aient l'intention et la possibilité d'être un jour un barrage contre cette bolchevisation.

Il semble même que prisonniers de leur redoutable allié, ils soient prêts, comme ils le font actuellement en Afrique du Nord, à leur abandonner tout contrôle et toute action.

Peut-être même, par la force des choses, sentent-ils que, bientôt, devant la formidable poussée du Japon et de la grande Asie, ils seront contraints à oublier définitivement l'Europe.

Alors, messieurs, la seule possibilité à cette défense et à cette victoire de l'Europe, reste — que nous voulions le reconnaître ou non — l'armée allemande.

Vérité fulgurante qui ne peut plus que guider notre esprit et notre raison et qui doit nous amener à admettre davantage encore que la compréhension active de nos deux peuples est la seule possibilité des temps présents.

Et puis, il faut avoir aussi le courage de le dire, la **FRANCE** ne pourra retrouver sa place dans le monde qu'en la reconquérant et les temps sont proches où nous devrons, les armes à la main, dans le sacrifice et dans l'effort volontaire, au coude à coude du soldat allemand, assurer notre sécurité et retrouver notre grandeur.

Ainsi dans la sévère et inexorable marche des choses, comme j'avais l'honneur de l'écrire au Maréchal, chef de l'Etat, la **COLLABORATION** n'était pas seulement une question de raison ; elle apparaît être pour notre pays, plus que jamais, sa seule chance à exister encore !

Vous êtes, messieurs, les missionnaires courageux de cette chance et,

à **FRANCE**
fera toujours écho **ESPÉRANCE**.

ABONNEZ-VOUS À NOTRE BULLETIN
30 francs l'an. — Compte Chèques Postaux : Paris 3260-96.
et demandez à nos Bureaux l'envoi gratuit de la Collection du Bulletin de l'année 1943.

MILICE FRANCAISE

SERIES DE CONFERENCES ET THEMES DE FORMATION

Ière Série : L'ANCIEN REGIME

Premier Thème :
ETUDE DE LA REPUBLIQUE DEMOCRATIQUE ET PARLEMENTAIRE
De 1875 à 1940

-:-:-:-:-:-:-:-:-

LA III ème REPUBLIQUE DE 1870 à 1940

Pour bien comprendra la structure et les dispositions de la Constitution qui a régi le France sous le Troisième République, il est bon de connaître, au moins sommairement, l'histoire de l'élaboration et de la rédaction de ladite Constitution. Car, en ses grandes lignes, elle s'inspire moins de principes doctrinaux que de suggestions circonstancielles.

LA CHUTE DE L'EMPIRE : Le 2 Septembre 1870, Napoléon III soucieux de sauver d'un massacre inutile ses troupes encerclées à Sedan, capitule. Capitulation purement militaire, puisque, à Bismarck qui lui demande s'il doit considérer l'épée que l'Empereur remet à Guillaume Ier comme son épée personnelle ou comme celle de le France, Napoléon III répond « - C'est le mienne. – » Et de fait, en partant prendre le commandement de ses armées, Napoléon III avait pourvu l'Impératrice, par décret et pour la durée de la campagne, d'une délégation de pouvoirs. Mais, sous le coup de l'émotion provoquée par l'arrivée de la nouvelle à Paris, la 3 Septembre, une foule se dirige, à l'appel de quelques agitateurs, vers le Palais des Tuileries. Effrayée, l'Impératrice Eugénie s'enfuit. Et à l'Hôtel de Ville, quelques députés de Paris constituent, de leur propre initiative, un gouvernement provisoire dont ils confient la présidence au Général Trochu, Gouverneur Militaire de Paris : c'est le Gouvernement dit « de la Défense Nationale ». Le Corps Législatif proclame la déchéance de l'Empire.

LE GOUVERNEMENT PROVISOIRE : Ce Gouvernement provisoire qui, dans sa proclamation du 4 Septembre s'écriait : - « La République a vaincu l'invasion en 1792. La république est proclamée… commence pourtant, impressionné par les sentiments pacifistes que manifeste le pays, par prendre contact avec Bismarck en vue de négociations de paix, Jules Favre, le même qui à la nouvelle du désastre de Sedan, s'écriait : Les armées de l'Empire sont vaincues. » est envoyé auprès du Chancelier prussien. Il prend connaissance des conditions de Bismarck : l'Alsace et deux milliards-or. – « Pas un pouce de notre territoire, pas une pierre de nos forteresses… » répond emphatiquement Jules Favre, et ces forcenés Gambetta, Jules Favre, Trochu, Crémieux, vont poursuivre une guerre d'ores et déjà perdue, pour se trouver six mois plus tard devant des conditions de paix beaucoup plus rigoureuses. Seul le Juif Crémieux ne perd pas le nord et fait attribuer d'office la citoyenneté française à ses congénères nord-Africains. Mais fin Janvier 1871, le même Jules Favre, cette fois larmoyant et effondré, sa retrouve en face de Bismarck qui, après lui avoir communiqué ses nouvelles conditions, lui signifie qu'il ne vaut traiter qu'avec un gouvernement pleinement représentatif donc, régulièrement investi et mandaté par la Nation française. On convoque donc les électeurs pour le 8 Février, afin de nommer « une assemblée librement élue qui se prononcerait sur la question de savoir si la guerre doit être continuée ou à quelles conditions la paix doit être faite » Et le 12 Février 1871, le Gouvernement de la Défense Nationale démissionne.

L'ASSEMBLEE DE BORDEAUX. - L'Assemblée élue le 8 Février et qui se réunit à Bordeaux, comprend une forte majorité de ruraux conservateurs et pacifistes. Ses 768 membres comptent parmi eux 450 monarchistes. Mais, I° / ces monarchistes sont, à quelques rares exceptions près, farouchement attachés au régime parlementaire ; 2°/ ils se divisent en légitimistes, partisans du Comte de Chambord et en Orléanistes, partisans du Comte de Paris.

De par son âge, de par son long passé politique, de par son expérience des affaires, de par sa clairvoyance pacifiste de juillet 1870, de par les deux millions de suffrages enfin, qui s'étaient porté sur son nom le 8 Février — il avait été élu dans 26 départements) Adolphe Thiers s'imposait indiscutablement comme le Chef du Pouvoir exécutif. Et le 17 Février 1871, l'Assemblée nommait M. Thiers « Chef du pouvoir Exécutif de le République Française », l'assemblée croit instituer par là un Gouvernement du type « conventionnel », c'est-à-dire un Gouvernement dans lequel la réalité du pouvoir appartient aux représentante élue du peuple, les ministres limitant leur activité à un rôle d'exécution. Et, par ailleurs, en incluant les mots « République Française », dans le titre imparti à M. Thiers, l'Assemblée ne croit pas le moins du monde fonder la République. Dons son esprit, il ne s'agit là que d'un régime provisoire, dont la dénomination importe donc fort peu. Certains historiens ont voulu voir dans cette appellation de « République » attribuée par une Assemblée monarchique, une manœuvre politique ? Selon eux, la tâche attendait tout d'abord le nouveau pouvoir devant être très impopulaire (négociation du traité de paix, établissement de nouveaux impôts, restauration de l'ordre intérieur), les élus monarchistes auraient voulu lier le terme de « République » à des mesures condamnés à heurter l'opinion. À mon sens, c'est prêter là eux élus du 8 Février un sens et des vues politiques dont les conservateurs se sont toujours montrés et se montrent encore absolument incapables.

LA DICTATURE DE M. THIERS. - Quoi qu'il en soit, M. Thiers eut vite fait de transformer le Gouvernement « conventionnel » dont avait rêvé l'Assemblée de Bordeaux en un Gouvernement « Présidentiel ». Son autoritarisme naturel, renforcé encore par le sentiment d'avoir été l'un des rares à voir clair au moment de la dépêche d'Ems, le crédit dont il Jouissait tant dans le pays qu'à l'étranger, le fait d'avoir conservé à la France, Belfort, son talent oratoire, enfin, tous ces facteurs avaient concouru à déjouer le calcul des députés. Néanmoins, ils rongeaient leur frein et plus le temps s'écoulait, plus leur devenait tyrannique la direction de M. Thiers.

Le 31 août 1871, ils crurent avoir trouvé le moyen de lui rogner les griffes en votant la Constitution Rivet, laquelle diminuait la responsabilité de M. Thiers, cette responsabilité dont il jouait chaque fois que les députés faisaient mina de se mutiner, établissant celle de ses ministres devant l'Assemblée. En même temps, la Constitution Rivet donnait à M. Thiers la titre de Président de la République. Pratiquement, la réforme ne changea rien à l'état de choses qu'elle visait. La responsabilité des ministres de Thiers fut complètement absorbée par la sienne.

En 1873, la paix étant signés depuis 18 mois (10 Mai 1871) le territoire national étant libéré de l'occupation étrangère, l'ordre étant rétabli dans les esprits et dans la vie quotidienne du pays, M. Thiers faisait moins figure d'homme indispensable. Aussi, l'Assemblée, qui supports plus malaisément que jamais sa férule, établit-elle par la Loi du 31 Mars 1873, que le Président de la République ne doit plus communiquer avec l'Assemblée que par des messages. Enfin les dissentiments s'accentuant entre Thiers et l'Assemblée - Thiers presse celle-ci d'établir la République, mais l'Assemblée, toujours divisée au sujet du prétendant souhaite au contraire gagner du temps - Thiers démissionne la 24 Mai 1873. Le même jour, l'Assemblée lui donnait comme successeur le Maréchal de Mac-Mahon, par 390 voix sur 391 votants et 721 présents.

LA PRESIDENCE DE MAC-MAHON - En Mac-Mahon, l'Assemblée peut très rapidement croire qu'elle a trouvé l'idéal Chef d'État parlementaire de ses rêves. En effet, peu rompu aux affairas politiques, piètre orateur par surcroît, Mac-Mahon est peu enclin à suivre les habitudes de son prédécesseur. Par ailleurs, si l'on respecte sa probité da vieux soldat, son prestige de chef militaire n'est pas tellement éclatant, qu'on ait lieu de craindre un trop vif mouvement de popularité en sa faveur. -Dans ces conditions, l'Assemblée crut pouvoir, sans mettre en danger sa souveraineté, déclarer le Chef de l'État irrévocable (loi du 20 Novembre 1873) et lui confier le pouvoir exécutif pour 7 ans.

LE DRAPEAU BLANC - D'où venait ce chiffre de 7 ans ? Des circonstances, purement et simplement. Mac-Mahon, qui se considérait comme une espèce de régent chargé de veiller sur le trône jusqu'au jour où le roi jugerait bon de venir l'occuper, estimait que son âge lui permettait de mettre encore 7 ans au service du pays. Et les monarchistes de l'Assemblée avaient accepté d'écarter les derniers obstacles à la restauration de la Monarchie, c'est-à-dire l'obstination du Comte de Chambord à ne vouloir revenir que sous le drapeau blanc. Car, durant l'été de 1873 on avait trouvé solution au dualisme des prétendants à la couronne. Le comte de Paris avait reconnu le Comte de Chambord comme le seul héritier légitime du trône. Et le comte de Chambord, qui n'avait pas d'enfant- avait reconnu le Comte de Paris comme devant être son successeur régulier. Mais, par ailleurs outre qu'il restait intransigeant sur la couleur du drapeau, Henri Comte de Chambord ne voulait pas tenir son trône d'une Assemblée, fût-elle monarchiste. La couronne de France, estimait-il, lui revenait par droit d'hérédité et non par élection. Et il vint secrètement à Versailles où il fit annoncer sa visite au maréchal de Mac-Mahon. Il comptait que le vieux soldat le ferait proclamer roi. Mais Mac-Mahon n'entendant procéder à la restauration de la Monarchie qu'avec l'assentiment de l'Assemblée, et il se refusa à recevoir celui qu'il considérait pourtant comme son roi.

L'AMENDEMENT WALLON. – Le prétendant reparti pour sa résidence autrichienne de Frohsdorf, les hommes de l'Assemblée déconcertés par l'Attitude du Prince, mais non découragés, se mirent en tête d'organiser le Septennat de Mac-Mahon de telle façon que le jour où le Prince serait disposé, il n'y eût plus qu'à le substituer au Maréchal. Et le 4 Décembre 1873, ils désignaient à cette fin, la Commission des Trente, qui d'ailleurs ne fit aucun travail sérieux. Du reste, il n'était toujours question que d'organiser les pouvoirs de Mac-Mahon et non de donner une Constitution à la France. D'autant plus que certains, et notamment les Républicains, contestaient les pouvoirs « constituants » de l'Assemblée. À quoi les monarchistes répliquaient que dans son décret du septembre 1870, le Gouvernement de la Défense nationale avait convoqué les électeurs pour le 16 Octobre, à l'effet d'élire une Assemblée nationale constituante. Cette élection n'ayant pu avoir lieu alors à cause de l'invasion du territoire, s'était trouvée reportée au 8 Février 1871 : donc l'Assemblée issue de ce scrutin était bien « Constituante ».

Le 28 Janvier l'Assemblée, après maintes discussions vaines, se trouvait en présence d'un amendement

Laboulaye ainsi conçu : « Le Gouvernement de la République se compose de deux Chambres et d'un président ». Laboulaye expose que la République existe en fait depuis 4 ans, qu'elle est donc possible et même seule possible. Son amendement n'en est pas moine rejeté per 350 voix contre 356. Le lendemain 29 Janvier. C'est alors qu'un obscur député, Wallon, professeur d'histoire à la Sorbonne, dépose l'amendement suivant :
« Le Président de la République est élu à la majorité absolue des suffrages par le Sénat et la Chambre des Députés réunis en Assemblée Nationale ». Et dans le bruit des conversations et des rires, une Assemblée distraite adopte l'amendement Wallon par 353 voix contre 352. La République était fondée, à une voix de majorité qui d'ailleurs disparut le lendemain à la suite de rectifications de vote …

LES LOIS CONSTITUTIONNELLES. -Désormais, les évènements vont se précipiter. Le 3 Février 1875, l'amendement Wallon est adopté en seconde lecture par 485 voix contre 243. Et, à partir de ce moment, l'Assemblée, dégoûtée semble-t-il, de son incohérence et de son impuissance, va bâcler quelques lois hâtives. : celle du 24 Février sur l'organisation du Sénat et celle du 25 Février sur l'organisation des pouvoirs publics. Puis, le 16 Juillet 1875, la loi sur les rapports des pouvoirs publics ; le 2 août, la loi organique sur l'élection des sénateurs, le 30 Novembre, la loi organique sur l'élection des députés.

LA IIIème REPUBLIQUE. - Enfin, le 8 Mars 1876, l'Assemblée transmettait ses pouvoirs au sénat et à la chambre des Députés. Elle n'avait, par un Incroyable concours de circonstances, fondé la III° République, alors que la majorité de ses membres ne voyait le salut de la Franca que dans une restauration monarchique. Évidemment, par son irrésolution et ses lenteurs, l'Assemblée de Bordeaux, puis de Versailles, est grandement responsable de ce funeste aboutissement. Mais il ne faut pas oublier que malgré l'aboulie des hommes de l'Assemblée, la Restauration monarchique n'a échoué finalement qua par la faute du comte de Chambord qui manqua gravement de sens politique en ces heures décisives. De nombreux historiens ont pris la défense du Prince. Dans l'esprit du Comte de Chambord, expliquent-ils, le drapeau blanc ne doit pas être entendu comme un symbole. S'il refusait le drapeau tricolore, c'est parce que son acceptation sous-entendait l'acceptation de la monarchie parlementaire, dont il ne voulait à aucun prix. Nous voulons le Roi, exposait le Duc de Broglie, exprimait là les vues des parlementaires monarchistes de l'Assemblée, mais ficelé comme un saucisson. Et précisément, ce n'était pas ainsi diminué que le Comte de Chambord entendait le pouvoir monarchique. Ces arguments ne manquent ni de valeur ni de pertinence. Mais ils ne nous empêcheront pas de penser que dans la conjoncture particulièrement grave pour son avenir (en pourrait même dire décisive, on l'a vu depuis), où se trouvait la France, sa position d'héritier légitime de la couronne de France faisait devoir au comte de Chambord de remonter sur le trône de ses ancêtres. L'important et le plus urgent était que la Monarchie fût restaurée. Mis en possession du pouvoir, un souverain énergique eût vite fait de s'imposer. Du reste la meilleure preuve que le Comte de Chambord avait commis une fausse manœuvre et qu'il s'en rendit compte plus tard, est sa tentative avortée de 1876. Il renonçait alors au drapeau blanc… trop tard.

LES REVISIONS CONSTITUTIONNELLES DE 1879, 1884, 1926 et 1940.
La Constitution de 1875 a été révisée quatre fois. Pour que la révision pût avoir lieu, il fallait que chaque Chambre, isolément émît le vœu que la Constitution fût révisée sur un point déterminé. Alors les deux chambres réunissaient en Assemblée Nationale à Versailles et procédaient à la révision.
I - L'article 9 de la Loi Constitutionnelle du 25 Février 1875 établissait à Versailles le siège du pouvoir exécutif et des Deux Chambres. La loi constitutionnelle du 21 Juin 1879 abrogea l'article 9 de la Loi du 25 Février 1875. Et la loi ordinaire du 22 Juillet 1879 transporta à Paris le siège du Pouvoir Exécutif et des deux Chambres.
II - La Loi du 9 Décembre 1884 enleva leur caractère constitutionnel aux articles I à 7 de la Loi du 24 Février 1875 relative à l'organisation du Sénat at modifia son recrutement (suppression des sénateurs inamovibles, abolition du principe d'égalité entre les communes pour la désignation des délégués sénatoriaux). Elle exclut aussi de la Présidence de la République les membres des familles ayant régné sur la France et elle proclame que « force républicaine du Gouvernement ne peut faire l'objet d'une proposition de révision constitutionnelle ». On a beaucoup brocardé cette disposition que l'on assimilait à l'érection d'une barrière de papier. Mais aujourd'hui les tenants invétérés de la III° République l'utilisent pour soutenir que la République n'est pas morte en Juillet 1940.
III° - En août 1926 M. Poincaré, alors Président du Conseil, convoque à Versailles les deux Chambres pour qu'elles instituassent une Caisse autonome d'amortissement de la Dette publique. Effrayé par la prodigalité de la III° République, M. Poincaré croyait assurer la durée et le fonctionnement correct de la Caisse d'amortissement en l'intégrant à la Constitution. C'était là une illusion de juriste, la suite des évènements l'a

surabondamment prouvé.
IV – En Juillet 1940, l'Assemblée Nationale se réunit à Vichy et elle donne au Maréchal Pétain pleins pouvoirs pour modifier la Constitution de 1875.

CARACTERES GENEREAUX DE LA CONSTITUTION DE 1875.
Elle se caractérise : I° - <u>par sa brièveté</u>. Elle comportait en effet à l'origine 2° - <u>Par sa concision</u>. – Elle se borne à bâtir à grandes lignes, sans rien organiser dans le détail.
Pour celui-ci, alla renvoie implicitement à la coutume, c'est-à-dire au fonctionnement du régime parlementaire tel que l'avait fait la pratique sous la Restauration et sous la Monarchie de Juillet.
3° - par a son absence de dogmatisme, née du fait que ses auteurs appartenaient à des camps politiques opposés et que, devant la nécessité de mettre sur pied un système qui pût fonctionner pratiquement, chacun transigeait sur les principes et ce d'autant plus aisément que dans l'esprit de tous, républicains ou monarchistes, il ne s'agissait que d'une construction provisoire. C'est pourquoi on a pu justement définir la constitution de 1875 une transaction entre la monarchie constitutionnelle et la République. Et c'est ainsi qu'on y trouve la combinaison du régime parlementaire et de la République, fait inouï jusque-là, la responsabilité des ministres devant les Chambres, et enfin le droit peur le Chef de l'État élu de dissoudre une Assemblée élue aussi.
La Réunion de tous ces traits aboutit à donner à la Constitution de la III° République, une grande souplesse, « souplesse admirable » proclamaient et proclament encore les républicains « et qui lui a permis de faire face victorieusement à des crises aussi dangereuses que le Boulangisme et la Guerre da 1914-1918 », et ils font remarquer, en outre, que depuis 1789 aucune constitution française n'a duré aussi longtemps que celle de 1875. Ce à quoi nous répondrons tout net que cette argumentation ne peut pas nous convaincre. Car, enfin, seule l'indécision et le manque de sens politique du Général Boulanger ont sauvé la République certain soir où il eût suffi au Général à la barbe blonde de marcher sur l'Élysée pour y pénétrer en triomphateur. Nous ne voyons pas bien quel rôle la souplesse de la Constitution a joué en l'affaire. Pour ce qui est de la Grande Guerre, elle fut gagnée grâce à deux dictatures, celle de Joffre de Septembre 1914 à Décembre 1915, celle de Clémenceau de Juillet 1917 à Novembre 1918. Si l'on vaut admettre que la « souplesse » peut s'étendre jusqu'à la disparition pratique alors nous tomberons d'accord avec les républicains. Et nous leur rappellerons même que c'est en abdiquant devant l'émeute en Juillet 1926, en Février 1934 et en Juin 1936 que la République survécut à ces secousses.
La vérité est que, ainsi que le notait Bainville, le hasard avait daté la III° République de la moins mauvaise constitution possible pour une République, N'allons pas plus loin…

FONCTIONNEMENT DE LA CONSTITUTION. - La Constitution de 1875 nous l'avons déjà noté, se fonde sur le régime parlementaire, l'un des types de régime représentatif républicain, le deux autres étant le régime présidentiel et le régime conventionnel. Dans ce dernier, qui est celui que la France connut sous la Convention – d'où son nom – la réalité du pouvoir appartient à l'Assemblée des représentants élus du peuple. Les ministres sont désignés par elle, et leur tâche consiste à exécuter ses décisions. Au contraire, le régime présidentiel donne le pouvoir à un Président élu par le peuple qui gouverne avec l'appui d'un parlement également élu par le Peuple. Il choisit librement ses ministres, qui ne rendent compte qu'à lui. La Constitution des États-Unis appartient à ce type. Enfin, dans le régime parlementaire, un Chef d'État irresponsable politiquement (monarque ou Président élu), choisit ses ministres, qui sont responsables devant un Parlement élu. Lorsque le Parlement retire sa confiance à un Ministère ou à un cabinet. Ils doivent se retirer et le Chef de l'État en désigne d'autres.

LE PARLEMENT. - Voyons tout d'abord comment était désigné le Parlement.
La constitution de 1875 admettait le suffrage universel, contrairement aux précédentes constitutions françaises républicaines ou monarchique constitutionnelles, mais conformément à la règle posée par le Second Empire. Donc, elle n'exigeait des électeurs ni condition de fortune (suffrage censitaire), ni conditions de capacité (suffrage capacitaire). Néanmoins, elle excluait du corps électoral ceux que l'on appelait les indignes, c'est-à-dire les condamnés pour crimes, les condamnés politiques privés de leurs droits civiques, les faillis, les officiera ministériels destitués. Elle établissait également une condition d'âge (21 ans) et enfin elle refusait aux femmes le droit de vote. Par la suite, plusieurs tentatives seront faites pour élargir le corps électoral par l'adjonction des femmes. Mais ces projets échouèrent toujours, du fait de l'opposition des partis anticléricaux, qui craignaient que le suffrage des femmes ne fût trop influencé par le clergé. La question du vote des naturalisés provoqua également maints débats. Les partis de gauche, certains que pour diverses raisons la plupart des naturalisés voterait en leur faveur, insistaient pour que le droit de vote leur fût accordé

sans limitation. Et ils eurent gain de cause, bien entendu.

Les électeurs, une fois recensés et inscrits sur les listes électorales, étaient répartis en circonscription (système du scrutin uninominal), ou bien votaient par département (scrutin de liste). Les deux systèmes, du reste, engendraient également l'iniquité, car tous deux étaient fondés sur la majorité absolue des voix au premier tour de scrutin et sur la majorité relative pour le second tour. De telle sorte que la minorité - ou les minorités - parfois à peine inférieures numériquement à la majorité, n'étaient pas du tout représentées. à plusieurs reprises, il fut question de remédier à ce grave vice par l'adoption du système dit de la représentation proportionnelle, mais jamais aucun système satisfaisant ne peut être mis sur pied. En somme, une partie seulement du peuple français était représentée dans les chambres.

LA CHAMBRE DES DEPUTES - Le corps électoral était convoqué tous les quatre ans pour élire les députés. Aucune condition de capacité n'était requise pour pouvoir être élu député. Il suffisait d'être électeur, d'avoir 25 ans accomplis, et pour les naturalisés de l'être depuis plus de 10 ans. Seuls les militaires en activité - qui du reste ne jouissaient pas non plus de l'électorat -et les membres des familles ayant régné sur la France, étaient soumis à une interdiction absolue. Certains fonctionnaires (préfets, recteurs, etc…) étaient également soumis à une interdiction de se présenter à la députation, mais elle était limitée à la circonscription du lieu où ils avaient exercé en dernier lieu leurs fonctions et à une certaine période.

Notons que la Loi du 17 Juillet 1889 interdisait les candidatures multiples, c'est-à-dire les candidatures posées simultanément dans plusieurs circonscriptions et pour arriver à ses fins, imposait la déclaration de candidature, faite au plus tard douze jours avant le scrutin. Pareilles dispositions contredisent à angle droit le principe de la souveraineté du peuple : le souverain doit pouvoir désigner qui bon lui semble pour le représenter, sans limites d'aucune sorte. Mais tout s'éclaire lorsque l'on sait par exemple que la loi de 1789 imposant la déclaration de candidature, afin d'empêcher les candidatures multiples, était dirigé contre le général Boulanger, que l'on voulait empêcher par-là de se faire plébisciter par maints départements comme l'avait été Thiers.

LE SENAT. - Le Sénat, lui, fut dès l'origine élu par un collège sénatorial composé des députés, des conseillers municipaux et des délégués sénatoriaux élus par les conseillers municipaux à raison d'un certain nombre par commune, nombre constant quelle que fût l'importance de la commune au point de vue population. Ces dispositions avaient été adoptées par l'Assemblée de Versailles afin de donner la prépondérance au Sénat aux ruraux. En effet, l'Assemblée se méfiait des grandes villes, foyers de républicanisme et par conséquent de bellicisme. Mais, dès 1884, les iniquités par trop criardes de la Loi du 24 Février 1875, amenèrent l'Assemblée à supprimer la représentation égale des communes dans le collège sénatorial. Le barème suivant fut adopté : pour toute commune de 500 habitants et en-dessous, 10 conseillers municipaux et 1 délégué sénatorial. Pour toute ville de 60.000 habitants et au-dessus, 36 conseillers municipaux et 24 délégués sénatoriaux. Tel quel, le nouveau barème maintenait encore largement la prépondérance des ruraux dans le collège sénatorial. Celui-ci devait être désigné un mois avant le jour fixé pour l'élection sénatoriale, les conseillers municipaux désignant ce jour-là les délégués sénatoriaux.

L'élection avait lieu au chef-lieu de département le collège électoral étant présidé par la président du Tribunal Civil de l'endroit. Les candidats devaient être âgés de 40 ans. Aucune déclaration de candidature n'était exigée. Les sénateurs étaient élus pour 9 ans, le Sénat étant renouvelé par tiers tous les trois ans.

Ainsi que nous l'avons noté plus haut, les homme s de l'Assemblée de Versailles, naïfs comme le sont toujours les conservateurs, avaient fondé de très grands espoirs sur le Sénat qui, dans leur esprit, devait constituer un frein contre les emballements du suffrage universel. Notamment, le suffrage restreint dont il est issu, leur semblait offrir de solides garanties de sérieux et de probité. Or, en fait, la corruption électorale était encore plus étendue dans le collège électoral sénatorial que dans le corps électoral proprement dit, du fait même de son effectif restreint qui rendaient chacun de ses membres plus aisés à circonscrire. Pour ce qui est du rôle de garde-fou du Sénat. On peut dire que si cette Assemblée réussit à faire enterrer un certain nombre de réformes qui eussent été utiles, elle se montra par contre, parfaitement incapable de barrer le chemin aux insanités de la démagogie. Son attitude pleutre de 1936 le prouve manifestement.

LE PRESIDENT DE LA REPUBLIQUE. - Passons maintenant au Président de la République, qui, dans l'esprit des constituants de 1875 devait être une espèce de vice-roi, ou tout au moins de lieutenant-général du royaume.

L'amendement Wallon le fait élire, nous nous le rappelons, par les deux Chambres réunies en Assemblée Nationale. Ce mode de désignation paraît de prime abord peu démocratique et semblerait même suspect si nous ne connaissions les raisons qui ont déterminé la solution adoptée par l'Assemblée. Les hommes de

Versailles avaient encore présent à l'esprit l'histoire de la IIème République, dont la Constitution faisait élire par la peupla et le Président et l'Assemblée. De telle sorte que, le conflit ayant éclaté entre eux, le Président avait été en quelque sorte .amené logiquement au coup d'État.

N'importe qui pouvait être élu Présidant de la République, sauf les membres des familles ayant régné sur la France et les indignes.

Le Président de la République est, aux termes de la Constitution, politiquement irresponsable, sauf au cas de haute trahison. Il serait alors traduit devant le Sénat siégeant en Haute-Cour. Bien entendu, il répondait, comme un simple citoyen, de ses délits d'ordre privé.

LES « POUVOIRS » DU CHEF de l'ETAT. - La liste et l'étendue des pouvoirs accordés au Chef de l'État républicain par la Constitution de 1875 sont impressionnantes, surtout si l'on se rappelle le rôle effacé que remplissaient en fait les Présidents de la République que nous avons connus. Le plus haut magistrat de la République pouvait en effet ne pas convoquer les Chambres plus de 5 mois par an (en fait, elles siégeaient à peu près en permanence). Par deux fois, pour un mois chaque fois, arrêter leurs travaux - (il n'en est pas d'exemple). Avec l'avis conforme du Sénat, dissoudre la Chambre des Députée (un seul exemple, le 16 Mai 1877). Le président de la République partage avec le pouvoir législatif l'initiative des lois (pouvoir jamais utilisé). Il peut refuser de promulguer une loi et demander aux Chambres une nouvelle délibération qui ne peut être refusée (aucun exemple connu). Il peut en appeler à l'opinion publique par des messages lus à la tribune de la Chambre par un ministre (jamais fait). Il dispose de la force armée. Il a le droit de grâce. C'est auprès de lui que sont accrédités les ambassadeurs. C'est lui qui nomme les représentants de la France à l'étranger, qui négocie et ratifie les traités (il peut même en conclure de secrets). Il surveille et assure l'exécution des lois et il nomme à tous les emplois civils et militaires.

L'INEXISTENCE DE FAIT DU PRESIDENT DE LA REPUBLIQUE. -
Comment donc expliquer que, muni par les lois constitutionnelles, de pouvoirs aussi étendus, le Président de la République ait été en fait un soliveau, qu'il se nommât Albert Lebrun ou Armand Fallières. À cette quasi-inexistence de la première magistrature du régime, on peut trouver deux ordres de causes : des causes foncières, permanente, et des causes fortuites.

Les premières tiennent, d'une part, au mode de désignation du Président de le République, d'autre part à son irresponsabilité en matière politique. En effet, élu par les Chambres et non pas directement par le corps électoral, le Président de la République devait nécessairement se sentir trop peu armé pour entrer en conflit avec le Parlement. - Qui t'a élu ? ... semblaient lui demander constamment les représentants du peuple. Et par ailleurs, du fait de son irresponsabilité politique, le Président de la République devait associer à chacun de ses actes un ministre qui en assumât la responsabilité, pratiquement le Président du Conseil en exercice. Mais comment imaginer que celui-ci, chef au moins nominalement de la majorité parlementaire, mais en fait directement dépendant de la cohésion et de la fidélité de celle-ci, pût appuyer le Chef de l'État - dont il ne dépendait en somme qu'indirectement - dans des entreprises forcément dirigées centre ladite majorité ? ...

En outre, pour que le Président de la République pût exercer effectivement ses pouvoirs constitutionnels, il lui aurait fallu des moyens pratiques d'action et de contrôle, c'est à dire des bureaux personnels et des agents personnels. Or, il ne les possédait pas ; Casimir Périer, le seul Président de la République qui démissionna par protestation contre son impuissance à agir, se plaignait de ne connaître les affaires du pays que par la lecture des journaux. Le Président n'assistant pas aux Conseils de Cabinet, les ministres avaient toutes facilités pour y évoquer et y traiter les questions importantes et pour les passer sous silence au Conseil des Ministres.

Quant aux causes fortuites, elles tiennent à la personnalité des premiers Présidents de la République. Mac-Mahon, nous l'avons déjà dit inclinait par incompétence en matière politique, à abandonner la réalité du pouvoir à ses ministres et aux Chambres. Lorsqu'il s'avisa de réagir, se fut pour dissoudre la Chambre des Députés (16 mai 1877) parce qu'il la trouvait trop républicaine. Or, les élections consécutives à cet acte d'énergie, lui donnèrent tort. Dès lors, par un paradoxe comique, l'exercice du droit de dissolution fut considéré comme un attentat à la souveraineté populaire, au point qu'aucun des successeurs de Mac-Mahon n'osa plus en user.

Grévy, deuxième Président de la République, était par tempérament un maquignon, un "combinare" et non un homme d'action. Par surcroît, son gendre Wilson, se compromit dans l'affaire du trafic de la Légion d'Honneur. Grévy, touché par le scandale, chercha pourtant à se cramponner à l'Elysée. Il fallut le pousser dehors par les épaules. De telle sorte que ce fut une Présidence encore diminuée que Grévy transmit à son successeur.

Notons encore que, phénomène bien démocratique, le Parlement, par une crainte instinctive des fortes personnalités, les écarta toujours de la Présidence de la République, L'exemple de Clémenceau est caractéristique. Et enfin, lorsque un Alexandre Millerand entendit jouer un rôle politique moins passif, le Cartel des Gauches, vainqueur aux élection de 1924, le contraignit à démissionner, en violation flagrante de l'esprit de la Constitution comme de sa lettre.

CONCLUSION

Il ne nous appartient pas de décrire ici la corruption finale de la Troisième République, asservie tour à tour et parfois simultanément aux puissances d'argent, au syndicalisme pseudo-ouvrier, à la Franc-maçonnerie, à la juiverie apatride. En Nous tenant strictement sur le terrain constitutionnel, notons seulement trois points, trois points soustraits à toute contestation :

1º - Si aux origines de la IIIème République, le Pouvoir exécutif prend un net ascendant sur le législatif (dictatures de Thiers et du duc de Broglie), celui-ci reprend assez rapidement le dessus et finit par subjuguer complètenent l'exécutif. Preuve : la brève durée moyenne des ministères. Conséquence : désastreuse instabilité gouvernementale, aboutissant à remettre la réalité du Gouvernement au seul élément stable du pays ; les administrations. La multiplication des demandes de plein pouvoirs aux dernières années de la République ne doit pas faire illsion. Elles trahissaient simplement que le fonctionnement du régime parlementaire était faussé. Et par ailleurs, l'obtention des pleins pouvoirs par l'exécutif ne facilitait pas sa tache, car s'il avait pris des mesures de salut public - par définition même impopulaire – les mêmes Chambres qui lui avaient accordé les pleins pouvoir l'eussent renié sans vergogne.

2° - Pendant les 70 ans que dure la III° République, les parties "modérés" occupèrent presque constamment le pouvoir. Et les budgets des dépenses ne cessèrent d'enfler et la dette publique de s'accroitre, les emplois administratifs, les subventions, les prébendes, les sinécures, d'augmenter en nombre. Ce mouvement étendu sur près de trois quart de siècle ne peut être transformé en une question de personnes.
Il procède en droite ligne du fonctionnement même du régime : à chaque consultation électorale, les partis aux prises multiplient les promesses pour appâter l'électeur. Le parti au la coalition victorieux sont contraints de réaliser, sinon la totalité des promesses faites, du moins une partie d'entre elles. Et, d'un autre côté, il est impossible de jamais revenir sur les concessions accordées ~~sous~~ peine de dresser contre soi les ex-bénéficiaires qui se considèreraient comme lésés. Ce mouvement qui conduit tôt ou tard, mais inéluctablement, à la ruine du pays, est irréversible, puisque inhérent au fonctionnement même du régime. Évidemment, certains événements fortuits peuvent accélérer cette marche à l'abîme, par exemple la Grande Guerre, qui a dévoré en 4 ans une ~~de richesse~~ bien supérieure à celle que le fonctionnement normal des institutions démocratiques eût consommé en le même laps de temps. Mais, par contre, on ne conçoit pas d'événements de hasard qui puissent ralentir la glissade vers le gouffre. Donc, il est absurde de vouloir opposer la démocratie à la démagogie ; celle-là enfant inéluctablement celle-ci.

3° - Il ressort du paragraphe précédent que le régime démocratique est fonctionnellement un régime de consommation. Il ne peut donc prendre place et subsister qu'en se substituant à un régime fondé sur des principes différents ou même opposés, régime sous lequel la nation accumule les richesses que le régime démocratique suivant trouvera à dilapider. Ou encore le régime démocratique doit naître dans un pays neuf pourvu par la nature d'abondantes richesses naturelles encore inexploitées (exemple : les États-Unis). Dans un cas comme dans l'autre, le régime démocratique dévorera les richesses qu'il n'aura pas eu besoin de créer et il s'effondrera lorsque celle-ci seront épuisées. Un pays prolétarisé ne reste pas en démocratie. Et bien entendu, celle-ci ne parvient pas à s'implanter dans les pays pauvres (Portugal, Pays balkaniques).

MILICE FRANCAISE

FORMATION MILICIENNE

SERIES DE CONFERENCES ET DE FORMATION

I° Série : L'ANCIEN REGIME

2° Thème : Étude de la vie politique en France de 1919 à 1940

La Chambre « Bleu Horizon »

Le 16 Novembre 1919, la Chambre élue au printemps de 1914 contre la « folie des armements » et qui, par un cruel paradoxe avait eu la charge de conduire une guerre d'une ampleur inconnue Jusqu'à ce jour, était remplacée par une nouvelle Assemblée législative, désignée au scrutin de la liste avec représentation proportionnelle. De cette consultation électorale, le Parti radical socialiste et le Parti socialiste unifié (Le Parti communiste n'existait pas encore) sortirent absolument écrasés. Les deux tiers des voix des électeurs s'étaient portées en effet sur les candidats du Bloc National, coalition des Partis républicains de Droite et du Centre.

Dans cette Chambre du 16 Novembre 1919, figurait un grand nombre d'Anciens Combattants, particularité qui valait à l'Assemblée le surnom de « chambre bleu horizon ». La bonne volonté ne manquait pas à ces braves gens. Mais hélas, l'expérience politique et plus encore la formation politique, leur faisant cruellement défaut. Presque a aucun d'entre eux n'avait discerné la nature réelle du mal qui avait mis la France à deux doigts de la catastrophe et son corollaire, la Démocratie Parlementaire, en août 1914 et au milieu de 1917. Presque tous croient encore aux « bonnes élections » à la distinction naïve entre la démocratie et la démagogie. Tous sont les dupes des politiciens d'avant-guerre rescapés du massacre électoral du 16 Novembre, qui les embrigaderont dans leurs formations partisanes, les y encadreront et auront vite fait de dévoyer ou d'étouffer leurs velléités réformatrices.

Le premier événement marquant de la législature est la "Scission de Tours » en 1920. À l'issue de son Congrès annuel en effet, le Parti Socialiste S.F.I.O. se scinde on deux fractions désormais ennemies : l'une qui décide d'adhérer à la III° Internationale dont le succès de la Révolution bolcheviste russe a accru la vitalité, et qui se fera désormais appeler « Parti Communiste », l'autre qui restera dans l'obédience de la II° Internationale.

Le second évènement d'importance est l'échec de Clémenceau à la Présidence de la République. La guerre gagnée, la paix conclue – mauvaise paix, mais bien peu le voyaient alors - l'autoritarisme du vieux Vendéen pesait sérieusement aux Parlementaires. Et à la stupeur générale, ils lui préféreront le terne Paul Deschanel, qui, du reste, devait bientôt devenir fou et entrer dans une maison de santé.

Le 23 septembre 1920, l'ex socialiste et demi-juif Alexandre Millerand, entrait à l'Élysée.

Dégouté de son échec, Clémenceau se retira complètement de la vie publique. C'est de Georges Leygues qui lui succéda, puis Aristide Briand. Mis en minorité à la suite de l'accord de cannes (1922) qu'il s'est laissé extorquer par Lloyd Georges, Briand est remplacé par Raymond Poincaré, Président de la République sortant (1913-1920). C'est sous la férule du « Nain de Lorraine » (Léon Daudet – Dixit) que la Chambre bleu horizon terminera sa législature. Patriote sincère mais d'esprit étroit, parfais clairvoyant mais bridé par la crainte qu'on ne doute de la sincérité de son « républicanisme » Poincaré utilisera inconsciemment son incontestable autorité sur la Chambre du 16 Novembre, à préparer la revanche électorale des partis de gauche. Ainsi, pour faire face aux difficultés financières nées de la reconstruction des régions dévastées et de la liquidation de la guerre, Poincaré imposera aux contribuables la majoration d'impôts resté célèbre sons le nom de « double décime » et contre laquelle les Gauches déclencheront aussitôt une campagne démagogique. La dite campagne indisposera si mal les électeurs contre Poincaré que sa majorité, le Bloc National, mordra la poussière le II Mai 1924, nettement battue par la coalition des Partis de Gauche, dite

« Cartel des Gauches » - parti radical socialiste, socialistes unifiés, communistes, républicains-socialistes, etc…)

Le Cartel des Gauches :
Le premier acte de la nouvelle majorité est de contraindre à démissionner Alexandre Millerand, Président de la République accusé d'avoir violé les traditions de sa charge en prenant publiquement position à la veille des élections, en faveur de l'ancienne majorité (discours d'Évreux et du Bataclan). Tous les hommes politiques pressentis par lui, refusant de former le cabinet, Millerand se retire. Le 13 Juin 1924, Gaston Doumergue est élu Président de la République. Il désigne comme Président du Conseil le chef du parti radical socialiste, Edouard Herriot. Celui-ci gouvernera avec le « soutien » socialiste, les S.F.I.O. ayant refusé de participer directement à l'exercice du pouvoir.

Cependant, toutes ces combinaisons parlementaires ne remédient pas à la crise financière. Celle-ci se traduit par une baisse constante du franc, due d'une part à la défiance des possédants, gros et petits, et d'autre part à des manœuvres spéculatives dirigées par les milieux financiers qui soutenaient le Bloc National. Herriot, accusé d'avoir « crevé le plafond » c'est à dire d'avoir fabriqué des billets au-delà de la limite autorisée par les Chambres, est remercié. Painlevé lui succède. Le franc continue à baisser. On rappelle en vain Caillaux qui passe pour un maître ès-finances. Les Ministères succèdent aux Ministères. Le franc baisse toujours. En Juillet 1926, Herriot vient de reprendre le pouvoir. La livre sterling vaut 240 Fr. Une foule échauffée tente de marcher sur la Palais Bourbon. Herriot démissionne et Doumergue appelle Poincaré.

L'expérience Poincaré. -
Sous l'égide du sénateur de la Meuse un cabinet dit « d'union Nationale » prend la direction des affaires. La confiance est rétablie, Comme d'autre part la spéculation a renversé ses positions, le franc remonte. Poincaré, que le Parlement a autorisé à légiférer par décrets lois, en profite pour réaliser quelques économies, des amorces d'économies plus substantielles mais qui n'entreront jamais dans les faits, et surtout pour majorer considérablement les impôts. Pour la première fois depuis 1919 le budget est en équilibre.

Les élections de 1928 désignant une Chambre plus modérée que celle de 1924, la crise financière parait définitivement maîtrisée. Le budget non seulement est en équilibra, mais connait des excédents de recettes. Le franc a été stabilisé en 1928. Les affaires marchent bien. Aussi, dès 1929, à l'issue du Congrès d'Angers, les radicaux socialistes dénoncent la trêve politique dite « Union Nationale ». Les Ministres radicaux se retirent du cabinet Poincaré. Poincaré lui-même, malade, démissionne quelques semaines plus tard après s'être maintenu au pouvoir pendant près de trois ans.

Tardieu :
Après son départ, le carrousel des ministres recommence. Tour à tour, Briand, Herriot, Chautemps. Daladier, Tardieu, Laval, Pierre Etienne Flandin, passent à la Présidence du Conseil. Tardieu le plus longtemps. C'est d'ailleurs lui qui figure le « grand homme » de cette période. Grand bourgeois français, lauréat du Concours Général et sorti premier de divers concours, ex directeur de la rubrique de politique étrangère du « Temps », brillant combattant de 1914-1918, Tardieu a pris une part importante aux négociations des traités de paix, dans l'ombre de Clémenceau. Elu en 1919 il est resté sur le carreau on 1924. Les élections de 1928 l'ont remis en lumière, il fait figure « d'homme à poigne », voire d'apprenti-dictateur. C'est bien mal le connaître car lorsque Doumergue l'appellera aux affaires en 1930, il lira au Parlement la Déclaration ministérielle la plus démagogique qui soit. Blum, lui-même, plus tard aura peine à le dépasser. La formule de Tardieu consiste à s'appuyer sur une majorité de droite, n'exhibant un programme radical-socialiste. C'est lui qui aura l'idée de cette « retraite du combattant » (500 francs par an) que l'on a pu justement qualifier « un modèle d'invention de dépenses ». Tardieu a trouvé des caisses garnies, reliquat des excédents budgétaires réussis par Poincaré. Le « mirobolant » Léon Daudet l'avait ainsi baptisé - a vite fait de gager sur ces excédents passagers des dépenses définitives, légèreté d'autant plus coupable que la crise économique commencée en Amérique fin 1929 touche la France à son tour, ressuscitant la crise financière que l'on croyait abolie. En 1931 Doumergue est arrivé ou terme de son septennat et il a été remplacé par Paul DOUMER. Celui-ci est assassiné le 7 Mai 1932 par un nommé Gergouloff et Albert Lebrun lui succède. Les élections de 1932 ont amené à la Chambre une majorité de gauche nette mais faible. Plusieurs ministères ont ainsi démontré laur impuissance, lorsqu'en Janvier 1934, éclate l'affaire Stavisky. Chautemps étant Président du conseil.

<u>L'affaire Stavisky</u>.-
Un escroc juif, grâce à des complaisances et à des appuis tant dans les milieux de presse et de politique que de police et de magistrature, a encaissé par l'intermédiaire du Crédit Municipal da Bayonne, des sommes énormes. L'enquête met en cause plusieurs députés radicaux et aussi le Procureur général Brossard, beau-

frère de Camille Chautemps. Celui-ci démissionne. Il est remplacé par Daladier qui, pour s'assurer une majorité, retire à Chiappe la Préfecture de Police, mesure exigée par les socialistes. Les anciens Combattants de l'U.N.C. et les mouvements nationaux se réunissent le 6 Février au soir sur la Place de la Concorde paur exiger que toute la lumière soit faite sur l'affaire Stavisky. La garde mobile tire. On ramasse des morts et des blessés. L'émotion dans Paris est telle que Daladier effrayé se retire. Pour apaiser le mécontentement, Lebrun appalle à la Présidence du Conseil Gaston Doumergue qui avait abandonné la vie publique à l'expiration de son septennat.

L'expérience Doumergue :

Doumergue, surnommé dès lors « le sage de Tournefeuille » croit voir la cause du mal qui perturbe la vie politique française dans l'excessif affaiblissement du pouvoir exécutif. Il forme un cabinet « d'union Nationale » dans lequel voisinent Tardieu et Herriot et il annonce son intention de faire réviser la Constitution dans le sens d'un renforcement des pouvoirs de l'Exécutif. C'en est assez pour que les radicaux remis de leur frayeur de l'hiver, rompent l'Union Nationale (automne de 1934).

Les décrets-lois d'Économies

Cependant, la crise économique persiste, frappant peu à la vérité la majeure partie de la nation, mais le pays a la nostalgie des années de facilité et de fausse prospérité qu'ils connues jusqu'en 1930. En fait, la crise économique en réduisant les recettes fiscales, se traduit par une crise des finances de l'État. Il n'est qu'un moyen d'y remédier : réduire le train de vie de l'État. Rogner le coût des prétendes et des sinécures, réduire le montant des subventions dont l'État républicain est obligé de gaver ses électeurs. Tâche impossible ainsi qu'on sait. Pourtant, pressé par la nécessité, Pierre Etienne Flandin s'engage timidement dans la seule voie possible de salut. Mais il est bientôt renversé par une Chambre qui ne tient pas du tout à entrer en conflit avec le corps électoral. Laval qui lui succède tente à son tour l'aventure. Il réussit à persuader les Chambres de lui accorder les pleins pouvoirs, et le 17 Juillet 1935 les traitements des fonctionnaires, les coupons des rentiers, les subventions diverses de l'État, des départements et des communes, les loyers et le prix du sucre.
+ paraissent au J.Officiel les décrets lois qui réduisant de 10 %

Pendant tout l'hiver, le Parti radical-socialiste qui craint toujours les suites possibles de la collusion de certains de ses membres avec Stavisky, s'est rapproché des Socialistes S.F.I.O. et des Communistes. Le 14 Juillet 1936 à la Bastille, est fondé officiellement le Front Populaire, association sur le plan électoral des trois grands partis de gauche. Aussitôt, la nouvelle coalition politique commence la campagne électorale en prenant position contre les décrets lois Laval, qualifiés « décrets lois de misère ». Contre la politique financière, adoptée par Flandin et Laval, politique dite de « déflation » les démagogues de gauche promettent leur panacée : la politique dite « de pouvoir d'achat » autrement dit d'augmentation des dépenses.

Le Front populaire -

Leur propagande atteint pleinement son but : le 26 avril 1936, les électeurs envoient à la Chambra 148 socialistes et 72 communistes. Les radicaux perdent un certain nombre de sièges : d'une façon générale, une bonne partie de leur clientèle (fonctionnaires, petits rentiers) a voté pour les socialistes. Ceux-ci sont les grands vainqueurs de la journée. Fin Mai, Albert Sarrau qui entre temps avait remplacé Laval - remet au juif Léon Blum, chef des S.F.I.O. avec la Présidence du Conseil, le souci des premieres occupations d'usines, faites à l'instigation des communistes. Car ceux-ci, s'ils ont laissé toute la responsabilité du pouvoir aux socialistes et aux radicaux, entendent bien leur imposer leur volonté, Et de ce fait, pendant de longues semaines, on assistera à une véritable démission des pouvoirs publics et des autorités officielles. Des meneurs anonymes créeront une agitation incessante, qui permettra à la C.G.T. noyautée et en fait dirigée par les communistes, d'imposer à un patronat français aveuli la loi des 40 heures, les 5 x 8. les congés payés, le contrat collectif, bref, toute une législation sociale qu'on ne saurait condamner en bloc, mais dont la mise en application insuffisamment étudiée et par trop inspirée des plus basses passions, ne pouvait qu'être funeste à l'économie française. Débordés, impuissants, Parlement et Gouvernement entérinent sans discussion les innovations que leur dicte la rue.

Les résultats de ce bouleversement ne se font guère attendre. Dès la fin de l'été le Gouvernement doit dévaluer le franc. Décision qui provoque une vaste exportation des capitaux. Par ailleurs, le haut patronat, revenu de sa grande frayeur, s'est mis en devoir de reprendre par la hausse des prix les concessions qu'il s'est laissé arracher par les ouvriers. Incapables de supporter les conséquences des Lois sociales, les entreprises à faible trésorerie ferment leurs portes. Dès le mois de Mars, Blum est contraint de décréter « la Pause ». Puis, la situation économique et financière ne s'améliorant pas, le juif demande au parlement les pleins Pouvoirs. Ils lui sont refusés par le Sénat. Blum n'insiste pas et se retire. C'est Chautemps, un radical, qui lui succède. Nouvelle dévaluation du franc. Blum revient, se heurte à nouveau à l'opposition du Sénat et au printemps de

1938, passe les pouvoirs à Daladier. Troisième dévaluation du franc. Mais la présence de Paul Raynaud aux finances a ranimé la « confiance capitaliste » et jusqu'à la déclaration de guerre, la crise des changes paraitra maitrisée.

La crise internationale. La guerre. La défaite. -
Malheureusement, l'horizon international ne cesse de s'assombrir. Fin septembre éclate la crise tchécoslovaque, résolue par l'accord de Munich. Sur le plan intérieur les « masses » déçues par l'élévation incessante du coût de la vie et par l'extension du chômage manifestent une sérieuse lassitude. Les communistes tentant vainement de déclencher une grève générale le 3 Novembre 1938. Elle échoue piteusement. De plus en plus les problèmes d'ordre extérieur le cèdent en importance aux problèmes Intérieurs.

En effet, depuis quelques années - depuis l'évacuation de la Sarre, précise Mourras - un « parti de la guerre » s'est formé en France. Il groupe les communistes devenus sur l'ordre de Staline patriotards et chauvins, la majeure partie des socialistes et des radicaux et aussi un certain nombre d'éléments classés à droite.

Déjà lors de la guerre d'Abyssinie ce parti a multiplié les efforts pour faire sortir de cette expédition coloniale un conflit européen. Il a redoublé d'efforts pour exploiter dans ce sens la guerre civile.

Cette maffia que dirigent juifs et francs-maçons a failli aboutir à leurs fins. Battus à Munich les bellicistes reprennent sans cesse du poil de la bête à partir du printemps de 1939.

Le vaillant Daladier se persuade de plus en plus qu'il a commis une erreur en signant l'accord de Munich et le 2 septembre 1939, docile aux suggestions de l'Angleterre, il déclare à l'Allemagne une guerre qu'il devait nous savoir incapable de soutenir puisqu'il occupe le Ministère de la Guerre depuis 3 ans.

Pendant 8 mois c'est « la drôle de guerre » puis la défaite, l'armistice, la réunion de l'Assemblée Nationale à Vichy (juillet 40) qui, pratiquement dresse l'acte de décès de la 3me République.

Les Partis
Ainsi que l'on a pu le voir par ce bref exposé, l'essentiel de la vie politique de la III° République consistait en lutte féroces et sans grandeur pour le Pouvoir – ou plus exactement pour les places sinécures, prébendes, auxquelles la possession du pouvoir donnait accès - lutte que se livraient les différents partis. Quelquefois, certains d'entre eux concluaient des alliances ou ententes pour des périodes plus ou moins longues.

Ces partis, de force et d'importance très diverses, étaient rangés sous deux grandes dénominations générales : Partis de Droite, Partis de Gauche.

À l'extrême droite de la Chambre, on comptait quelques députés monarchistes, dont le plus actif était Léon Daudet, élu à Paris le 16 Novembre 1919, mais qui reste sur le carreau le II Mai 1924.

Si cette poignée de monarchistes fit preuve - du moins en tant que Léon Daudet l'anima – d'un remarquable mordant, et réussit même à obtenir quelques résultats non négligeables (par exemple le rappel de Briand de la Conférence de Cannes en 1922) sa faiblesse numérique lui interdisait toute grande prétention.

En fait, le parti de Droite le plus important, était la Fédération Républicaine, qui constitua l'ossature du Bloc National. Malheureusement son rôle ne fut jamais à la mesure de l'importance numérique de ses effectifs parlementaires.

Quelques petits Partis, rassemblant un groupe de députés autour d'une personnalité politique, complétaient le Bloc National l'alliance démocratique conduite par P.E.Flandin, les républicains de gauche présidée par André Tardieu. Plus tard, on eut le Parti Républicain National et Social de Pierre Taittinger. Ces petites fractions tiraient leur importance du fait que se trouvant à la lisière du Bloc national, il dépendait d'elles de faire ou de défaire la majorité selon leur attitude au moment d'un scrutin important.

Parmi les Partis classés à Gauche on comptait : la gauche radicale, que présidait une vieille baderne du nom de Thomson. Le parti disparut du reste avec lui. Puis venait le Parti Radical Socialiste, qui fut toujours l'ossature des coalitions de gauche, même sous le Front Populaire où il semblait subordonné au Parti Socialiste, plus fort numériquement. Parfois même, les Radicaux socialistes s'allièrent aux Partis de droite contre l'Extrême gauche (élections de 1928). Leur Parti sans doctrine, ni programme, bien définis (il réunissait des hommes aussi différents, voire opposés, que Joseph Caillaux et Pierre Cot) constituait le type du syndicat électoral en quête d'emploi, de postes, de faveurs. Peu de politiciens ont aussi nui au pays. Du reste, le Parti Radical Socialiste contenait une très forte proportion de francs-maçons.

À sa gauche on trouvait un faible groupement intitulé « Parti Républicain Socialiste » dont le grand homme fut longtemps Painlevé, puis venait le « Parti socialité S.F.l.O. d'inspiration marxiste mais « évolutionniste » (en fait il s'embourgeoisait à vue d'œil). Entre les S.F.I.O. et les Communistes s'agitaient quelques petits groupes composés de dissidents des deux partis marxistes (P.U.P.) socialistes communistes, etc.. Enfin les communistes, marxistes d'obédience moscoutaires, exécutaient servilement les consignes les plus contradictoires de la III° Internationale.

Entre les partis classés à droite et les partis classés à gauche, se tenaient quelques groupes assez peu importants numériquement dont le plus curieux était le Parti Démocrate Populaire, ou Démocrate chrétien, dont la doctrine figurait un mélange abracadabrant de spiritualisme chrétien et de matérialisme marxiste.

En dehors de l'arène parlementaire, batailllaient plusieurs mouvements ou ligues dont les plus actifs étaient l'Action Française, le Mouvement Croix de Feu qui devint plus tard le Parti Social Français, les Jeunesses Patriotes qui émanait de la Fédération Républicaine, le Francisme, enfin le P.P.F.

De tous ces mouvements c'est sans doute l'Action Française qui exerça l'influence la plus profonde et la plus heureuse sur le plan des idées. Prônant le Nationalisme intégral et son corollaire logique la Restauration de la Monarchie des Bourbons, l'Action Française par la plume de ses Chefs, Maurras, Daudet, Bainville, a complètement ruiné intellectuellement les idéaux de 1789 en même temps qu'elle édifiait la dootrine du nationalisme français que tous les mouvements révolutionnaires nationaux adoptèrent peu ou prou et professent aujourd'hui. C'est aussi à l'activité tenace de l'Action Française que l'on doit la restauration du culte de Jehanne d'Arc que ses efforts finirent par imposer au Gouvernement de la République.

Il est seulement regrettable que, sur le plan da la tactique politique, l'Action française n'ait pas accordé aux questions sociales l'importance qui leur était due. De même, si elle a tôt discerné la puissance potentielle du national-socialisme allemand, sa valeur en tant que facteur de renouvellement de l'idée que l'Action Française se faisait de l'Allemagne, lui a complètement échappé.

À l'origine, le Mouvement Croix de Feu rassemblait des anciens combattants. Sous la direction du Lieutenant-Colonel de la Rocque, le mouvement perdait rapidement de son originalité et de sa vigueur première. A la veille de la guerre le P.S.F. ne visait plus qu'à faire élire le plus grand nombre possible de députés sous son étiquette. En somme, il se « radicalisait ».

Les Jeunesses Patriotes connurent une belle activité vers 1925. Puis le Mouvement perdit son élan au point qu'il disparut sans que personne même ne s'en avisât.

Le Francisme, fondé par Marcel Bucard, se réclamait de l'idéal fasciste. Après avoir pris un bon départ, il stagne pendant de longues années. Il connaît un vif regain depuis l'armistice.

Le P.P.F. fut créé par Jacques Doriot, transfuge du Parti communiste, en 1936, c'est à dire en pleine fièvre du Front Populaire. Lui aussi se réclama de l'idéal socialiste et national et il a pris une nouvelle ampleur depuis l'armistice.

Notons encore la tentative faite en 1925 par Georges Valois, transfuge de l'Action Française pour créer un fasciste français. Sa tentative tourna court, très rapidement.

Mentionnons enfin les incursions faites dans la vie politique par certaines associations d'anciens combattants, comme par exemple l'U.N.C. (classée à droite) et l'A.R.A.C. (filiale du parti communiste). Aucune de ces tentatives n'aboutit à quoi que ce soit.

De leur côté, les syndicats ouvriers exerçaient une certaine action politique, la C.G.T. sur le Parti Socialiste et la C.G.T. sur le Parti Communiste. Mentionnons pour mémoire, les syndicats ouvriers à tendance libertaires.

La Presse

Dans cette bataille de partie, d'idées, de doctrines, de programmes, et aussi …. d'hommes, la presse a joué un rôle considérable. Ainsi c'est par les articles quotidiens de Maurras, de Daudet et de Bainville, que l'Action Française a diffusé sa doctrine nationaliste, sinon dans les couches populaires, du moins dans les milieux intellectuels de toutes nuances politiques.

On pouvait classer les journaux en deux grandes catégories : les journaux dits « de grande information » (Matin, Journal, Petit Parisien) et les Journaux « d'opinion » : Action Française, Humanité, Populaire, Œuvre, Le Temps, etc…

La presse de « grande information » prétendait à la stricte neutralité politique. En fait, étant donné que les grands Journaux tels que « Matin, Journal. Petit Parisien » appartenaient à de puissants consortiums capitalistes, ils défendaient sans en avoir l'air les intérêts presque toujours conservateurs de leur patron.

La presse « d'opinion » elle, propageait les doctrines et les programmes politiques des partis dont elle était l'émanation. Mais là encore, par-delà cette façade, destinée à abuser le lecteur ordinaire, l'observateur averti découvrait la défense des intérêts de groupes capitalistes divers hostiles les uns aux autres.

C'est ce qui ressortira du 3° thème de notre étude, dans lequel nous montrerons ce qu'était au juste la bataille entre la « droite » et la « gauche ».

Mais il nous faut tout de suite faire justice d'une fable très répandue, admise par presque tous, selon laquelle la presse de la III° République aurait été « libre ».

Pour dire vrai, il existait avant la guerre de 1939 une presse entièrement libre ; elle se réduisait à quelques feuilles anarchistes et libertaires, de tirage dérisoire, de diffusion infime, publiées irrégulièrement aux frais de leurs rédacteurs. Mais aussitôt qu'on sortait de ce secteur, la nécessité de faire face à des dépenses énormes bâillonnait la presse. Les agences de publicité, Havas en tête, exerçaient un chantage cynique sur les feuilles qui manifestaient des velléités d'indépendance. De même, les congrégations économiques et financières les « tenaient » par leurs subventions et plus encore par la menace de les couper.

Tenaient également en bride les journaux par leurs « fonds secrets » le Ministère de l'intérieur, le quai d'Orsay, et surtout certaines ambassades et légations, notamment celle de Tchécoslovaquie. Entre 1919 et 1938 vous n'auriez pas trouvé un Journal important pour publier un article dirigé contre la Petite Entente.

De même, aurait-il été impossible vers 1934 ou 1936 d'écrire que l'actuel niveau du franc ne pourrait être maintenu : on vous eût poursuivi pour atteinte au crédit de la Nation.

-:-:-:-:-:-:-:-:-

MILICE FRANCAISE

FORMATION MILICIENNE

SERIES DE CONFERENCES ET DE FORMATION

I° Série :
L'ANCIEN REGIME

3° Thème

LA REPUBLIQUE DEMOCRATIQUE et PARLEMENTAIRE, ses VICES, SA FAILLITE

Dans notre premier thème, nous avons décrit la structure constitutionnelle de la République démocratique et parlementaire qui fut le régime de la France de 1875 à 1940, nous avens exposé les principes sur quoi elle se fondait et expliqué son fonctionnement. Il apparaît tout de suite que ce système politique présentait deux défauts graves, l'un à la base, l'autre au sommet.

. INCOMPETENCE DE L'ELECTEUR EN MATIERE POLITIQUE
I° - La République de 1875 s'assignait comme base la souveraineté populaire, celle-ci s'exprimant par le moyen du suffrage universel. Nous avons mentionné en passant qu'en réalité le corps électoral désigné par les lois constitutionnelles ne représentait qu'une fraction du pays puisque les mineurs de 21 ans, les femmes et les militaires en activité n'en faisaient pas partie. Mais là n'était pas le vice profond de l'institution. Il tenait à ce que le citoyen, promu grand juge des intérêts du pays, n'a pas et ne peut pas avoir la compétence nécessaire pour tenir ce rôle. En effet, cette compétence requiert :
1° - du jugement
2° - une très vaste culture générale
3° - enfin et surtout, une large information.
Or, en admettant que chacun des citoyens électeurs détint les deux premiers éléments, il se trouvait dans l'évidente Impossibilité absorbé comme il l'était par la conduite de ses affaires personnelles de se tenir au courant des multiples affaires du pays tant d'ordre intérieur que d'ordre extérieur. Il y eût fallu une immense documentation et le temps de l'étudier. On peut poser sans paradoxe que le citoyen doué de jugement et de culture ne peut guère que se récuser lorsqu'on le sollicite d'émettre un vote politique, car il réalise qu'il en sait tout juste assez, pour comprendre qu'il n'en sait pas assez. Seul l'ignorant n'hésite pas : qui ne sait rien ne doute de rien… Tout au plus peut-on admettre que le citoyen soit appelé à donner son avis sur la gestion des affaires de sa commune, car celles-ci - et encore à condition qu'il ne s'agisse pas d'une grande ville-, se ramène à des questions de « commode et <u>incommode</u> ».
- Mais, font valoir les défenseurs du suffrage universel, les citoyens en votant ne se prononcent pas directement sur les intérêts généraux du pays. Ils se prononcent sur leurs intérêts particuliers dont vous ne pouvez contester qu'ils soient bons juges. Et comme l'intérêt général est la somme des intérêts particuliers, ils se trouvent en fin de compte compétents pour en décider.
À quoi nous opposerons que l'Intérêt général ne saurait être la simple totalisation des intérêts particuliers, puisqu'il se trouve précisément en de nombreux cas léser ceux-ci, et qu'en tous cas il en lèse toujours certains. On ne peut donc retenir de la précédente argumentation que cet aveu : l'électeur a uniquement en vue, lorsqu'il vote, son intérêt particulier, ou plus exactement ce qu'il croit être son intérêt. Donc, il accordera tout naturellement son suffrage à celui des candidats qui lui promettra de défendre et de faire valoir ses intérêts privés.

LE DEPUTE NE PEUT REPRESENTER DES INTERETS GENERAUX.-

2e - Notre citoyen a donc confié la défense de ses intérêts à un député. Mais celui-ci a aussi été élu par 10, 20, 100, 1.000, 10.000 autres citoyens, toujours pour représenter les intérêts particuliers de chacun. Or, ces intérêts sont, par la force même des choses différents, voire opposée. Par exemple, notre élu représente à la fois des consommateurs qui ont intérêt à acheter bon marché et des producteurs qui ont intérêt à vendre cher. Comment remplira-t-il ces mandats contradictoires ? (Car n'oublions pas que les électeurs ne lui ont pas donné mandat pour accorder ou arbitrer leurs intérêts différents ou opposés, mais pour les représenter, et que, par ailleurs, il se trouve représenter également, qu'il le veuille ou non, même ceux qui n'ont pas voté pour lui).

LA POLITIQUE DEVIENT UNE CARRIERE

En tous cas, voilà notre homme député, donc contraint d'abandonner ou tout au moins de négliger sa profession pour s'occuper des intérêts du pays ou plus exactement des intérêts de sa circonscription. Dans ces conditions, la politique devient bientôt sa véritable profession. Donc, tout naturellement, il va songer à sa faire réélire mais son siège est convoité par des concurrents qui, pour détacher de lui ses électeurs, leur prodiguent des promesses sur lesquelles lui-même devra mettre l'enchère. Quelle place reste-t-il pour les grands intérêts du pays dans ces marchés et trafics ? Pas grand-chose, et d'autant moins que le service des intérêts supérieurs de la nation exige souvent l'adoption de mesures qui ne peuvent porter leur fruit qu'à très long terme, mais qui, sur l'instant, heurtent les intérêts privés. Ceux qui voteraient lesdites mesures risqueraient fort de se voir signifier leur congé par leurs électeurs furieux. Peut-on attendra d'eux qu'ils s'immolent sur l'autel du Salut National ? De quelques-uns, peut-être, à la rigueur. Du plus grand nombre certainement non. Et cette faiblesse bien humaine des élus retentit sur l'action gouvernementale que la règle du régime parlementaire leur donne fonction de contrôler. Pratiquement, elle aboutit à Interdire au pouvoir exécutif toute décision qui heurterait les sentiments et les intérêts du corps électoral. A tout le moins, elle l'incite à n'adopter que des demi—mesures, des cotes mal taillées, à ménager la chèvre et le chou, en somme à ne jamais régler da façon radicale et pertinente les problèmes délicats, si importants soient—ils.

INSTABILITE MINISTERIELLE.

La Troisième République a fait, nous le savons, une effroyable consommation de ministères (107, dont 40 pour les 20 ans entre les deux guerres). Et cette instabilité de l'Exécutif ne pouvait que décourager le gouvernement au pouvoir d'essayer de trouver une solution durable aux problèmes qui l'assaillaient. Toute son ambition consistait à reporter les échéances, à ajourner, à atermoyer.

LA FACILITE.-

Les griefs que nous venons de dresser contre le régime démocratique et parlementaire et d'une façon générale contre tout régime électif, ne tiennent pas à de simples vues de l'esprit. Toute l'histoire de la 3me République leur apporte d'éclatantes justifications. Faut-il rappeler que. parce que cause de dépenses impopulaires, la Défense Nationale fut toujours sacrifiée ? Et dans son magistral petit ouvrage, paru à la veille de la crise de Munich « Le Secret de la République », Alfred Fabre-Luce établit irréfutablement que depuis 1919 les divers gouvernements qui avaient passé au pouvoir Blancs, roses, ou rouges, n'avaient jamais employé d'autres procédés que l'inflation pour combattre les difficultés, économiques et financières dans lesquelles le pays n'avait cessé de se débattre. Seule la forme d'inflation avait varié avec la couleur des gouvernements : inflation économique sous le Bloc National, inflation de prébendes et de sinécures avec les radicaux et avec Tardieu, inflation « sociale » du front populaire, inflation fiscale de Poincaré. Quant à l'inflation monétaire pure et simple, les gouvernements de droite l'utilisèrent aussi largement que les gouvernements de gauche, avec cette seule différence que, jouissant de la confiance capitaliste, ils réussissaient mieux que leurs adversaires à la camoufler. Autrement dit, ceux qui ont dirigé la France depuis 1919, n'ont jamais osé ou pu employer d'autres moyens que de dilapider la fortune acquise du pays pour résoudre les problèmes de cette période.

LA LUTTE DES PARTIS.-

Un autre reproche majeur, que l'on doit adresser à la démocratie élective est qu'elle réduit nécessairement la vie politique d'un pays à la lutte des partis et que, par conséquent, elle la fonde sur les divisions de l'opinion. Fait qui permet de mesurer la naïveté de ceux qui - ils sont nombreux - admettent comme funeste l'excessive multiplicité des partis, tout en maintenant leur confiance au régime démocratique. Comme si l'une n'était pas contenue dans l'autre, exactement comme le chêne est contenu dans le gland.

Si encore cette lutte des partis se cantonnait sur le terrain de la confrontation des doctrines et des programmes : Mais point ! Ainsi que nous l'avons noté dans notre deuxième thème, la rivalité simulée des idées et des idéaux servait de paravent à une vile empoignade ayant pour enjeu les places, les charges, les sources de profits matériels et autres. Plus exactement encore, si l'on descend au fond des choses, on découvre que la lutte des partis s'analysait finalement en un pillage des richesses nationales, par des maffias antagonistes certes, mais qu'une solidarité et une complicité tacites unissaient lorsqu'il le fallait, contre leurs victimes communes. Sur cet aspect de la bataille entre « la droite et la gauche », Alfred Fabre-Luce a projeté un vif jet de lumière dans son ouvrage cité plus haut « Le Secret de la République ».

Les Français s'imaginent, écrit-il, que leur pays est gouverné alternativement par des formations adverses représentant des milieux économiques différents et servant leurs intérêts respectifs par la politique opposée. Les partis de droite s'emploieraient à préserver la richesse acquise, à développer l'initiative privée, etc… Les partis de gauche seraient essentiellement les défenseurs des « petits » : ils tendraient à réaliser une justice sociale plus grande. Illusion !

Et après avoir fait remarquer que, ainsi que nous l'avons noté plus haut, la plupart des budgets depuis 1919 s'étaient soldés par des déficits considérables, de telle sorte que la tendance à la dépréciation du franc avait été presque constante, Monsieur Fabre-Luce conclut très pertinemment.

LA REPUBLIQUE DES COMPLICES

- Depuis la guerre (celle de 1914/1918) c'est l'inflation qui a été la vraie souveraine de la France. Or, elle a sa couleur politique propre : c'est une réactionnaire. Donnant aux forts prenant aux faibles, pénalisant l'épargne et primant le jeu, elle distribue les richesses à sa guise, avec une injustice bien plus choquante que celle qui résulte naturellement du régime capitaliste. Et tous les pays qui se sont soumis à elle ont vu, au terme de son règne, des féodaux enrichis, des travailleurs rationnés, un état mendiant.

En France, depuis la guerre, sous les prétextes les plus divers, ce sont toujours les mêmes qui ont payé.

L'épargne, soi-disant défendue par les partis de droite, a financé le gaspillage patriotique de la reconstruction comme celui du réarmement, l'inflation prébendière de Tardieu, comme l'inflation « sociale de Blum ».

Et notre pamphlétaire de faire remarquer que les assurances sociales (le plus beau monument de l'étatisme) et la RETRAITE du COMBATTANT (le plus bel exemple d'invention de dépenses) furent des chefs-d'œuvre, non de MM. Herriot et Blum, mais de Messieurs Poincaré et Tardieu, « D'où il conclut que toute l'histoire des 20 années entre les deux guerres se résume en un mouvement de transfert des richesses des petits producteurs aux prébendiers syndiqués (clientèle des partis de gauche) et aux grands capitalistes parasites vivant des faveurs de l'état (soutien des partis de droite) deux clans de profiteurs alliés qui ont l'habileté de se déclarer ennemis.

En somme, le duel des partis de droite et des partis de gauche que l'opinion se plaisir à interpréter comme un duel patronat - prolétariat, s'analysait en une lutte des rentiers contre les prébendiers, des producteurs contre les fonctionnaires. Que nous sommes loin des mirifiques professions de fol électorales !

PAREILLE DEMOCRATIE SERT DONC DE PARAVENT A LA PLOUTOCRATIE.

La simple réflexion indique que dans un système politique ainsi articulé, l'argent dicte sa loi. Prenons le cas de n'importe quel parti politique, de droite, du centre ou de gauche. Mettons à part le parti communiste qui tirait ses ressources d'un état étranger. La vie de tout autre parti exige des ressources financières énormes pour couvrir ses frais d'administration (locaux du Siège central, permanence dans les départements, voire dans les cantons, personnel permanent, etc…) ses frais de propagande (journaux, quotidiens, hebdomadaires, affiches, tracts, réunion, congrès), et surtout les frais des campagnes électorales. Imaginez combien peut coûter la présentation d'un candidat dans chacune des 600 circonscriptions électorales d'avant-guerre ! pour couvrir ses frais énormes, le parti dispose, il est vrai, des cotisations de ses adhérents. Mais aucune des grandes formations politiques que nous avons énumérées, ne pouvait s'appuyer sur plus de 400.000 cotisants à grand maximum. Certaines d'entre elles, par exemple, la parti radical-socialiste, bien que largement représenté au Parlement, n'auraient pu produire plus de quelques dizaines de milliers de militants inscrits et cotisants. Donc, tous dépensèrent beaucoup plus qu'ils ne recevaient. Tous se trouvaient donc obligés de « prendre l'argent où il était », selon la formule du vétérinaire S.F.I.O. Renaudel, c'est-à-dire d'accepter - ou de solliciter - les subventions des groupements capitalistes et en contrepartie, de défendre les intérêts des dites congrégations économiques et financières. C'est ainsi par exemple, que les grandes compagnies d'assurances garnissaient la caisse électorale du parti radical-socialiste, parti de gauche mais hostile aux nationalisations. En réclamant des armements massifs, même à des moments - de 1920 à 1930 - ou réellement la situation européenne ne les justifiait pas absolument, les partis de droite mettaient d'accord leur patriotisme doctrinal et les intérêts des grands métallurgistes qui finançaient leurs élections. Et protectionnisme souvent outrancier, finalement funeste à l'économie nationale, qui caractérisait leur politique douanière, s'il ne s'inspirait pas de purs principes, faisaient par contre fort bien l'affaire de producteurs peu soucieux d'affronter la concurrence étrangère.

« DROITE » contre « GAUCHE »
Mais voici plus et mieux : si l'on examine d'un peu près les fluctuations et variations de la politique économique entre 1918 et 1939, on ne tarde pas à trouver un fil conducteur : l'orientation imprimée à la vie économique et financière du pays par les partis de droite, sert les intérêts de la vieille industrie (notamment de l'industrie lourde) et de la Banque dite « d'Épargne », (crédit Lyonnais, société Générale, etc…) et les partis de gauche, la modifient lorsqu'ils tiennent le pouvoir au profit de la néo-industrie (industrie née pendant et depuis la guerre de 1914/1918) et de la Banque d'affaires (Lazard, Finaly, Bauer et Marshall, et qui soutient la dite néo-industrie.

En effet, possèdent de puissantes réserves, une clientèle faite et stable, des outillages amortis, la vieille industrie trouve son compte à la stabilité monétaire et à une distribution sage et mesurée du crédit. Et la vieille banque, riche de réserves elle aussi, prudente voire timorée, aimant mieux conserver d'énormes liquidités qu'investir dans des affaires toujours aléatoires, vit sur les mêmes conceptions. Au contraire, mise sur pied pendant la guerre pour des fabrications d'armement, ayant dû s'adapter après l'armistice à des fabrications pacifiques, manquant par conséquent de vastes réserves, son outillage neuf pesant sur ses prix de revient, obligée de consentir à la clientèle de longs et vastes crédits, pour se l'attacher, contrainte par conséquent de recourir sans cesse à l'appui des banques, la néo-industrie réclame que l'on ouvre toutes grandes les vannes du crédit. Et l'inflation monétaire qui favorise les débiteurs par la hausse des prix qu'elle provoque, ne lui fait pas peur, loin de là…. De son côté, la banque d'affaires, riche en investissements, préfère l'activité des affaires, fût-elle malsaine à la stagnation. On conçoit donc que le premier groupe capitaliste n'ait pas ménagé les efforts pour maintenir ou ramener au pouvoir les partis de droite, et que le deuxième groupe ait consenti d'importants sacrifices financiers pour que la direction des affaires passât aux gauches. On comprendra aussi que le Cartel ayant négligé en 1924 d'arracher la Banque de France à ses « Régents » - tous représentants de la vieille industrie et de la vieille banque - ceux-ci aient déclenché l'offensive spéculative à la baisse du franc qui cassa les reins à Herriot. On verra par conséquent pourquoi le franc se mit à remonter aussitôt Poincaré revenu au Pouvoir. Et, enfin, on trouvera tout à fait normal que le Front Populaire ait inscrit en tête de son programme électoral la « réforme de la Banque de France », c'est-à-dire, en clair, la dépossession des « régents » et leur remplacement par des représentants de la Banque d'affaires et de la néo-industrie...

LES PUISSANCES OCCULTES
La franc-maçonnerie, elle aussi, joue un rôle considérable dans les coulisses. Nous l'avons noté au paragraphe concernent les partis, nombreux étaient les membres du parlement, surtout à gauche, inscrits au Grand Orient ou à la Grande Loge de France. Par suite, un parti tel que le parti radical-socialiste représentait pratiquement à la Chambre la Franc-Maçonnerie. C'est celle-ci qui inspirait la politique d'abord anticléricale puis franchement anti-religieuse qui visait à déchristianiser la France et qui y réussit hélas : - politique qui se manifeste par les lois de séparation de l'église et de l'Etat, interdiction d'enseigner faite aux Membres de certaines congrégations, la condition misérable faite à l'enseignement libre etc,..

EXEMPLE : L'AFFAIRE « DES FICHES »
Encore dans ce domaine, la Franc-Maçonnerie agissait elle par personne interposée. Tandis que dans l'affaire dite « des fiches » ou encore « des Corinthe et Carthage », le triste Général André occupant le ministère de la guerre, on prend les frères la main dans le sac, faisant noter et coter les officiers, selon leur assiduité aux offices religieux et selon le genre des établissements où ils font élever leurs enfants….

LA FRANC-MACONNERIE ET LA P0LITIQUE ETRANGERE
L'influence de la Franc-Maçonnerie sur la conduite des affaires extérieures n'était pas moins grande. Il est impossible d'expliquer l'édification d'un État aussi évidemment inviable que l'était la Tchécoslovaquie, autrement que par la volonté maçonnique (Bénès et Masarik occupaient des grades élevés dans la secte). C'est aussi à elle qu'il faut imputer la volonté de détruire à tout prix l'Autriche-Hongrie, qui fit échouer la tentative de paix séparée da 1917. Enfin, la Franc-Maçonnerie constituait un élément capital du « Parti de la Guerre » dont les manœuvres provoquèrent le conflit actuel.

LA DOMINATION JUIVE
Les principes fondamentaux de notre République Démocratique et parlementaire, servaient admirablement l'ambition démesurée des Juifs. Reprenons les un à un :

Liberté : En fait, ce mot était devenu synonyme d'individualisme. Mais, tandis que chez les Français les traditions et les coutumes ancestrales apportaient un certain tempérament aux manifestations de cet individualisme érigé on dogme, la « Liberté » permettait aux Juifs de donner sans retenus cours à leurs instincts anarchistes et destructeurs.

Égalité : Ce principe confère aux Juifs les mêmes droits et possibilités qu'aux Français. En réalité, il crée une inégalité en faveur des Juifs. Car ceux-ci se trouveront en même temps jouir des avantages de la citoyenneté française et des bénéfices qu'ils tirent de leur appartenance à une autre nation, la nation juive, nation sans territoire défini, disséminé à travers le monde, mais puissamment cohérente et unie. Ainsi, le Français achètera indifféremment chez n'importe quel commerçant. Le Juif lui, réservera sa clientèle à un commerçant juif comme lui, celui-ci fût-il roumain ou polonais.

Fraternité : Pour le français naïf, la question juive est une question de religion. Il considérera donc et traitera le juif comme il traiterait tout autre français. Mais le juif, lui, qui sait fort bien qu'il appartient à une race et à une nation autres, considère le français comme absolument étranger à lui : son « frère » c'est le juif des Ghettos polonais, russes ou américains.

LA PLOUTOCRATIE JUIVE

Dans un système tel que celui que nous avons dépeint, Israël avait deux avenues tout indiquées pour parvenir à ses fins : la ploutocratie et la franc-maçonnerie. Et, de ce fait, les juifs tenaient dans la vie économique et financière du pays une place démesurée : une notable partie de la fortune française leur appartenait. Par ailleurs, nombreux étaient les Juifs dans la Franc-maçonnerie.

On ne s'étonnera donc pas que presque toutes les lois importantes dues à la République fussent conçues et rédigées de façon à favoriser finalement les Juifs directement ou indirectement. Exemple : la Loi sur le divorce, qui a dissout la famille française (le juif ne divorce guère) : les lois facilitant et hâtant la naturalisation des étrangers ; les lois adoucissant la répression des manœuvres anticonceptionnelles (le juif lui est naturellement prolifique).

Enfin, n'oublions pas qu'un décret-loi dû au frère Marchandeau, qui vit le jour au printemps de 1939 assimilait à un délit la propagande antisémite.

LA FAILLITE DE LA REPUBLIQUE DEMOCRATIQUE et PARLEMENTAIRE

Un pénétrant observateur de la vie politique d'avant 1939 faisait judicieusement remarquer que les trois grandes dates de la politique intérieure Française depuis 1918, n'étaient oms des dates électorales. En effet, notait-il, la panique de juillet 1926, l'émeute de Février 1934, le mouvement de grève de Juin 1936 ont déterminé l'orientation gouvernementale beaucoup plus nettement que les élections générales intervenues au cours de la même période. Et il ajoutait que si le régime politique avait survécu sans changement majeur à ces trois secousses, c'est que pour conserver l'apparence du pouvoir les députés renonçaient peu à peu à sa réalité.

CARENCE de L'AUTORITE

De fait, à la veille de la Déclaration de guerre de 1939, la France n'était pratiquement plus gouvernée. Par ses empiètements incessants, nous l'avons vu, le Législatif était arrivé à absorber l'exécutif, mais étroitement dépendant des caprices et soubressauts de l'opinion - celle-ci étant de son côté orientée per des propagandes venues souvent de l'étranger -, le législatif cédait, eux pressions de la rue ou alors se dessaisissait an faveur da l'exécutif sachant par expérience la précarité des pouvoirs à lui remis. Qui donc conduisait le vaisseau ? Personne. Ou plutôt ; tout le monde : les hauts fonctionnaires des administrations, les représentants des trusts, ceux des syndicats, etc. Toute décision prise n'était que la résultante des poussées contradictoires exercées par des intérêts privés antagonistes. L'intérêt national n'était servi que dans la mesure toute fortuit où il se trouvait coïncider avec un intérêt privé capable de faire prévaloir ses vues. Ainsi notre armée, eut-elle pu être motorisée si les représentants des entreprises industrielles intéressées avaient eu voix prépondérante sur ceux des éleveurs. Malheureusement, ceux-ci étaient défendus par le Sénat, émanation des « ruraux » comme l'on sait. C'est au même sénat que nous devons les tarifs douaniers et les contingentements qui en mettant nos paysans à l'abri de la concurrence étrangère les détournaient de tout effort pour abaisser leur prix de revient. Mais comment accorder des tarifs douaniers élevés aux paysans et les refuser à l'Industriel fabricant de machines agricoles ou d'engrais ? Tout tournait dans ce même cercle vicieux : faute d'un état fort qui, en défendant les intérêts généraux de la Nation eut du même coup défendu « vraiment » les intérêts particuliers, ceux-ci acharnés à vouloir s'imposer finissaient par se desservir. Le paysan vendait très cher mais il devait acheter aussi très cher. L'exportation française paralysée par ses prix de revient excessifs ne vendaient rien au-dehors jusqu'à ce qu'une dévaluation vînt la soulager. Mais la même dévaluation amputait le coupon de rentes sur l'État dans lequel le paysan avait cru trouver refuge « sûr » à ses bénéfices.

LA RUINE DE LA FRANCE

A ce régime, la France, déjà appauvris par la guerre de 1914 acheva de se ruiner. Un portefeuille de 300 actions françaises constitué en 1913 s'était en 1937 déprécié de 67 %. La richesse immobilière, française, évaluée à 145 milliards an 1914, était tombée en 1939 à 45 milliards en francs de germinal.

Cet affaissement fait justice de l'opinion selon laquelle la troisième république ne devait son trépas qu'à la défaite. En 1938, Poincaré stabilisait le franc à 20 centimes or. A la veille de cette guerre le franc Daladier ne valait guère que 7 centimes or. Une simple régle de trois permet de déterminer au bout de combien de temps le franc Blum ou Thorez eut coté 0. Quant à un redressement, nous croyons avoir démontré que le fonctionnement même du régime le rendait impossible.

LA REPUBLIQUE N'A PAS AMELIORE LA CONDITION POPULAIRE.

Ce n'est pas certain, vous répondra-t-on. En tout cas, vous ne pouvez pas nier que sous la troisième république l'on était heureux. Le peuple vivait bien mieux qu'ailleurs.

Oui, on était heureux comme peut l'être le fils de famille qui dilapide le magot des ancêtres... jusqu'au jour où il en voit le bout. Et le peupla ne vivait bien qu'au sens où le bien-vivre se limite au bien manger et au bien boire. Car, paysans comme ouvriers étaient sordidement vêtus et sordidement logés. Et une législation sociale très arriérée mettait l'ouvrier ou l'employé dans l'impossibilité de se faire poser un râtelier ou de suivre un traitement médical sortant de l'ordinaire.

En soixante-dix ans, quelles sont les réalisations « sociales » de la troisième république ? ...la journée de huit heures, les assurances sociales, les congés payés, le contrat collectif. Or, la Journée de huit heures fut instituée en 1920, les assurances sociales en 1930, les congés payés et le contrat collectif en 1936.

En somme, il aura fallu à la République démocratique et parlementaire 50 ans pour commencer à s'occuper des travailleurs. Et nous n'aurons pas la cruauté de faire ressortir que les dévaluations de Blum ayant atteint en tout premier lieu le papier d'État dans lequel étaient Investis les fonds des assurances sociales, c'est par un prélèvement fait sur sa retraite que l'ouvrier aura payé les congés qui lui furent accordés en 1936.

MAUVAISE EXPLOITATION DES RESSOURCES du PAYS. -

La France était riche, disait-on, et pourtant nos bâtiments publics étaient vétustes et sales, nos hôpitaux mal outillés au possible, nos laboratoires démunis de moyens et de ressources. La France était riche mais nos savants, notre corps enseignant, notre magistrature, nos fonctionnaires - même ceux occupant un haut rang - tiraient le diable par la queue. La France était riche, mais notre flotte marchande, chargée de desservir le deuxième empire colonial du monde, le cédait en importance à celle de la Norvège. La France était riche, mais nous achetions du charbon à l'étranger alors que nos rivières et nos torrents ne demandaient qu'à nous fournir en énergie électrique. La France était riche, mais elle dépensait annuellement des milliards à acheter au dehors des produits alimentaires qu'elle eut tirés de son sol sans peine. Et nous passons sur le mauvais état sanitaire de la population attesté par le nombre des fous, par la forte mortalité infantile, par la forte mortalité tuberculeuse. Et nous passons sur la faiblesse de la natalité, sur l'âge moyen élevé de la population….

L'EMPIRE COLONIAL

La troisième république se targue, il est vrai, d'avoir donné à la France un empire colonial. Nous serons moins affirmatifs que ses thuriféraires. D'abord parce que les rares hommes d'État qui aient compris la vocation colonisatrice da la France n'ont pas été appuyés par le Parlement (ce n'est qu'à son anticléricalisme agressif que Jules Ferry doit de figurer dans la galerie des grands hommes de régime).

Ensuite parce que les moyens d'action ont toujours été ou refusés ou marchandés aux Brazza, Marchand, Gallieni, Lyautey etc...

Et enfin et surtout parce que l'édification de cet empire colonial s'étant faite sane que l'on se souciât de mettre sur pied une flotte marchande à sa mesure elle ne saurait prétendre procéder d'un plan préétabli. En fait, de cette disproportion entre l'étendue de l'Empire et la Maigreur des moyens consacrés à sa défense, il s'ensuivait que cette situation donnait à l'Angleterre barre sur nous, hypothèque sur notre politique extérieure : il faut y voir l'une des plus fortes raisons sinon la raison majeure de notre asservissement au Royaume-Uni.

En somme, d'une acquisition dont un régime politique normal eût tiré un accroissement de force, la République démocratique et parlementaire créerait une cause d'affaiblissement .....

INADAPTATION AUX CONDITIONS MODERNES.
Contrairement à ce que l'on aurait pu croire tout à son début, le 20éme siècle aura vu une forte poussée anti-démocratique. Pour la France, ce mouvement se traduisait par le fait que, alors qu'en 1914 elle voisinait avec trois monarchies constitutionnelles et parlementaires, en 1939 elle était entourée d'états totalitaires, c'est-à-dire d'états dans lesquels l'autorité était aussi concentrée qu'elle était éparpillée chez nous, d'états dont les gouvernements pouvaient poursuivre les desseins à longue portée qui nous étaient interdits, d'état dont la politique bénéficiait du secret alors que la nôtre s'étalait sur la place publique, d'états enfin capables de faire respecter et de faire servir les intérêts nationaux par les intérêts privés.

Dans ces conditions, la partie n'était pas égale. Notre effondrement de juin 1940 le prouve bien. Car notre débilité sur le plan militaire n'était que la conséquence d'une infériorité générale. Nous avons manqué d'homes parce que nous manquions d'enfants, d'avions militaires parce que notre aviation commerciale ne pouvait soutenir la concurrence de nos rivaux, de chars parce que la production industrielle était d'une faiblesse scandaleuse, de Chefs militaires parce que nous en manquions dans tous les secteurs civils. Et à l'origine de cette décadence générale, il y avait un état qui ne pouvait ni savoir, ni prévoir, ni pourvoir. Donc, un état condamné à s'effondrer au premier choc. Pour reprendre la formule de Montesquieu - pour une fois clairvoyant - lorsqu'un état disparait par la perte d'une seule bataille c'est qu'il existe une raison plus générale qui veut qu'il doive de disparaître par la perte de cette seule bataille.